高等职业教育新形态系列教材

电工电子技术应用
（第 3 版）

活页式教材

主　编　杨达飞　李　杨
副主编　刘婷婷　光鼎立　黄许来

北京理工大学出版社
BEIJING INSTITUTE OF TECHNOLOGY PRESS

图书在版编目（CIP）数据

电工电子技术应用/杨达飞，李杨主编. —3 版.

——北京：北京理工大学出版社，2021.9（2023.9重印)

ISBN 978 – 7 – 5763 – 0308 – 7

Ⅰ．①电…　Ⅱ．①杨…②李…　Ⅲ．①电工技术 – 高

等职业教育 – 教材 ②电子技术 – 高等职业教育 – 教材

Ⅳ．①TM ②TN

中国版本图书馆 CIP 数据核字（2021）第 188319 号

出版发行／北京理工大学出版社有限责任公司

社　　　址／北京市海淀区中关村南大街 5 号

邮　　　编／100081

电　　　话／（010）68914775（总编室）

　　　　　　（010）82562903（教材售后服务热线）

　　　　　　（010）68944723（其他图书服务热线）

网　　　址／http：//www.bitpress.com.cn

经　　　销／全国各地新华书店

印　　　刷／河北盛世彩捷印刷有限公司

开　　　本／787 毫米 × 1092 毫米　1/16

印　　　张／20.5　　　　　　　　　　　　　　责任编辑／张鑫星

字　　　数／479 千字　　　　　　　　　　　　文案编辑／张鑫星

版　　　次／2021 年 9 月第 3 版　2023 年 9 月第 2 次印刷　　责任校对／周瑞红

定　　　价／59.80 元　　　　　　　　　　　　责任印制／李志强

前　言

为了配合高职高专基于工作过程导向的新一轮职业教育教学改革，编者结合多年本课程教学经验，编写了本教材。书中遵循了"以就业为导向"的职业教育原则，体现了"工学结合"的人才培养模式，体现了"以学生为中心""教中学、学中做"的职业教育理念。

"电工电子技术应用"是一门在电工和电子技术方面入门性质的技术基础课程，它既有自身的理论体系，又有很强的实践性；是高职高专机电类必修的技术基础课，而且随着电子工业的飞速发展和计算机技术的迅速普及，它也不断成为几乎所有高职高专机械类专业的必修课程。全书通过7个项目，介绍了直流电路分析应用、单相正弦交流电路分析应用、三相正弦交流电路分析应用、直流稳压电源的应用、放大电路的应用、组合逻辑电路的应用和时序逻辑电路的应用等内容。

本书特点如下：

1. 文字叙述通俗易懂。

2. 版面安排图文并茂。

3. 内容安排科学可行。

4. 注重培养综合能力。

本教材的教学参考课时建议为88（课内）+52（课外）学时，课时分配建议如下：

序号	项目	课内学时	课外学时
1	机床报警灯电路的安装与测试	12	8
2	室内照明电路的安装与测试	16	8
3	机床冷却泵电动机控制电路安装与测试	12	6
4	简易直流电源制作与测试	12	4
5	简易助听器制作与测试	12	6
6	电子表决器的设计与安装	12	8
7	生产线产品自动计数显示电路设计与安装	12	12

本书由柳州职业技术学院的杨达飞和李杨担任主编，由柳州职业技术学院的刘婷婷、柳州钢铁股份有限公司计控所的光鼎立和德兴铜矿大山选矿厂的黄许来担任副主编，柳州职业技术学院的谭顺学、沈泓、钟俏灵参编。项目1由刘婷婷编写，项目2由李杨编写，项目3

由杨达飞和李杨编写，项目 4 由杨达飞编写，项目 5 由谭顺学编写，项目 6 由沈泓编写，项目 7 由钟俏灵编写。在本书的编写过程中，由光鼎立和黄许来做企业岗位技能、职业专门技能和职业关键能力的指导。全书由李杨和杨达飞统稿。

本书可用作高等职业院校电气自动化技术专业、机电一体化技术专业、机电设备维修专业及其他相关专业的教学用书，也可以用作相关行业岗位培训教材及有关人员自学用书。

由于时间仓促，编者水平有限以及编写体系、机构仍属尝试，书中难免存在差错与疏漏，殷切希望广大读者批评指正。

编　者

目 录

模 块 一　　电 路 基 础 模 块

模块二　模拟电子电路模块

模块三　数字电子电路模块

模块一
电路基础模块

项目1　机床报警灯电路的安装与测试

项目描述

安全生产中设备的不安全状态往往会造成严重的事故，必须依靠安全科学技术和工程技术来提高设备的安全可靠性。对于存在隐患或故障的设备应及早发现并排除，从而确保设备处于安全运行状态。现需要给某数控机床上加装三色报警灯，如图1-1所示。

功能要求：机床正常工作时绿灯常亮，当出现故障或异常情况时红色常亮，当机床处于空闲状态时黄灯常亮。这里配置的是LED三色设备报警指示灯，单层功率为3 W，工作电流30 mA，工作电压DC 24 V。请按功能要求完成机床报警灯电路的安装及测试工作。

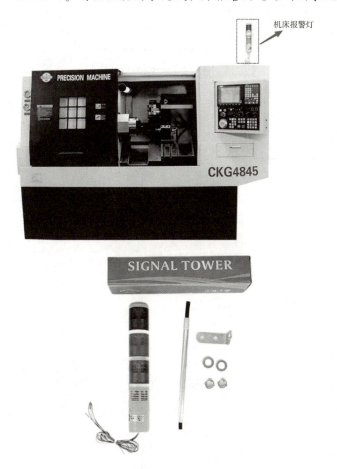

图1-1　数控机床报警灯

凡是都要讲方法，方法对了事半功倍，方法错了可能前功尽弃，因此在开始工作前，要先了解电路安装工作的步骤流程，具体如图1-2所示。

图1-2 项目任务分解

项目1专业知识、技能图谱如图1-3所示。

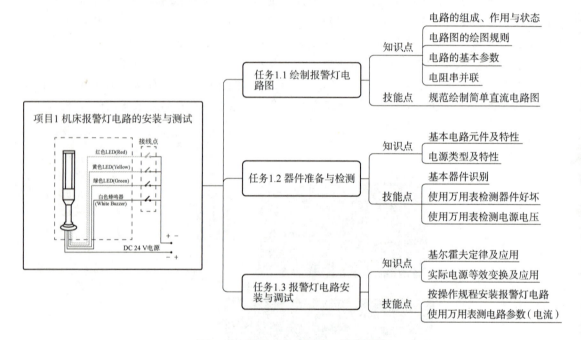

图1-3 项目1专业知识、技能图谱

任务 1.1 绘制报警灯电路图

任务描述

本次任务：根据电路需要的功能和电路特点，绘制报警灯电路图。

任务提交：报警灯电路图、任务问答、学习要点思维导图、任务评价表。

任务目标

本任务参考学习学时：4（课内）+4（课外）。通过本任务学习，可以获得以下收获：

专业知识：

（1）能知晓电路模型，分辨电路的不同工作状态。

（2）能掌握基本电路参数之间关系及单位换算。

（3）能分析电阻不同连接方式（串、并联）电路的参数关系。

专业技能：

能正确建立电路模型，根据国家标准及绘图规范绘制电路图。

职业素养：

（1）时刻保持安全清醒的头脑，以认真的态度对待学习和工作。

（2）养成遵守纪律，安全用电习惯和意识。

（3）能进行学习资料的收集、整理与自学，培养良好的工作习惯。

任务导学

对于初出茅庐的你来说，一上来就画电路图，肯定一脸茫然：从什么地方入手，要怎么做？别着急，带上笔，以勇于挑战的精神，一步一脚印，开启有趣的电路之旅吧。

学习链接一 电路的组成、作用及工作状态

在日常的生产生活中广泛应用着各种各样的电路，它们都是实际器件按一定方式连接起来的。实际电路的种类很多，不同电路的形式和结构也各不相同。因此在画电路图之前，我们要先了解电路的基本构成部分和工作状态。

1. 电路的组成

电路：是电流通过的路径，是为实现某种功能而将若干电气设备和元器件按一定方式连接起来的整体。

组成：电源、负载和中间环节。

电源：电路中提供电能的设备，是把其他形式的能量转换为电能的装置。例如，电池是把化学能转变成电能，发电机是把机械能转变成电能。目前实用的电源类型很多，最常用的电源是干电池、蓄电池和发电机等。

负载：电路中使用电能的各种设备，是将电能转换成其他形式能的装置。常见的负载如

灯泡、电炉、电动机等,其中灯泡是将电能转换成光能和热能,电炉将电能转换为热能,电动机将电能转换成机械能。

中间环节:电路中连接电源和负载的部分,使它们构成电流的通路,并根据需要控制电路的接通和断开。电路中简单的中间环节可以仅由连接导线和开关组成,但复杂的中间环节包括各种辅助设备,用来实现对电路的控制、分配、保护及测量等作用的常用的辅助设备,包括各种开关、熔断器及测量仪表等,如图1-4所示。

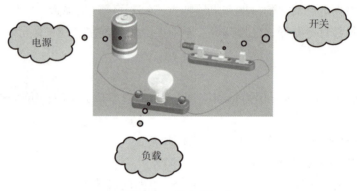

图1-4　电路的组成

2. 电路的作用

电路的作用可分为两类:一是传输和转换电能;二是进行信号的传递和处理,如图1-5及图1-6所示。

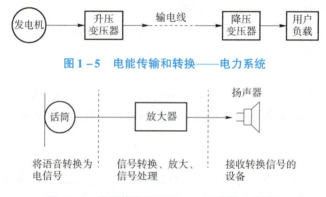

图1-5　电能传输和转换——电力系统

图1-6　信号传递和处理——扬声器(音响)

不论电能的传输和转换,还是信号的传递和处理,其中电源或信号源的电压或电流称为激励,激励在电路的各部分产生的电压和电流称为响应。所谓电路分析,就是在已知电路的结构和元件的参数的条件下,讨论电路中激励和响应的关系。

当电路中电流的大小和方向不随时间发生变化时,称电路为直流电路;当电路中电流的大小和方向随时间变化时,称电路为交流电路。

❖ 依照国家标准,直流量用大写字母表示,例如:电压、电流、电动势分别表示为:U、I、E。

❖ 交流量用小写字母表示,例如:电压、电流、电动势分别表示为:u、i、e。

3. 电路的工作状态

灯泡是否发光显示了所处电路的工作状态，电炉是否发热也显示了电路的状态，还有一些电路没有明显的标志显示其状态，但是我们可以通过对电路工作参数的检测来判断电路的状态，或是某些场合可以在一些设备上看到诸如"警告""WARNING"等标志，表示禁止电路处于某些状态。这里，机床报警灯电路要显示的就是机床三种不同的工作状态。

电路的工作状态一般有三种：通路（有载状态）、断路（开路状态）和短路（短路状态），如表 1–1 所示。

表 1–1　电路工作状态及特点

电路状态	电路图	特点
通路	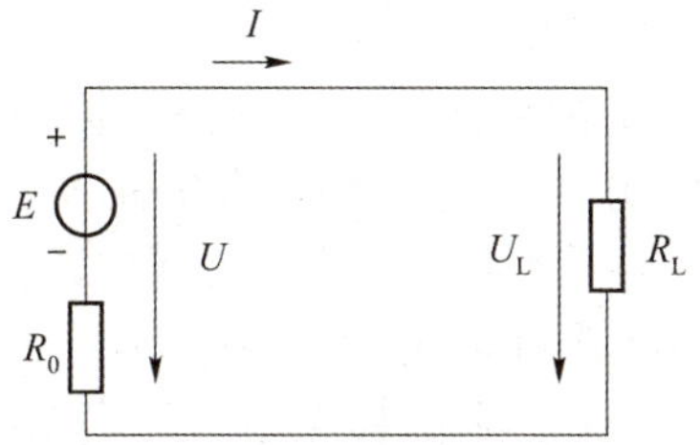 $U=U_L=E-IR_0$	正常接通的电路状态。 通路时电路中有电流，用电器能够工作
断路	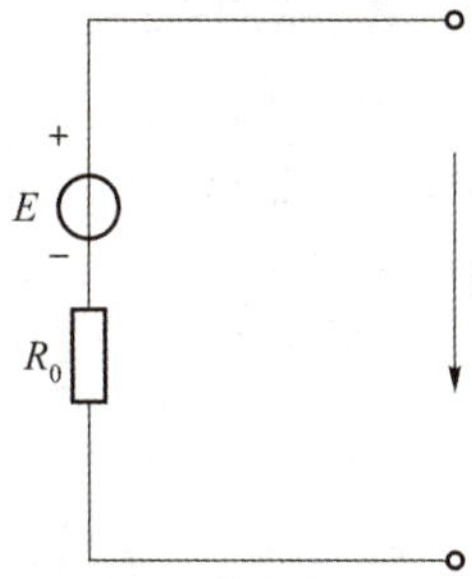 $U_{OC}=E$	电路中某处被切断，电路中没有电流，用电器不工作
短路	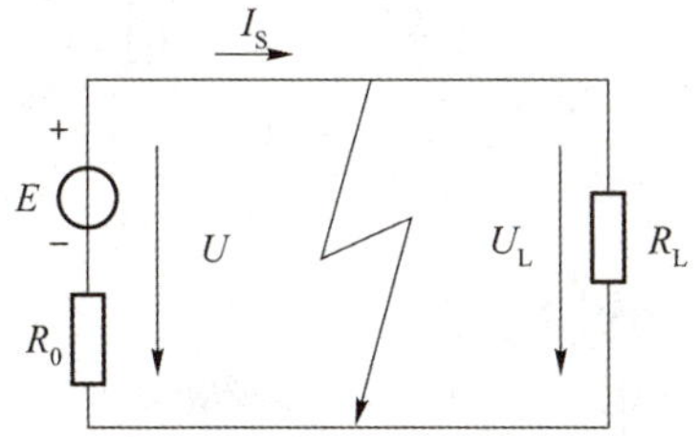	一种电路故障状态，通常有两种情况： 电源短路：电源两端直接用导线连接。此时会有极大的电流通过电源，很有可能烧坏电源，造成严重后果。 局部短路：电路是接通的并有多个用电器，但某个用电器两端被导线直接连接，没有电流通过该元件，元件不能正常工作

电源短路是一种严重事故。因为短路时电流的回路中仅有很小的电源内阻，所以短路电流将大大地超过电源的额定电流，可能使电源遭受机械的与热的损坏或毁坏。为预防发生短路事故，通常在电路中接入熔断器（FU）或自动断路器，确保短路时，能迅速地使故障电路自动切除，使电源、开关等设备得到保护。

思考题 1–1

（1）电路由哪几部分组成，各部分在电路中起什么作用？

（2）如何区别直流电路和交流电路？两种电路中的电参数表示有什么区别？

学习链接二　电路图的绘图规则

1. 电路模型

通常用一些简单却能够表征电路主要电磁性能的理想元件来代替实际部件。这样一个实际电路就可以由多个理想元件的组合来模拟，这样的电路称为电路模型。实际电气设备和器件的种类繁多，但理想电路元件只有有限的几种，因此建立电路模型可以使电路的分析大大简化。同时值得注意的是电路模型反映了电路的主要性能，而忽略了它的次要性能，因而电路模型只是实际电路的近似，二者不能等同。

关于实际部件的模型概念还需要强调说明几点：

（1）理想电路元件是具有某种确定的电磁性能的元件，是一种理想的模型，实际中并不存在，但其在电路理论分析与研究中充当着重要角色。

（2）不同的实际电路部件，只要具有相同的主要电磁性能，在一定条件下可用同一模型表示。如只表示消耗电能的理想电阻元件 R（电灯、电阻炉、电烙铁等）；只表示存储磁场能量的理想电感元件 L（各种电感线圈），只表示存储电场能量的理想电容元件 C（各种类型的电容器）。这三种最基本的理想元件可以代表种类繁多的各种负载。

（3）同一个实际电路部件在不同的应用条件下，它的模型也可以有不同的形式。如实际电感器应用在低频电路里，可以用理想电感元件 L 代替；应用在较高频率电路中，可以用理想电感元件 L 与理想电阻元件 R 串联代替；应用在更高频率电路中，则可以用理想电感元件 L 与理想电阻元件 R 串联后，再与理想电容元件 C 并联代替。

将实际电路中各个部件用其模型符号来表示，这样画出的图称为实际电路的电路模型图，也称为电路原理图。如图 1-7（c）所示就是图 1-7（a）所示实际电路的电路原理图。各种电气元件都可以用图形符号或文字符号来表示，常用基本电气元件国标规定符号如表 1-2 所示。

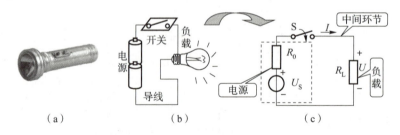

（a）　　　　　　　　　　（b）　　　　　　　　　　（c）

图 1-7　电路模型构建

（a）手电筒；（b）手电筒实物电路；（c）手电筒电路模型

表 1-2　常用电路元件的图形符号

名称	符号	名称	符号	名称	符号
电阻器	R	电压器	$+\ U_S\ -$	白炽灯	⊗
电容器	C	电流源	I_S	干电池	
电感器	L	电压表	Ⓥ	熔断器	
接地		电流表	Ⓐ	开关	

2. 电路图的绘制规则

电气系统图主要有电气原理图、电器布置图、电气安装接线图等。

电气原理图是根据控制工作原理，使用国家（国际）标准规定的电气符号绘制而成。这种电路图直接体现了电路的结构和工作原理，主要用于设计、制作和分析电路。

绘制电气原理图的基本规则：

（1）各电气元件应采用国家标准统一的图形符号和文字符号。

（2）各电气元件的导电部件的位置应根据便于阅读和分析的原则来安排，同一电气元件的不同部分可以不画在一起。

（3）所有电气元件的触点都按没有通电或没有外力作用时的开闭状态画出。

（4）有直接电连接的交叉导线的连接点要用黑圆点表示。

（5）各电气元件一般应按动作的顺序从上到下，从左到右依次排列，可水平或竖直布置。

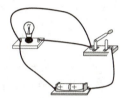

思考题 1 – 2

（1）电路通常有几种工作状态，各有什么特点？

（2）请分析如图 1 – 8 所示电路，指出连错的导线，并改正。

图 1 – 8　电路

学习链接三　电路的基本参数

电路的基本参数有电流、电压、电位、电功率、电能等，它们的符号及单位如表 1 – 3 所示。

表 1 – 3　电路中主要参数符号及单位

电路参数名称	文字符号	单位
电流	I 或 i	A
电压	U 或 u	V
电位	V	V
电功率	P	W
电能	W	J 或 kW·h

1. 电流的基本知识

电流、电压和电压源是电路中的基本物理量，在电路分析中，只有在电路图中标出它们的方向，才能正确列写电路方程式；电路中关于方向的规定有实际方向和参考方向之分。

电流的基本知识

1）电流的定义

电荷进行有规则的定向运动就形成电流（图 1 – 9），习惯上把正电荷的运动方向规定为电流的实际方向。

物理中把单位时间内通过导体横截面积的电量定义为电流强度，用于衡量电流的大小。电流强度简称为电流，它不仅指电路中的一种特定物理现

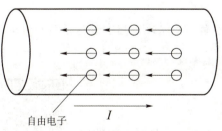

图 1 – 9　电流示意图

自由电子　I

象，而且是描述电路的一个基本物理量（既有大小又有方向）。电流强度用字母 I 或 i 来表示。

我们把电流强度的大小定义为在单位时间内通过某一导体横截面的电荷量，设在 dt 时间内通过横截面 S 的电荷量为 dq，则通过该截面的电流 $i(t)$ 为

$$i(t) = \frac{dq}{dt} \tag{1-1}$$

若电流的大小和方向都不随时间变化，则称为直流电流。用大写的字母 I 表示，并有

$$I = \frac{Q}{t} \tag{1-2}$$

式中，Q 是在时间 t 内通过导体横截面的电荷量。

❖ 在国际单位制（SI）中，电流的单位是安培，简称安（A）。对大电流以千安（kA）为单位，小电流以毫安（mA）或微安（μA）为单位，其换算关系为：
$$1 \text{ kA} = 10^3 \text{ A}, \quad 1 \text{ A} = 10^3 \text{ mA}, \quad 1 \text{ mA} = 10^3 \text{ μA}$$

2）电流的参考方向

在分析电路时，不仅要计算电流的大小，还应了解电流的方向。习惯上规定正电荷的移动方向为电流的方向（实际方向）。对于比较复杂的直流电路，往往不能确定电流的实际方向；对于交流电，其电流方向是随时间变化的，更难以判断。因此，为分析方便引入了电流的参考方向这一概念，参考方向可以任意设定，在电路中用箭头表示并规定：当电流的参考方向与实际方向一致时，电流为正值，即 $I > 0$，如图 1-10（a）所示；当电流的参考方向与实际方向相反时，电流为负值，即 $I < 0$，如图 1-10（b）所示。

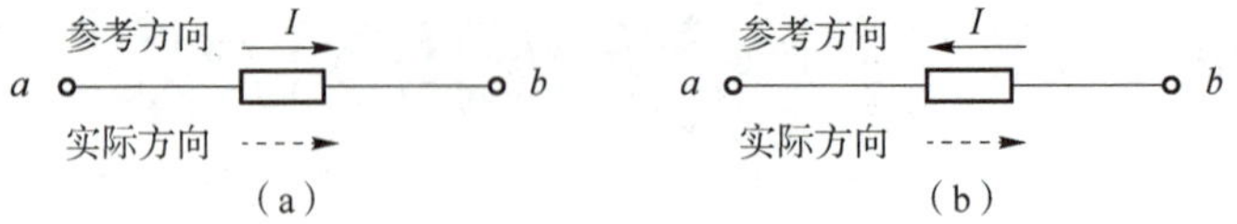

图 1-10　电流的参考方向与实际方向
(a) $I>0$；(b) $I<0$

电流的参考方向在电路中一般用箭头表示，也可以用双下标表示，I_{ab} 表示参考方向由"a"指向"b"，即 $I_{ab} = -I_{ba}$。注意，负号表示与规定的方向相反。参考方向是电路中一个重要的概念，学习时应注意以下两点：

（1）电流的参考方向可以任意设定，但一经设定就不得改变；

（2）不标参考方向的电流没有任何意义，只有在指定电流参考方向的前提下，电流值的正负才能反映出电流的实际方向。

提示：在分析电路时，首先要假定电流的参考方向，并以此为标准进行分析计算，最后从结果的正、负值来确定电流的实际方向。

2. 电压与电位

1）电压
电场力把单位正电荷从 a 点移动到 b 点所做的功称为 a、b 两点间的电压，用 u_{ab}（U_{ab}）表示。

电压与电位

$$u_{ab} = \frac{\mathrm{d}W_{ab}}{\mathrm{d}q} \qquad\qquad (1-3)$$

式中，$\mathrm{d}W_{ab}$ 为电场力把正电荷 $\mathrm{d}q$ 从 a 点移到 b 点所做的功。

> ❖ 在国际单位制（SI）中，电压的标准单位是 V（伏）。常用的电压单位还有 kV（千伏）、mV（毫伏）等，它们之间的关系为：
>
> $$1\ \mathrm{kV} = 10^3\ \mathrm{V},\ 1\ \mathrm{V} = 10^3\ \mathrm{mV}$$

> 提示：电路中任意两点间的电压仅与这两点在电路中的相对位置有关，与选取的计算路径无关。

习惯上把电压降低的方向规定为电压的实际方向。但在未知电压实际方向情况下，可预先设定一个方向，称为参考方向，可用 "＋" "－" 标识，也可用双下标字母标识，还可用箭头标识，如图 1－11 所示。当电压的参考方向与实际方向相同时，电压为正值，反之为负值。

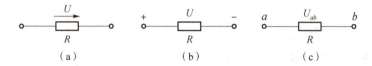

图 1－11　电压参考方向标识方法

（a）箭头标识；（b）极性标识；（c）双下标字母标识

一段电路或一个元件上的电压参考方向和电流参考方向可以分别独立地加以设定。当电流、电压参考方向设定一致时，称为关联参考方向，反之称为非关联参考方向，如图 1－12 所示。

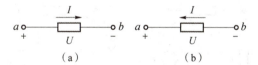

图 1－12　关联参考方向和非关联参考方向

（a）关联参考方向；（b）非关联参考方向

思考题 1－3

（1）为什么要对电路中的电流、电压设参考方向？

（2）参考方向是不是就是实际方向？什么是关联参考方向？什么是非关联参考方向？

2）电位

所谓电位，即在电路中选择某一点为参考点，并设参考点的电位为 0，电路中另一点与参考点之间的电压就是该点的电位，也就是说，两点间的电压实际就是两点的电位之差。

各点的电位是相对于参考点而言的，电路中选定的参考点不同，电路中各点的电位也不同；但是只要电路中两点位置确定，不管其参考点如何改变，两点之间的电压是不变的。

> ❖ 参考点在电路中通常用接地符号 "⊥" 表示。在电子电路中常以多条支路汇集的公共点作为参考点；在许多电气设备中常把外壳接地，则该外壳就可作为电位参考点。

【例 1-1】 如图 1-13 所示电路中，分别以 0 和 B 为参考点，试求电路中各点的电位。

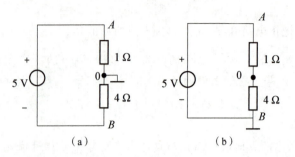

(a)　　　　　　　　　　　(b)

图 1-13　例题 1-1 电路图

解：电路中

$$I = \frac{5}{1+4} = 1 \text{（A）}$$

若以 0 点为参考点 ［图 1-13（a）］，则

$$V_0 = 0 \text{ V}, \quad V_A = 1 \times 1 = 1 \text{（V）}, \quad V_B = -1 \times 4 = -4 \text{（V）}$$

［验算：$U_{AB} = V_A - V_B = 1 - (-4) = 5$（V）］

若以 B 点为参考点 ［图 1-13（b）］，则

$$V_B = 0 \text{ V}, \quad V_A = 1 \times (1+4) = 5 \text{（V）}, \quad V_0 = 1 \times 4 = 4 \text{（V）}$$

［验算：$U_{AB} = V_A - V_B = 5 - 0 = 5$（V）］

在电子学中常采用电位来分析问题。在电子电路中往往不画出电源而改用电位标出。图 1-14 所示为电路的一般画法与电子电路中的习惯画法示例。例如，在分析三极管工作状态时，就通过比较引脚电位高低来确定三极管的工作状态。

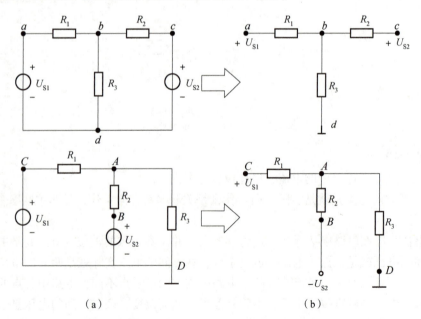

(a)　　　　　　　　　　　(b)

图 1-14　电路的一般画法与电子电路的习惯画法
(a) 一般画法；(b) 习惯画法

思考题 1–4

（1）电压和电位之间有什么关系？

（2）U_{ab} 是否表示 a 端的电位高于 b 端的电位？若 $U_{ab} = -5\ \text{V}$，试问 a、b 两点哪点电位高？

3. 电功率与电能

电功率与电能

电路是电流流过的路径，也是电能流动的路径。电场力做功的过程就是能量转化的过程。

1）电功率

电功率简称功率，它指的是单位时间内电场力做的功，即单位时间内电路吸收或释放的电能，通常用 $p(t)$ 表示。在 dt 时间内，正电荷 dq 在电场力作用下，从 a 点移动到 b 点所做的功为 dW，则有

$$p(t) = \frac{dW}{dt} \tag{1-4}$$

当电流和电压为关联参考方向时，则

$$p(t) = u(t)i(t) \tag{1-5}$$

在直流电路中，电流、电压均为常量，故有

$$P = UI \tag{1-6}$$

式（1–5）是按电流和电压为关联参考方向表示的，图 1–12（a）所示电路消耗（或吸收）的功率的计算。若电流和电压为非关联参考方向，如图 1–12（b）所示，电路消耗（或吸收）的功率为

$$p(t) = -u(t)i(t) \tag{1-7}$$

❖ 电路消耗的功率有以下几种情况：

（1）$p > 0$，说明该段电路消耗功率为 p，为负载性质；

（2）$p = 0$，说明该段电路不消耗功率，为导线性质。

（3）$p < 0$，说明该段电路消耗功率为 $-p$，发出（或提供）功率为 p，为电源性质。

提示：根据电压和电流的实际方向可确定某一电路元器件是电源还是负载。

电源：U 和 I 实际方向相反。

负载：U 和 I 实际方向相同。

❖ 在国际单位制（SI）中，功率的单位是瓦特，简称为瓦（W）。对大功率，以千瓦（kW）或兆瓦（MW）为单位；对小功率，以毫瓦（mW）或微瓦（μW）为单位，其换算关系为

$$1\ \text{kW} = 10^3\ \text{W}, \quad 1\ \text{MW} = 10^6\ \text{W}, \quad 1\ \text{mW} = 10^{-3}\ \text{W}, \quad 1\ \mu\text{W} = 10^{-6}\ \text{W}$$

【例 1–2】 试求图 1–15 中元件的功率。

解：图 1–15（a）电流和电压为关联参考方向，$P = UI = 4 \times 3 = 12$（W），元件吸收功率。

图 1–15（b）电流和电压为非关联参考方向，$P = -UI = -6 \times 2 = -12$（W），元件发出功率。

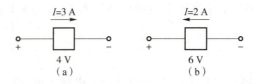

图 1–15 例题 1–2 电路图

2）电能

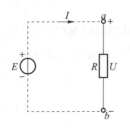

图 1–16 电阻吸收的功率

电阻吸收的功率如图 1–16 所示。

电流流过负载时，负载将电能转化成其他形式能。电流所做的功称为电功，用符号 W 表示。在直流电路中，电流、电压均为恒值，在 $0 \sim t$ 时间内电路消耗的电能为

$$W = UIt \tag{1–8}$$

其表达式为

$$P = \frac{W}{t} = \frac{UIt}{t} = UI = RI^2 \tag{1–9}$$

❖ 在国际单位制（SI）中，能量的单位为 J（焦耳，简称焦），也可以用 kW·h（千瓦时，俗称"度"）表示。

$$1 \text{ kW·h} = 1\,000 \times 3\,600 = 3.6 \times 10^6 \text{ J}$$

提示：根据能量守恒定律，电源输出的功率和负载吸收的功率应该是平衡的。

【例 1–3】某会议室中有 10 盏电灯，每盏灯泡的功率为 100 W，问全部电灯使用 3 h，共消耗多少电能？若每度电的电费为 0.5 元，总电费为多少？

解：电灯的总功率：$P = 10 \times 100 = 1\,000$（W）$= 1$ kW

使用 3 小时的电能：$W = Pt = 1 \times 3 = 3$（kW·h）

总电费：$3 \times 0.5 = 1.5$（元）

学习链接四　电阻的串、并联

电阻串并联

在电路中，由于不同的工作需要，常将许多元件按不同的方式连接起来，组成一个较复杂的电路网络。电路的连接方式是多种多样的，其中最简单和最常用的是电阻的串联和并联。

串联电路和并联电路分别如图 1–17（a）和图 1–17（b）所示，图 1–17（c）是既有串联也有并联的混联电路。

1. 电阻的串联

两个或两个以上电阻首尾依次相连，中间无分支的连接方式称为电阻的串联电路，如图 1–17（a）所示。几个串联电阻可用一个等效电阻来表示，等效的条件是在同一电压 U 的作用下电流 I 保持不变；图 1–17（a）的电路可以等效为图 1–17（d）所示的电路。

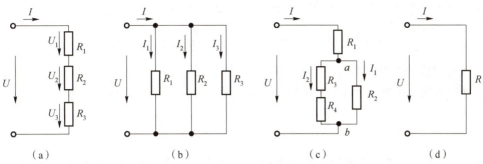

图 1-17　电阻的串联、并联和混联

（a）电阻的串联；（b）电阻的并联；（c）电阻的混联；（d）电阻串联、并联和混联的等效电路

1）串联电路的性质

（1）串联电路中流过每个电阻的电流都相等，即 $I = I_1 = I_2 = I_3 = \cdots = I_n$。

（2）串联电路两端的总电压等于各电阻两端的电压之和，即 $U = U_1 + U_2 + U_3 + \cdots + U_n$。

（3）串联电路的等效电阻（即总电阻）等于各串联电阻之和，即 $R = R_1 + R_2 + R_3 + \cdots + R_n$。

（4）串联电路的总功率等于各串联电阻功率之和，即 $P = P_1 + P_2 + \cdots + P_n = (R_1 + R_2 + \cdots + R_n)I^2$。

2）串联电路的分压作用

当只有两个电阻串联时，U_1 和 U_2 分别为

$$U_1 = U \frac{R_1}{R_1 + R_2} \qquad U_2 = U \frac{R_2}{R_1 + R_2} \tag{1-10}$$

> ❖ 在串联电路中，电压的分配与电阻值成正比，即电阻值越大的电阻所分配的电压越大，反之电压越小，各电阻上消耗的功率与其电阻值成正比。

3）电阻串联的应用

在实际中，利用串联分压的原理可以扩大电压表的量程，还可以制成电阻分压器。

2. 电阻的并联

两个或两个以上电阻接在电路中相同的两点之间，使各个电阻均承受同一个电压的连接方式称为电阻的并联。几个并联电阻可用图 1-17（b）所示电路表示，可以等效为图 1-17（d）所示的电路。

1）并联电路的性质

（1）并联电路中各电阻两端的电压相等，且等于电路两端的电压，即 $U = U_1 = U_2 = U_3 = \cdots = U_n$。

（2）并联电路中的总电流等于各电阻的电流之和，即 $I = I_1 + I_2 + I_3 + \cdots + I_n$。

（3）并联电路的等效电阻（即总电阻）的倒数等于各并联电阻的倒数之和，即总电阻小于任一并联电阻 $\frac{1}{R} = \frac{1}{R_1} + \frac{1}{R_2} + \cdots + \frac{1}{R_n}$。

> 提示：两个电阻并联的等效电阻为
> $$R = \frac{R_1 \times R_2}{R_1 + R_2}$$

（4）并联电路消耗功率的总和等于并联各电阻消耗功率之和，即

$$P = P_1 + P_2 + P_3 + \cdots + P_n = \frac{U^2}{R_1} + \frac{U^2}{R_2} + \frac{U^2}{R_3} + \cdots + \frac{U^2}{R_n} \qquad (1-11)$$

2）并联电路的分流作用

当两个电阻并联时，I_1 和 I_2 分别为

$$I_1 = I \frac{R_2}{R_1 + R_2} \qquad I_2 = I \frac{R_1}{R_1 + R_2} \qquad (1-12)$$

❖ 在并联电路中，电流的分配与电阻值成反比，即电阻值越大的电阻分配的电流越小，反之电流越大。

3）电阻并联的应用

利用电阻并联的分流作用，可扩大电流表的量程。在实际应用中，用电器在电路中通常都是并联运行的，属于相同电压等级的用电器必须并联在同一电路中，这样才能保证它们都在规定的电压下正常工作。

3. 电阻的混联

既有电阻串联又有电阻并联的电路称为电阻混联电路。在计算串、并及混联电路的等效电阻时，关键在于识别各电阻的串、并联关系。

【例 1-4】求图 1-18 所示各电阻单口网络的等效电阻 R_{ab}。

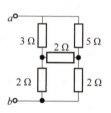

图 1-18　例题 1-4 的图

解：

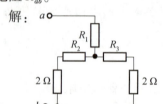

$$R_1 = \frac{3 \times 5}{3 + 2 + 5} = 1.5 \ (\Omega)$$

$$R_2 = \frac{3 \times 2}{3 + 2 + 5} = 0.6 \ (\Omega)$$

$$R_3 = \frac{2 \times 5}{3 + 2 + 5} = 1 \ (\Omega)$$

任务实施

（1）分析报警灯电路功能，三色报警灯应采用_____连接方式。

（2）画出机床报警灯电路主要部件电气符号。

三色报警灯：

DC 24 V 电源：

开关：

其他配套元件：

（3）根据电路功能要求画出机床报警灯电路原理图。

电源	报警类

❖ **小贴士**：报警灯内部是由若干 LED（发光二极管）组成的，LED 电压只有 0.7 V，电流通常为十几 mA。正常工作需要串联电阻来起分压作用，降低电流，所以通常选择的是在 200 kΩ 左右的电阻。这个电阻起既分压又限流的作用。

检查评估

1. 任务问答

（1）机床上要求安装的是 LED 三色设备报警灯，那么 LED 是什么？和普通灯珠有什么区别？请画出 LED 的电路符号。

_____

_____

（2）DC 和 AC 代表什么意思？这两种电有什么区别？

_____

_____

（3）电位与电压有何关联性，区别是什么？

_____

_____

（4）若报警灯每层由 15 颗 LED 小灯珠组成，那么这些小灯珠是如何连接的？正常工作时，每个小灯珠的电流是多少？

_____

_____

（5）一个 DC 24 V、3 W 的小灯珠，如果接到 DC 12 V 电源上，此时灯泡功率为多少？若误接在 AC 110 V 电源上有什么结果？（灯泡中电阻不变）

_____

_____

（6）若一个 5 kΩ 的电阻和一个 10 kΩ 的电阻并联连接，其并联后的等效电阻为多大？电阻两端的电压测量为 10 V，则两电阻的电流分别为多大？

_____

_____

2. 任务评价

任务评价表如表 1 - 4 所示。

表 1 - 4　任务评价表

评价项目	评价内容	配分	得分
职业素养	是否遵守纪律及规程，不旷课、不迟到、不早退？ 旷课扣 3 分/次；迟到、早退扣 2 分/次；上课做与任务无关的事情扣 2 分/次；不遵守安全操作规程扣 10 分/次	10	
	是否以严谨认真的态度对待学习及工作？ 能认真积极参与任务得 10 分；能主动发现问题并积极解决得 5 分；能提出创新改进方案得 5 分	20	
	是否能按时按质完成课前学习和课后作业？ 网络课程前置学习完成率达 90% 以上得 10 分；课后作业完成度高得 10 分	20	
专业能力	任务完成情况：能否规范绘制电路元件符号及电路图？ 规范绘制元件符号得 10 分；规范且正确绘制电路图得 20 分，视绘图情况酌情扣分	30	
	任务问答： 【测试内容】是否根据电路功能建立电路模型，分辨电路的不同工作状态；是否正确理解基本电路参数之间关系；是否能正确分析串并联电路关系。 【评分标准】90% 以上问题回答准确专业，描述清楚有条理得 20 分；80%以上问题回答准确专业，描述清楚有条理得 16 分；70% 以上问题回答准确专业，描述清楚有条理得 14 分；60% 以上问题回答准确专业，描述清楚有条理得 12 分；不到 50% 问题回答准确的不超过 10 分，酌情打分	20	
	总　分		

小结反思

（1）绘制本任务学习要点思维导图。

（2）在任务实施中出现了哪些错误？遇到了哪些问题？是否解决？如何解决？记录在表 1 - 5 中。

表 1 - 5　错误记录

出现错误	遇到问题记录

任务描述

本次任务：根据电路图列出器件清单，并对准备器件进行测试。

任务提交：器件清单、任务问答、学习要点思维导图、任务评价表。

任务目标

本任务参考学习学时：4（课内）+2（课外）。通过本任务学习，可以获得以下收获：

专业知识：

（1）能知晓电阻、电容、电感等电路器件的电路符号、特性及主要参数。

（2）能知晓不同类型的电源特点，能正确进行不同电源模型的等效变换。

（3）能根据设备器件需要配套使用合适的电源。

专业技能：

（1）能从外观辨识电阻、电容、电感及其大小。

（2）能利用万用表检测电阻、电容、电感的好坏。

（3）能使用万用表规范检测电源电压，分辨电源好坏。

职业素养：

（1）时刻保持安全清醒的头脑，以认真的态度对待学习和工作。

（2）养成严格按规范要求操作，使用电工仪表和安全工具等安全用电习惯和意识。

（3）能进行学习资料的收集、整理与自学，培养良好的工作习惯。

任务导学

学习链接一　基本电路元件及特性

在电路理论中实际的电路元件是用理想化的电路元件的组合来表示的。理想的电路元件按与外部连接的端子数目可分为二端和多端元件，按是否给电路提供能量分为无源元件和有源元件；把输出量和输入量具有正比关系的元件称为线性元件，否则称为非线性元件。

1. 电阻元件 R

电阻是具有两个端钮的理想元件，通常用字母 R 来表示，如图 1-19 所示。

电阻元件 R

1）线性电阻与非线性电阻

对满足欧姆定律的电阻称为线性电阻，即电阻两端的电压与通过的电流成正比，其电阻值是一个常数。线性电阻的伏安特性是一条通过坐标原点的直线，如图 1-20（a）所示。反之，不满足欧姆定律的电阻称为非线性电阻，如图 1-20（b）所示。

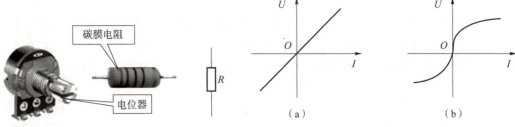

图 1 - 19　实际电阻及电路符号　　　　图 1 - 20　电阻的伏安特性曲线
（a）线性电阻；（b）非线性电阻

实际上所有电阻、电炉等元件的伏安特性或多或少地存在着非线性关系，但是这些元件在一定的工作电流范围内，它们的伏安特性近似为一直线，所以这些元件均可认为是线性电阻。全部由线性元件组成的电路称为线性电路。

　　2）部分电路欧姆定律

　　把电源看作理想电源时，在闭合路径中当电阻两端加上电压时，电阻中就会有电流通过，如图 1 - 21 所示。实验证明：在一段没有电压源而只有电阻的电路中，电流 I 的大小与电阻 R 两端的电压 U 成正比，与电阻值 R 的大小成反比。在电压、电流的关联方向下，一段电阻电路的欧姆定律表达式为

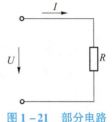

图 1 - 21　部分电路

$$U = IR \qquad\qquad (1 - 13)$$

需要指出的是，电阻元件上电压和电流非关联即两者参考方向相反时，上述欧姆定律数学公式应加一负号，则

$$U = -IR \qquad\qquad (1 - 14)$$

❖ 在国际单位制（SI）中，电阻的单位为是 Ω（欧姆），简称欧。常用的电阻单位还有 kΩ（千欧）、MΩ（兆欧），它们的关系为

$$1\ M\Omega = 10^3\ k\Omega = 10^6\ \Omega,\ \ 1\ k\Omega = 10^3\ \Omega$$

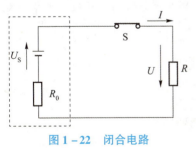

图 1 - 22　闭合电路

　　3）全电路欧姆定律

　　把电源看作实际电源时，如图 1 - 22 所示的闭合电路中，U_s 为电源的电压源，R_0 为电源的内阻，U_s 与 R_0 构成了电源的内电路，如图 1 - 22 中虚线框的部分；R 为负载电阻，是电源的外电路，外电路和内电路共同组成了闭合电路。为使电压平衡，有

$$U = E - IR_0$$
$$E = U + IR_0 = IR + IR_0 \qquad (1 - 15)$$

上式整理得

$$I = \frac{E}{R + R_0} \qquad\qquad (1 - 16)$$

　　式（1 - 16）就是全电路欧姆定律，其意义是：电路中流过的电流，其大小与电压源成正比，而与电路的全部电阻之和成反比。

2. 电容元件 C

电气工程中，电容器的应用非常广泛且种类繁多，如图 1 – 23 （a）所示。按电容量能否改变分为固定电容和可变电容；按中间介质不同又有空气电容、纸介质电容、电解电容、瓷介质电容等。所有电容的基本结构相同，都是在两块平行的金属板之间隔以不同的介质构成的。

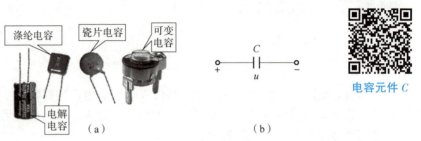

电容元件 C

图 1 – 23 实际电容及电容符号
（a）电容实物图；（b）电容电路符号

线性电容是具有两个端钮的理想元件，通常用字母 C 来表示，其电路符号如图 1 – 23 （b）所示。在图 1 – 23 （b）中指定参考方向下有

$$q = Cu \tag{1-17}$$

线性电容 C 的大小与电压无关，其大小取决于电容的结构。

> ❖ 在国际单位制（SI）中，电容的单位为法拉（F），简称法；常用单位还有微法（μF）、纳法（nF）、皮法（pF）。
>
> $$1 \ \text{F} = 10^6 \ \mu\text{F} = 10^9 \ \text{nF} = 10^{12} \ \text{pF}$$

当将电容接到电源上后，电容器极板上就聚集了等量的异号电荷，介质中建立起了电场，并储存了电场能量；当电源除去以后，电荷并不消失，因此电容是一种能储存电场能量的电路元件。

> 提示：选择电容时，不但要选择合适的电容值，而且要选择合适的耐压值。当单个电容器不能满足要求时，可以把几个电容器串联或并联使用。

当 N 个电容串联时，可以等效为一个电容，其等效电容值为

$$\frac{1}{C} = \frac{1}{C_1} + \frac{1}{C_2} + \cdots + \frac{1}{C_N} = \sum_{K=1}^{N} \frac{1}{C_K} \tag{1-18}$$

当 N 个电容并联时，可以等效为一个电容，其等效电容值为

$$C = C_1 + C_2 + \cdots + C_N = \sum_{K=1}^{N} C_K \tag{1-19}$$

各种电容器上一般都标有电容的标称值和额定工作电压，额定工作电压也称为耐压值，是电容器长期可靠和安全工作的最高电压，其值一般为电容器击穿电压的 $\frac{1}{2} \sim \frac{2}{3}$。

3. 电感元件 L

一般把金属导线绕在一骨架上来构成一实际电感器，如图 1 – 24 （a）所示。线性电感

是一种理想的二端元件，通常用字母 L 来表示，如图 1-24（b）、（c）所示。

电感元件 L

当电感中通以电流 i 时，线圈内部就会有磁场产生，伴随有磁通 Φ_L 出现。整个线圈的总磁通量称为全磁通或磁通链，在理想的情况下，每匝线圈的磁通均相同，一个 N 匝的线圈其磁通链 $\Psi_L = N\Phi_L$。Φ_L 和 Ψ_L 都是线圈本身电流产生的，称为自感磁通和自感磁通链。当 Φ_L 和 Ψ_L 的参考方向与电流 i 参考方向之间满足右手螺旋定则时，有

$$\Psi_L = Li \tag{1-20}$$

式中，L 称为线圈的自感或电感。

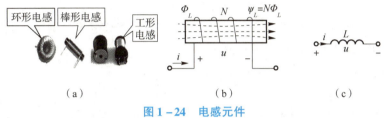

图 1-24　电感元件

（a）实际电感；（b）线圈电感；（c）电感符号

❖ 在国际单位制（SI）中，磁通和磁通链的单位都是韦伯（Wb），自感的单位是亨利（H），简称亨；常用单位还有毫亨（mH）、微亨（μH）、纳亨（nH）。

$$1 \text{ H} = 10^3 \text{ mH} = 10^6 \text{ μH} = 10^9 \text{ nH}$$

电感元件是一种储能元件。当通过电感的电流增大时，电感将电能变为磁场能储存在磁场中；当通过电感的电流减小时，电感将储存的磁场能变为电能释放给电源。因而当通过电感的电流发生变化时，电感只进行电能与磁场能的转换，理想电感本身不消耗能量。

提示：选用电感元件时，既要选择合适的电感值，又不能使实际工作电流超过其额定电流。当单个电感不能满足要求时，可把几个电感串联或并联使用。

学习链接二　电源类型及特性

电压源

电源是将其他形式的能转换成电能并向电路（电子设备）提供电能的装置。电源基本分为四大类：交流稳压电源、直流稳压电源、逆变式稳压电源、开关稳压电源。其中交流稳压电源又称交流稳压器。常用的直流电源有干电池、蓄电池、手机电池和太阳能电池等，如图 1-25 所示。

1. 电压源

任何一个电源，例如发电机、电池或各种信号，都含有电压源 U_S 和 R_i。在电压源模型中往往用一个不含内阻的串联来等效一个实际电源。所谓理想电压源，是指在直流电路中它的理想电压总能保持某一恒定值，而与通过它的电流无关（简称恒压源）。图 1-26（a）、（b）所示为理想电压源的符号。理想电压源的伏安特性可写为 $U = U_S$，其伏安特性曲线如图 1-26（c）所示。

实际电压源电路模型如图 1-27（a）所示，其伏安特性为

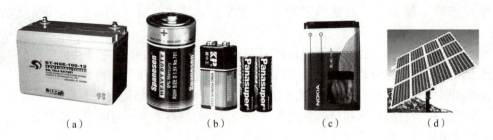

图 1 – 25　各种电源
（a）蓄电池；（b）干电池；（c）手机电池；（d）太阳能电池

$$U = U_S - IR_i$$

图 1 – 27（b）所示为电压源的伏安特性曲线。随着负载电流的增大，电源的端电压在下降，这是因为电流越大，内阻上的压降也越大。

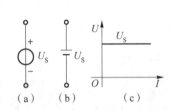

图 1 – 26　理想电压源及伏安特性
（a）、（b）符号；（c）伏安特性曲线

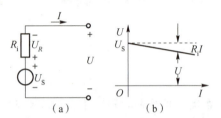

图 1 – 27　实际电压源及伏安特性
（a）实际电压源；（b）伏安特性曲线

对于理想电压源是不允许其短路的，因此在电压源的应用电路中通常会加入短路保护，以免电路短路时，造成过大的短路电流而损坏电压源。而当电压源闲置时，应将其开路保存，可以串联使用不能并联使用。

n 个电压源串联时如图 1 – 28（a）所示，可以等效为一个电压源如图 1 – 28（b）所示，这个等效电压源的电压为

$$u_S = u_{S1} + u_{S2} + \cdots + u_{Sn} = \sum_{k=1}^{n} u_{Sk} \qquad (1-21)$$

图 1 – 28　电压源的串联

如果 u_{Sk} 的参考方向与 u_S 的参考方向一致，则式中的该项应取正号，不一致时取负号。

2. 电流源

电流源（理想电流源）也是一种理想二端元件：电流源向外输出定值电流 I_S 或一定的时间函数 $i_S(t)$ 而与它的端电压无关。

电流源

如果电流源的输出电流是定值 I_S，则称之为直流电流源，如图 1 – 29（a）所示。图 1 – 29（b）所示为直流电流源的伏安特性曲线。理想电流源的电流与外电路无关，所以

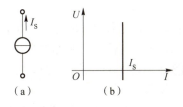

图 1-29　理想电流源及伏安特性
(a) 理想电流源；(b) 伏安特性曲线

与理想电流源串联的电路（或元件），其电流等于理想电流源的电流。

负载电流越大，电流源内阻上的电流越小，此时电流源输出的电压越低。电流源可看作一个理想电流源 I_S 和电源内电阻 R'_i 的并联电路，其电路模型如图 1-30（a）所示。电流源的伏安特性（外特性）是其输出电压 U 和输出电流 I 的关系，即 $I = I_S - \dfrac{U}{R'_i}$。

图 1-30（b）所示为电流源的伏安特性曲线。

对于理想电流源，不允许其开路运行，否则这与电流源的特性不相符，因此当电流源闲置时，应将其短路保存。

当 n 个电流源并联时如图 1-31（a）所示，可以等效为一个电流源如图 1-31（b）所示。

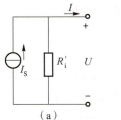

图 1-30　实际电流源及伏安特性
(a) 实际电流源；(b) 伏安特性曲线

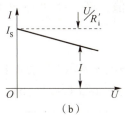

图 1-31　电流源的并联

等效电流源的电流为

$$i_S = i_{S1} + i_{S2} + \cdots + i_{Sn} = \sum_{k=1}^{n} i_{Sk} \tag{1-22}$$

如果 i_{Sk} 的参考方向与 i_S 一致，则取正值；若不一致，则取负值。

> **提示：** 理想电流源的内阻等于零，电流源的容量无穷大，电流源严禁开路，电流源可以并联使用不能串联使用。

学习链接三　基本器件识别

1. 电阻器的标注方法

1）直接标注法

在电阻上直接标注标称值和允许误差，例如电阻上标有 "20 k ±5%"，则表示电阻的阻值为 20 kΩ，误差为 ±5%，如图 1-32（a）所示。

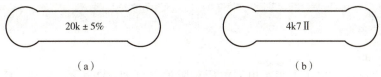

图 1-32　电阻的直接标注和文字标注
(a) 直接标注法；(b) 文字标注法

2）文字标注法

用字母和数字符号按一定的规律组合起来，在电阻上标注其主要技术参数的方法。即阻值的整数部分写在其单位符号的前面，阻值的小数部分写在单位符号的后面。例如电阻上标有"4k7 Ⅱ"，表示电阻的阻值是 4.7 kΩ，误差为 ±10%，如图 1－32（b）所示。注：Ⅰ级为误差 ±5%，Ⅱ级为误差 ±10%，Ⅲ级为误差 ±20%。

3）色环标注法

用不同颜色的色环，按照规定的排列顺序在电阻上标注标称阻值和允许误差的方法。常用于小功率电阻，特别是 0.5 W 及以下的碳膜电阻和金属膜电阻。

色环标注法

（1）四色环标注法。

这种标志的方法多用于普通电阻器上。它用四条色环表示电阻器的标称阻值和允许偏差，其中前三条色环表示标称阻值，后一条表示允许偏差。表示标称阻值的三条色环中，第一和第二条分别表示第一和第二位有效数值，第三条色环表示有效数值的倍率，如图 1－33（a）所示。

（2）五色环标注法。

这种标志方法多用于精密电阻器。它用五条色环表示电阻器的标称阻值和允许偏差，其中前四条表示标称阻值，最后一条表示允许误差，如图 1－33（b）所示。

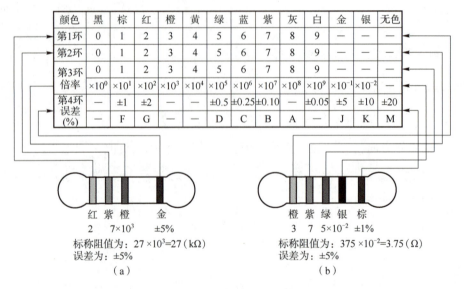

颜色	黑	棕	红	橙	黄	绿	蓝	紫	灰	白	金	银	无色
第1环	0	1	2	3	4	5	6	7	8	9	—	—	—
第2环	0	1	2	3	4	5	6	7	8	9	—	—	—
第3环	0	1	2	3	4	5	6	7	8	9	—	—	—
第3环 倍率	$\times 10^0$	$\times 10^1$	$\times 10^2$	$\times 10^3$	$\times 10^4$	$\times 10^5$	$\times 10^6$	$\times 10^7$	$\times 10^8$	$\times 10^9$	$\times 10^{-1}$	$\times 10^{-2}$	—
第4环 误差 (%)	—	±1	±2	—	—	±0.5	±0.25	±0.10	—	±0.05	±5	±10	±20
	—	F	G	—	—	D	C	B	A	—	J	K	M

红 紫 橙　　金
2　7×10³　±5%
标称阻值：27 ×10³=27（kΩ）
误差为：±5%
（a）

橙 紫 绿 银 棕
3　7　5×10⁻²　±1%
标称阻值：375 ×10⁻²=3.75（Ω）
误差为：±5%
（b）

图 1－33　电阻的色环标注法
（a）四色环标注法；（b）五色环标注法

> 棕一红二橙是三，四黄五绿六为蓝，七紫八灰九对白，黑是零蛋记心间，金五银十表误差。

4）数字标注法

用一组数字标注在电阻上表示电阻的标称阻值。例如 202 表示 $20 \times 10^2 \Omega$，53 表示 $5 \times 10^3 \Omega$，512 表示 $51 \times 10^2 \Omega$。

数字标注法和色环标注法也适合电感器，识读方法与电阻相同，单位是 μH。

5）电阻器的额定功率

当电流通过电阻器时，电流会对电阻器做功，电阻器会发热。电阻器所能承受的发热是有限度的，如果电阻器上所加电功率大于它能承受电功率时，电阻器就会温度过高而烧毁，所以电阻器要有规定的额定功率。电阻器长期工作时所允许承受的最大电功率称为额定功率。常用电阻的功率有 0.125 W、0.25 W、0.5 W、1 W、2 W、3 W、5 W、10 W 等。表示电阻额定功率的图形符号如图 1-34 所示。

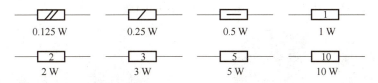

图 1-34　电阻额定功率的图形符号

2. 电容器的标注法

1）直接标注法

方法与电阻器相同，有些电容器由于体积较小，在标注时为了节省空间，省略了单位，但遵照以下规则：

（1）凡无单位的整数，省略的单位是 pF；例如：620 表示 620 pF。

（2）凡带小数点其无单位的数，省略的单位是 μF；例如：0.33 表示 0.33 μF。

（3）许多小型固定电容器如瓷片电容器，其耐压在 100 V 以上，比一般晶体管电路工作电压要高得多，通常省略不标注；但高电压瓷片电容器的耐压必须标注，如 560 pF/1 600 V。

2）文字标注法

与电阻器相同。例如：n33 表示 0.33 nF，2p2 表示 2.2 pF，6n8 表示 6.8 nF 即 6 800 pF。电容量允许误差：B 表示 ±0.1 pF，C 表示 ±0.25 pF，D 表示 ±0.5 pF，F 表示 ±1 pF。

3）数字标注法

数字标注法与电阻器相同，例如：103 表示 10×10^3 pF，223 表示 22×10^3 pF。

3. 电解电容的极性判断

电解电容是有极性电容，不能接受反向电压，安装时需按正确的极性安装，所以在使用前我们要正确的区分电解电容正负极。识别电解电容正负极的正确方法是：

1）螺栓型铝电解电容正负极识别

螺栓型铝电解电容在套管上有明确的正负极标识，正极用"+"、负极用"-"表示。大部分螺栓电容在盖板上的端子旁边都会刻有"+""-"的标识，如图 1-35 所示。

图 1-35　螺栓型铝电解电容极性识别

2）焊片铝电解电容正负极的区分

焊片铝电解电容又称之为牛角电容，目前所有厂家都是选用"负极标识"，即套管"－"标识所对应的焊针为负极。焊片电解电容正负极在盖板上也有区分，大部分是采取负极"压花"来标识，也有电解电容厂家直接在铆钉上印出"＋""－"的标志，如图1－36所示。

3）引线结构电解电容正负极识别方法

引线结构电解电容也是采取"负极标识"，即套管"－"标识所对应的引线为负极。还有就是按引线的长短来识别，长的引线为正极，短的引线为负极，如图1－37所示。

图1－36　焊片铝电解电容极性判别　　　　图1－37　引线结构电解电容极性判别

4）片式铝电解电容正负极识别方法

片式铝电解电容又称之为贴片铝电解电容，片式铝电解电容是没有套管的，所以在铝壳的底部印有容量、电压、正负极等相关信息，如图1－38所示印有半边黑色的为负极。

4. 电感器的标注方法

直标法：就是将标称电感量用数字直接标注在电感线圈的外壳上，同时还用字母表示电感线圈的额定电流，用Ⅰ、Ⅱ、Ⅲ表示允许误差。采用这种数字与符号直接表示其参数的，称为小型固定电感。

色点标注法：用色点标注与电阻色环标注类似，但顺序相反，单位为μH，色点标注的前点为有效数字，第3点为倍率（倍乘数）。

色环标注法：前两环代表有效值，第3环代表乘上的次方数（倍乘数），另一个色环表示误差，如图1－39所示。

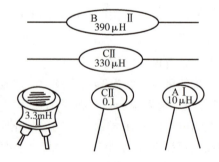

图1－38　片式铝电解电容极性判别　　　　图1－39　电感标注方法

学习链接四　使用万用表检测器件好坏

1. 认识万用表

万用表是一种多功能携带式电工仪表，是维修电工必备的仪表之一。　认识万用表万用表既可以测量电压、电流、电阻，还可以判断各种元器件的好坏，是维修电工的得力帮手。万用表按其结构、原理不同分为指针式万用表和数字式万用表两大类。在此着重介绍指针式万用表。

指针式万用表有 MF30 型、MF50 型、MF47 型等多种型号，其中 MF47 型万用表的灵敏度较高，操作简单，还可以测量晶体三极管的放大倍数和 2 500 V 的高压，内部有保护电路，结构较牢靠，是机床电气维修比较理想的一种万用表。

指针式万用表的结构主要由表头、测量线路、转换开关、面板及表壳等部分组成，它采用磁电式仪表为测量机构，如图 1-40 所示。

万用表使用前的准备：

（1）装电池。

万用表使用前，要装好干电池，电池分别为 1.5 V、9 V 两种规格。

（2）表笔的插接。

万用表配有两只表笔（黑、红各一只），使用万用表时，要将黑表笔插接到 MF47 型万用表右下角的"COM"插孔内，红表笔一般情况下插接到标有"+"符号的正极插孔内。

（3）刻度盘。

刻度盘上有多条对应于不同测量项目的刻度线，同时为了减少读数误差而设置了反光镜。在万用表测量过程中读数时，眼睛、万用表的实际指针、反光镜中的指针三者要在一条直线上（读数时眼睛要在指针的正上方，看不到反光镜中的指针即说明三者在一条直线上）。

（4）机械零位。

万用表的机械零位，也称电压（或电流）零位，如图 1-40 所示。它是指万用表在不进行任何测量项目的时候，指针应该在表盘刻度线右边的零位，如果有较大距离的偏离，则需要调整"机械调零螺口"。

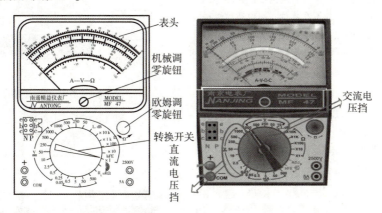

图 1-40　万用表面板介绍

2. 万用表检测元件大小

用万用表测量电阻时，应将转换开关旋至欧姆挡的某一挡位，共有 5 个挡位，分别为 ×1、×10、×100、×1 K、×10 K，如图 1-41 所示。

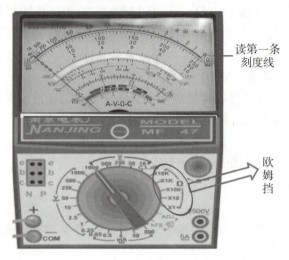

图 1 – 41   万用表欧姆挡介绍

1）测量电阻操作规程（表 1 – 6）

表 1 – 6   测量电阻操作规程

操作步骤	操作内容	操作画面
插好表笔	黑——"–"，红——"+"	
机械调零	测量前，应注意水平放置，检查表指针是否处于交直流刻度标尺的零刻度线上，若不在零位，则应通过机械调零的方法，使指针回到零位，否则读数会有较大的误差	机械调零旋钮
量程的选择	看指针是否停在中线附近，如果是，说明挡位合适，如果指针太靠零，则要减小挡位，如果指针太靠近无穷大，则要增大挡位	
欧姆调零	量程选定后在正式测量前必须进行欧姆调零，否则测量值有误差	欧姆调零（a）（b）

操作步骤	操作内容	操作画面
连接电阻测量	不能带电测量，被测电阻不能有并联支路	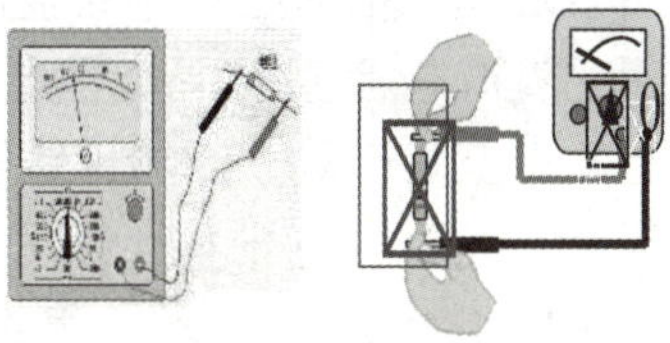 （a）正确测法　　（b）错误测法
读数	读第一条刻度线。阻值＝刻度值×倍率，右图所示为阻值＝18×10 K＝180 kΩ	 刻度线18　　读第一条刻度线 旋转开关调到10 K倍率挡位
挡位复位	万用表不用时，将挡位开关打在OFF 位置，或打在交流电压1 000 V 挡	

2）操作注意事项

（1）测量先看挡，不看不测量。每次拿起表笔准备测量时，务必再核对一下测量类别及量程选择开关是否拨对位置。为了安全，必须养成这种测前看一看的好习惯！

（2）测 R 先调零，换挡需调零。测元件电阻前，应先将转换开关调至欧姆挡，短接表笔欧姆调零。每次更换挡位时，都应重新调零。

（3）测 R 不带电，连接需分离。当测量电路中电阻时，必须先将电路断电，并将电阻一端断开，以防损坏万用表或误测成与其他电阻连接的等效电阻。

（4）测量不拨挡，测完拨空挡。调零时，测量过程中不能拨动转换旋钮！测量完毕收应将转换开关拨到"OFF"位置或交流电压最高挡位（1 000 V）。

（5）量程要合适，针偏过大半。若测量前事先无法估计被测元件阻值大小，应尽量选较大量程，然后根据指针偏转情况逐步调小两层，直到指针偏转到满刻度的 1/3 ~ 2/3 区域为止。

❖ 如果调整调零旋钮不能使指针调整到欧姆零位，说明电池电量不足，这时候要更换表内电池。×1、×10、×100、×1 K 四个挡位（尤其小挡位）不能调零的话，需要更换表内 1.5 V 电池；×10 K 不能调零的话，则需要更换表内 9 V 叠层电池。

❖ 万用表打在电阻挡，黑、红两个表笔之间是有直流电压存在的，即可以把打在电阻挡的万用表看成一个电源，切记：黑表笔输出的是电压的正极，红表笔输出的是电压的负极。

3. 万用表检测元件好坏

1）色码电感器的检测

用万用表欧姆挡检测电感器的直流电阻，以此来判断电感器的好坏。一般电感线圈的直流电阻值很小（零点几欧至几欧），低频扼流圈的直流电阻最多也只有几百至几千欧。当测出线圈电阻无穷大时，表明线圈内部或引出端已经断线。注意：在测量时，线圈应与外电路断开，以避免外电路对线圈的并联作用造成错误的判断。

电容器的检测

将万用表置于 $R \times 1$ 挡，红、黑表笔各接色码电感器的任一引出端，此时指针应向右摆动。根据测出的电阻值大小，可具体分下述三种情况进行鉴别：

（1）被测色码电感器电阻值为零，其内部有短路性故障。

（2）如果表针不动，说明该电感器内部断路。

（3）被测色码电感器直流电阻值的大小与绕制电感器线圈所用的漆包线径、绕制圈数有直接关系，只要能测出电阻值，则可认为被测色码电感器是正常的。

2）电容器的检测

电容器的质量异常表现为短路（被击穿）、断路、漏电和容量减小、失效。容量大于 $1\ \mu F$ 的电容器可用万用表 $R \times 1K$ 挡进行检测，每次检测前都必须将电容器两极短路放电后再进行，具体检测如下：

（1）估测电容器容量的大小。

万用表两个表笔分别接电容器两端，指针应向小电阻值侧摆动，然后慢慢回摆至 ∞ 附近。迅速交换表笔再测一次，看指针摆动情况，摆幅越大表明电容器的电容量越大。

（2）判断电容器质量好坏。

若表笔一直接通电容器的引线，指针最终应指在 ∞ 附近，如果指针最后指示值不为 ∞，表明电容器有漏电现象，其电阻值越小，漏电越大，该电容器的质量就越差。

（3）判断电容器的短路。

如果在测量时，指针一下指到 $0\ \Omega$ 而不回摆，表示该电容器已短路（被击穿）。

（4）判断电容器的失效。

如果测量时指针根本不动，表示电容器已经失去容量（失效）。

学习链接五　使用万用表检测电源电压

电源电压决定了设备是否可以正常工作，因此在给电路供电前，必须要保证电源电压和用电设备所需电压相一致。这里我们可以使用万用表先检测电源的电压情况。检测前要注意分清直流电压还是交流电压，以便使用相应挡位进行测量。

指针式万用表电压挡标有"V"，有多个量程，并在相应量程有直流电压挡"DCV"和交流电压挡"ACV"标识。在测量电压时，根据电路中电源电压大小选择量程，若不清楚电压大小，应先用最高电压挡测量，逐渐换用低电压挡。

1. 测量电源电压操作规程

（1）机械调零。

（2）选择合适的电压量程挡位。这里我们要检测的是报警灯的电源电压，即直流电压，则应选择"DCV"直流电压量程。

（3）将万用表红、黑表笔并联接到待测电源（元件）两端，如图 1 - 42 所示。

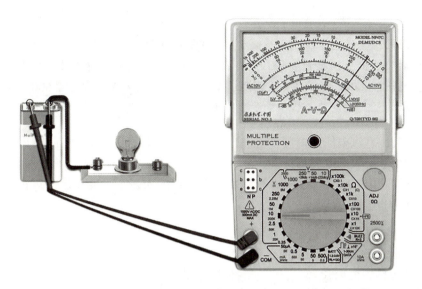

图 1 – 42　检测电源电压图

（4）读数，注意挡位以及找准所读刻度线，例如挡位调到 DC 10 V 量程，指针读数如图 1 – 43 所示，则

$$电压读数 = \frac{所选电压量程}{所读刻度线标识量程} \times 指针所指读数 = \frac{10}{10} \times 9 = 9 \ （V）$$

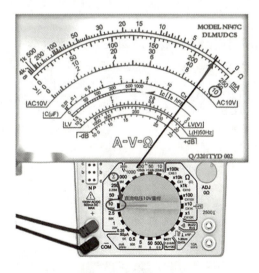

图 1 – 43　测试读数

（5）测量完毕后将转换开关调整到"OFF"挡或交流电压最大量程，这样可以避免下次测量的时候不小心损坏万用表。

测量电路中元件电压方法与测电源电压方法相同，可参照上述规程操作。

  当用万用表测量高于 1 000 V 而低于 2 500 V 的较高直流电压时，需要将万用表的红表笔从正极插孔拔出，插接到 2 500 V 电压专用插孔，黑表笔保持不动（此时，表的量程要旋至直流电压 1 000 V 量程位置。同理，若测量高于 1 000 V 而低于 2 500 V 的较高交流电压时，则旋转至交流电压 1 000 V 量程位置即可）。

  交流电压挡比直流电压挡内部多了一个整流电路，其使用方法与直流电压挡相同，但测交流电压时无须考虑被测电压的极性，即红、黑表笔只需并联在待测器件两端即可；被测交流电的频率不能超出 50 ~ 2 000 Hz，否则会产生严重的误差；只能用来测量正弦交流电压，而不能直接测量非正弦电压。

2. 操作注意事项

（1）正确选择被测对象和量程。

（2）正确选择表笔插孔。

（3）测量时万用表与被测元器件并联；指示在满刻度的 1/2 ~ 2/3 较为准确。

（4）测量时，手指不要触及表笔的金属部分和被测元器件。

（5）测量中不准转动选择开关。

（6）万用表使用完毕，应该将转换开关转换到 OFF 或者交流电压最高挡位（1 000 V）。

  ❖ 万用表打在电阻挡，黑、红两个表笔之间是有直流电压存在的，即可以把打在电阻挡的万用表看成一个电源。**切记：黑表笔输出的是电压的正极，红表笔输出的是电压的负极。**

任务实施

（1）根据电路图列出所需电路器件清单，如表 1 - 7 所示。

表 1 - 7   电路器件清单

序号	器件名称	器件符号	规格参数	数量	备注

（2）检测器件大小及好坏，并填表 1 – 8。

表 1 – 8　元件检测结果

元件名称	标称值	万用表挡位	测量值（测量现象）	检测结果（好或坏）

（3）检测电源电压情况。说明：实际数控机床使用的是开关直流电源［图 1 – 44（a）］，这里测试时我们可使用直流稳压电源［图 1 – 44（b）］进行替代给电路供电。

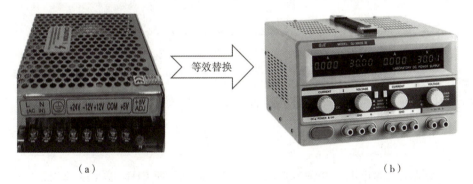

（a）　　　　　　　　　　　　　　　　（b）

图 1 – 44　直流电源

（a）数据机床直流开关电源；（b）直流可调稳压电源

该直流可调稳压电源 CH1 和 CH2 表示有_____路独立供电电源输出，每路电源电压可调范围是_____。通过设置电源中间两个按键的状态可选择三种不同的工作模式，其下方的标识：INDEP 表示_____，SERIES 表示_____，PARALLEL 表示_____。

在这里机床报警灯电路需要的电源电压为_____。可将直流可调稳压电源通电，设置工作模式为_____后，调节直流电压调节旋钮，使显示器示数为_____。然后将万用表量程调至_____，将红、黑表笔分别接到_____端和_____端，测出实际输出电压为_____。至此，可保证直流电源输出电压正常，可正常给报警灯电路供电。

1. 任务问答

（1）为什么指针式万用表测量电阻时不能带电测量？

_____

_____

（2）MF47 指针式万用表的欧姆挡需要几种电池？电池分别和欧姆挡的哪些倍率相关？

_____

_____

（3）当万用表调到欧姆挡×100 挡位测量某电阻，表盘指针指示如图 1 – 45 所示，请读出该电阻大小？若万用表旋转开关分别调到 AC 50 V、500 V、1 000 V 挡位，则表中指针是多少？

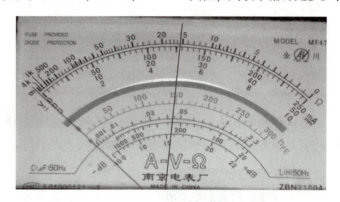

图 1 – 45　表盘指针指示

（4）如何用万用表判别一个电解电容的好坏？怎么从外观上识别其引脚极性？

_____

_____

（5）直流稳压电源通电，并调节直流电压调节旋钮，使 CH1 电压为 12 V，CH2 电压为 12 V，要使输出电压为 24 V，则应将稳压电源调至何种工作模式？应如何连接两个电源？

_____

_____

（6）为什么测量电压时万用表并联在所测对象两端？万用表测量交流电压时和测量直流电压时表笔放置有什么区别？

_____

_____

（7）为什么电压源可以串联使用而不能并联使用？

_____

_____

2. 任务评价

任务评价表如表 1 – 9。

表 1 – 9　任务评价表

评价项目	评价内容	配分	得分
职业素养	是否遵守纪律及规程，不旷课、不迟到、不早退？ 旷课扣 3 分/次；迟到、早退扣 2 分/次；上课做与任务无关的事情扣 2 分/次；不遵守安全操作规程扣 10 分/次	10	
	是否以严谨认真的态度对待学习及工作？ 能认真积极参与任务得 10 分；能主动发现问题并积极解决得 5 分；能提出创新改进方案得 5 分	10	
	是否能按时按质完成课前学习和课后作业？ 网络课程前置学习完成率达 90% 以上得 5 分；课后作业完成度高得 5 分	10	
	使用仪表操作是否符合电工安全操作规程？ 能完全按规程熟练使用万用表检测器件好坏得 10 分；能基本按规程较好使用万用表检测器件得 7 分；视操作情况酌情扣分	10	
	是否在任务实施过程中造成仪表、仪器、器件的损坏？是否在检测工作结束后按 6S 要求清扫整理，物品归位？ 挡位选用错误扣 3 分；造成万用表烧表直接扣 10 分；造成器件损坏扣 3 分/个；造成仪器损坏扣 10 分；未做好归位清扫清理工作扣 10 分；该项扣完为止	10	
专业能力	任务完成情况：能否使用万用表正确检测电阻、电容的好坏；能否用万用表规范检测电源电压，分辨电源好坏。 规范操作并根据检测结果正确判断器件好坏得 20 分； 正确使用直流稳压电源，并能规范检测电源电压得 10 分	30	
	任务问答： 【测试内容】电阻、电容、电感等电路器件的电路符号、特性及主要参数；不同类型的电源特点及等效变换；设备器件需要配套使用合适的电源。 【评分标准】90% 以上问题回答准确专业，描述清楚有条理得 20 分；80% 以上问题回答准确专业，描述清楚有条理得 16 分；70% 以上问题回答准确专业，描述清楚有条理得 14 分；60% 以上问题回答准确专业，描述清楚有条理得 12 分；不到 50% 问题回答准确的不超过 10 分，酌情打分	20	
总　分			

小结反思

（1）绘制本任务学习要点思维导图。

（2）在任务实施中出现了哪些错误？遇到了哪些问题？是否解决？如何解决？记录在表 1 – 10 中。

表 1 – 10　错误记录

出现错误	遇到问题记录

任务描述

本次任务：请根据电路图 1-46 完成报警电路的安装；安装完毕后，通电测试电路功能，并使用万用表检测电路中各路电流和各报警灯的电压。

任务提交：电路功能测试数据、任务问答、学习要点思维导图、任务评价表。

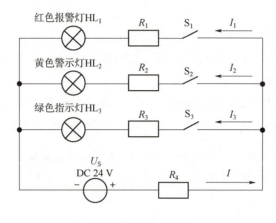

图 1-46　电路图

任务目标

本任务参考学习学时：4（课内）+2（课外）。通过本任务学习，可以获得以下收获：

专业知识：

（1）能运用基尔霍夫定理分析简单电路参数关系。

（2）能理解等效的概念，掌握电源等效变换，并运用等效变换简化分析电路问题。

（3）能应用戴维南定理、叠加定理等方法分析较复杂电路问题。

专业技能：

（1）根据电路图按工艺规范正确安装电路。

（2）会按通断电规程进行电路功能测试。

职业素养：

（1）时刻保持安全清醒的头脑，以认真的态度对待学习和工作。

（2）养成严格按规范要求操作，使用电工仪表和安全工具等安全用电习惯和意识。

（3）能进行学习资料的收集、整理与自学，培养良好的工作习惯。

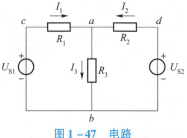

图 1 – 47　电路

学习链接一　基尔霍夫定律及其应用

图 1 – 47 所示为一个较复杂的电路，若知道各个电源电压及各个电阻阻值，看一看能不能简单用欧姆定律求出各个电流？

很显然，这个电路不能简单用欧姆定律解题。那么，用什么方法可以算出答案呢？

基尔霍夫定理

1. 基尔霍夫定律

基尔霍夫定律是求解复杂电路的电学基本定律；某些电路呈现出网络形状，并且网络中还存在一些由 3 条或 3 条以上支路形成的交点（节点）；这种复杂电路不是串、并联电路的公式所能解决的。

基尔霍夫定律包括基尔霍夫电流定律（KCL）和基尔霍夫电压定律（KVL），前者应用于节点、后者应用于回路；运用基尔霍夫定律可以简化复杂电路的分析、计算。

> **提示**：该定律既可以用于直流电路的分析，也可以用于交流电路的分析，还可以用于含有电子元件的非线性电路的分析。

1）支路、节点、回路

（1）支路：同一电流所流经的路径，图 1 – 47 中共有 3 条支路，即 abc 支路、ab 支路、abd 支路。

（2）节点：3 条或 3 条以上支路的连接点，图 1 – 47 中有 a、b 2 个节点。

（3）回路：由若干支路组成的闭合路径，图 1 – 47 中有三个回路，即 $abca$、$abda$、$adbca$ 3 个回路。

（4）网孔：不含支路的闭合路径，在图 1 – 47 中有 $abca$、$abda$ 2 个网孔。

2）基尔霍夫电流定律（KCL）

基尔霍夫电流定律是用于确定连接于同一节点的各支路之电流间关系的。由于电流是电荷连续运动形成的，电路中的任一节点都不可能堆积电荷，即电流具有连续性。因此，对电路中任一节点而言，任一时刻流入某节点的电流之和等于流出该节点的电流之和，这就是基尔霍夫电流定律，即

$$\sum I_i = \sum I_o \qquad (1-23)$$

式中，I_i 为流入节点的电流；I_o 为流出节点的电流。根据图 1 – 47 中选定的各支路电流的正方向，列出节点 a 的 KCL 方程为

$$I_1 + I_2 = I_3 \qquad (1-24)$$

基尔霍夫电流定律适用于节点，也可以应用于任一假想的闭合面（广义节点）。如图 1 – 48 所示，我们可以将包含 A、B、C 三个节点的闭合面看成是一个广义节点，容易证明在任一瞬时有 $I_A + I_B + I_C = 0$。图 1 – 48 中 I_A、I_B、I_C 的方向为选定的正方向，不一定是实际方向。

【例1-5】如图1-49所示，求I_1和I_2的大小。

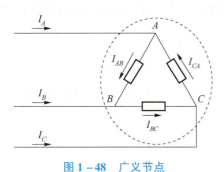

图1-48　广义节点

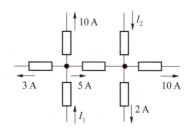

图1-49　例题1-5的图

解：对于左边节点：$I_1 = 10 + 3 + 5 = 18$（A）

对于右边节点：$I_2 = 10 + 2 - 5 = 7$（A）

3）基尔霍夫电压定律（简称KVL）

基尔霍夫电压定律是用于确定某一回路中各段电路之电压间关系的。该定律可叙述为：在任何时刻，沿任一闭合回路所有支路电压的代数和恒等于零，即

$$\sum U = 0 \qquad (1-25)$$

在列写KVL方程时，凡支路电压的参考方向与回路的绕行方向一致的电压前面取"+"，支路电压参考方向与回路绕行方向相反的前面取"-"，如图1-50所示。

图1-50所示为某电路中的一个回路，设其回路绕行方向为顺时针，则有：

$$U_1 + U_2 - U_3 - U_4 + U_5 = 0 \qquad (1-26)$$

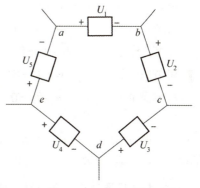

图1-50　KVL示例

基尔霍夫电压定律还可以描述为对于电路中的任一回路，在任一瞬时，沿闭合回路绕行一周的电位升之和等于电位降之和，即

$$\sum U_r = \sum U_f \qquad (1-27)$$

式中，U_r为电位升；U_f为电位降。根据图1-50中选定的各支路电流的正方向，回路$adbca$的KVL方程为

$$U_{S1} + I_2 R_2 = I_1 R_1 + U_{S2}$$

将上式改写成 $U_{S1} - U_{S2} = I_1 R_1 - I_2 R_2$

即

$$\sum U = \sum IR \qquad (1-28)$$

式（1-28）是基尔霍夫电压定律的另一种表达式，即以某选定绕行方向沿着任一闭合回路绕行一周，回路中所有电压源的代数和等于所有电阻上电压降的代数和。

基尔霍夫电压定律还可以推广应用于开口电路，如图 1-51 所示，运用式（1-28）可以对回路 I 列出 KVL 方程式

$$U_S = I_1 R_1 + I_2 R_2 + U_{OC} \qquad (1-29)$$

式（1-29）中假定电路开口处两端接负载，若 I_2 的实际方向与图 1-51 中的正方向相同时，且计算出 U_{OC} 的值为正（上 "+"、下 "-"），则说明 ab 段电路确实接负载（或电位降）；若计算出 U_{OC} 的值为负，则说明 ab 段电路接电源（或电位升）。

【例 1-6】 如图 1-52 所示电路，求 I_1、I_2、I_3、I_4 和 U。

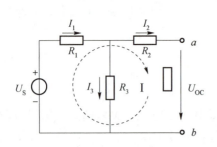

图 1-51 开口电路

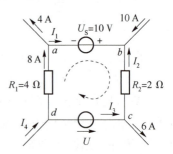

图 1-52 例题 1-6 电路图

解：（1）根据 KCL 定律

对节点 a 有：$-I_1 - 4 + 8 = 0$

对节点 b 有：$I_1 + 10 + I_2 = 0$

对节点 c 有：$-I_2 - 6 + I_3 = 0$

对节点 d 有：$-I_3 - 8 + I_4 = 0$

$\Rightarrow$
$\begin{cases} I_1 = 4 \text{ A} \\ I_2 = 4 \text{ A} \\ I_3 = -8 \text{ A} \\ I_4 = 0 \text{ A} \end{cases}$

（2）根据 KVL 定律

对回路 $abcd$ 有：$-U_S - I_2 R_2 - U + 8 R_1 = 0$

即 $U = 8 R_1 - U_S - I_2 R_2 = 8 \times 4 - 10 - (-14) \times 2 = 50$（V）

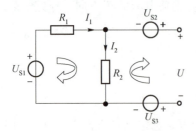

图 1-53 例题 1-7 电路图

【例 1-7】 如图 1-53 所示电路，已知：$U_{S1} = 10$ V，$U_{S2} = 2$ V，$U_{S3} = 1$ V，$R_1 = R_2 = 1 \Omega$。求：U。

解：对左回路列 KVL 方程：$I_1 R_1 + I_2 R_2 = U_{S1}$。

因为右回路为开路状态，所以，$I_1 = I_2$，代入数据，得 $I_1 = I_2 = 5$ A。

对右回路列 KVL 方程：$U + U_{S3} = I_2 R_2 + U_{S2}$

代入数据，得 $U = 6$ V。

❖ 基尔霍夫定律解题步骤：

（1）假设各支路电流正方向及回路的绕行方向。

（2）应用 KCL 节点的电流方程。对于有 n 个节点的电路，只能选取 $n-1$ 个节点列方程。

（3）应用 KVL 列出回路的电压方程。对于有 m 条支路和 n 个节点的电路，可列出 $m-(n-1)$ 个回路的电压方程。一般选取网孔列方程，因为网孔数恰好等于 $m-(n-1)$，而且所得到的都是独立方程。

（4）方程求解。若求得的电流 $I>0$，则电流实际方向与假设正方向相同；若 $I<0$，则电流实际方向与假设正方向相反。

2. 支路电流分析法

在分析与计算复杂电路时，单独运用欧姆定律、基尔霍夫电流定律、基尔霍夫电压定律很难求解，往往需要混合运用这些定律使求解简化。

支路电流法是支路电流为待求量，应用基尔霍夫电流定律和基尔霍夫电压定律分别对节点和回路列出所需要的方程组，联立方程求解，求出电路中支路电流。支路电流法求解的步骤如下：

（1）选定各支路的电流正方向，如图 1-54 所示的电流 I_1、I_2、I_3。

（2）确定独立节点，应用基尔霍夫电流定律列出相应的独立节点方程式。电路中有 n 个节点时，只能列出 $(n-1)$ 个独立的节点方程式。图 1-54 中，有两个节点，所以只能列出一个独立的节点方程式。

对节点 a，有

$$I_1 + I_2 = I_3 \tag{1-30}$$

（3）确定回路，为保证每个方程为独立方程，通常可选网孔回路列出电压方程式。图 1-54 有两个网孔回路，可列出两条电压方程式。

对回路 I，有 $U_{S1} = I_1 R_1 + I_3 R_3$ (1-31)

对回路 II，有 $-U_{S2} = -I_2 R_2 - I_3 R_3$ (1-32)

对于 b 条支路，n 个节点，待求支路电流有 b 条的电路，应用基尔霍夫电流定律可列出 $(n-1)$ 个独立方程，用基尔霍夫电压定律可列 $b-(n-1)$ 个独立方程，一共可列 b 个独立方程，可求解出 b 条支路。

（4）联立方程组，得出各支路电流。

【例 1-8】若已知 $U_{S1} = 110$ V，$U_{S2} = 90$ V，$R_1 = 1\ \Omega$，$R_2 = 2\ \Omega$，$R_3 = 20\ \Omega$，求解图 1-54 电路中各支路电流。

解：根据 KCL 和 KVL 列出节点电流和回路电压关系式，如下

$$\begin{cases} I_1 + I_2 = I_3 \\ U_{S1} = I_1 R_1 + I_3 R_3 \\ -U_{S2} = -I_2 R_2 - I_3 R_3 \end{cases}$$

将已知数据代入方程组

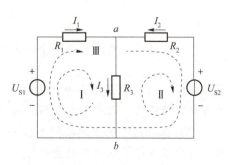

图 1-54 例题 1-8 电路图

$$\begin{cases} I_1 + I_2 = I_3 \\ 110 = I_1 + 20I_3 \\ -90 = -2I_2 - 20I_3 \end{cases}$$

解方程组，得

$$I_1 = 10 \text{ A}, \quad I_2 = -5 \text{ A}, \quad I_3 = 5 \text{ A}$$

（5）验算。将求解结果代入未应用过的回路方程式中，验算计算结果是否正确。图 1-54 中，未应用过的回路方程式只有一个。对回路Ⅲ，有

$$U_{S1} - U_{S2} = I_1 R_1 - I_2 R_2$$

将已知条件及求解结果代入以上方程式，得

$$左边 = U_{S1} - U_{S2} = 110 - 90 = 20 \text{（V）}$$
$$右边 = I_1 R_1 - I_2 R_2 = 10 \times 1 - (-5 \times 2) = 20 \text{（V）}$$

可见，求解结果正确。

学习链接二　实际电源等效变换及应用

1. 实际电源的等效变换

当电压源与电流源的内电阻相同，且电压源的 $U_S = I_S R_0$ 或电流源 $I_S = \dfrac{E}{R_0}$ 时，电压源与电流源的外特性完全相同。由此，我们得到一个结论：电压源和电流源之间存在着等效变换的关系，即可以将电压源模型变换成等效电流源模型或做相反的变换，如图 1-55 所示。这种等效变换在进行复杂电路的分析、计算时，往往会带来很大的方便。

为了保持变换前后输出端的特性一致，电压源 U_S 的方向应与恒流源 I_S 的方向一致，也就是说 I_S 的方向是从 U_S 的"$-$"端指向"$+$"端的，如图 1-55 所示。

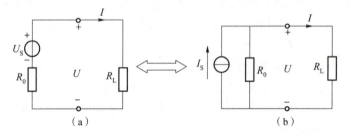

（a）　　　　　　　　　　　　　（b）

图 1-55　实际电压源与实际电流源等效

（a）$U = U_S - IR_0$；（b）$U = R_0(I_S - I)$

提示：电流源电流的参考方向在电压源的内部由电压源的负极指向正极。

注意：（1）电压源和电流源的等效关系是只对外电路而言的，对电源内部则不等效。因为在变换前后，两种电源内部的电压、电流和功率等都不相同。

（2）恒压源和恒流源之间不能进行等效变换，因为它们有完全不同的外部特性，故两者之间不存在等效变换的条件。

【例1-9】 电路如图 1-56 所示，已知 $U_{S1} = 10 \text{ V}$，$I_{S1} = 15 \text{ A}$，$I_{S2} = 5 \text{ A}$，$R_1 = 30 \ \Omega$，

$R_2 = 20\ \Omega$，求电流 I。

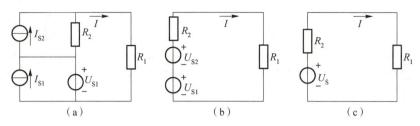

图 1 - 56　电路

解：在图 1 - 56（a）所示电路图中，电压源 U_{S1} 与电流源 I_{S1} 并联可等效为电压源 U_{S1}；电流源 I_{S2} 与电阻 R_2 并联可等效变换为电压源 U_{S2} 与电阻 R_2 的串联，电路变换如图 1 - 56（b）所示，其中

$$U_{S2} = R_2 I_{S2} = 20 \times 5 = 100\ （V）$$

在图 1 - 56（b）所示电路中，电压源 U_{S1} 与电压源 U_{S2} 的串联可等效变换为电压源 U_S，电路变换如图 1 - 56（c）所示，其中

$$U_S = U_{S2} + U_{S1} = 100 + 10 = 110\ （V）$$

在图 1 - 56（c）所示电路中，根据欧姆定律可知

$$I = \frac{U_S}{R_1 + R_2} = \frac{110}{30 + 20} = 2.2\ （A）$$

2. 电路等效变换——叠加定理

叠加定理

在多个电源同时作用的线性电路中，任何支路的电流或任意两点间的电压，都是各个电源单独作用时所得结果的代数和。即叠加时只将电源分别考虑，电路的结构和参数不变；暂时不予考虑的恒压源应予以短路，即令 $U = 0$；暂时不予考虑的恒流源应予以开路，即令 $I_S = 0$。

解题时要标明各支路电流、电压的正方向。原电路中各电压、电流的最后结果是各分电压、分电流的代数和，如图 1 - 57 所示。

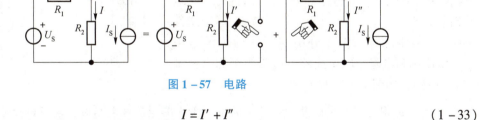

图 1 - 57　电路

$$I = I' + I'' \tag{1-33}$$

> **注意**：（1）当恒流源不作用时应视为开路。
> （2）当恒压源不作用时应视为短路。
> （3）叠加定理只能用于电压或电流的计算，不能应用于计算功率。

【例 1 - 10】用叠加原理求图 1 - 58 所示电路中的 I_2。

解：（1）分解电路，画出各分电路图，如图 1 - 59 所示。

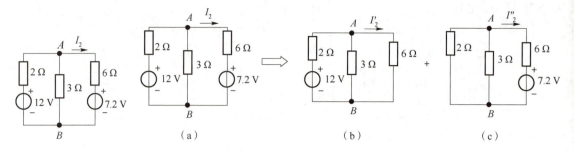

图 1-58 电路图　　　　　　　　　　图 1-59 电路图

图 1-59（b）中，12 V 电源单独作用时：$I_2' = \dfrac{12}{2 + (3 /\!/ 6)} \times \dfrac{3}{3 + 6} = 1$（A）;

图 1-59（c）中，7.2 V 电源单独作用时：$I_2'' = \dfrac{-7.2}{6 + (3 /\!/ 2)} = -1$（A）;

根据叠加原理：$I_2 = I_2' + I_2'' = 1 + (-1) = 0$（V）。

提示：运用叠加定理时也可以把电源分组求解，每个分支电路的电源个数可能不止一个，如图 1-60 所示。

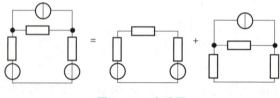

图 1-60 电路图

3. 电路等效变换——戴维南定理

一个网络具有两个引出端与外电路相连，不管其内部结构多么复杂，这样的网络叫二端网络。对外电路来说，任何一个线性有源二端网络，均可以用一个理想电压源和一个电阻元件串联的有源支路来等效代替，其电压源 U_S 等于线性有源二端网络的开路电压 U_{OC}，电阻元件的阻值 R_0 等于线性有源二端网络除源后两个外引端子间的等效电阻 R_{ab}。电压源和电阻串联组成的电压源模型称为戴维南等效电路，如图 1-61 所示。

戴维南定理

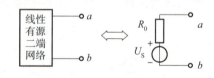

图 1-61 戴维南等效电路

提示：适用范围只求解复杂电路中的某一条支路电流或电压时，应用戴维南定理，关键需要求出端口的开路电压以及戴维南等效电阻。

求戴维南等效电路，对负载性质没有限定，用戴维南等效电路置换单口网络后，对外电路的求解没有任何影响，即外电路中的电流和电压仍然等于置换前的值。

1）无源二端网络

无源二端网络即二端网络中没有电源，如图 1-62 和图 1-63 所示。

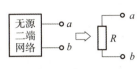

图 1-62　无源二端网络

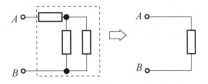

图 1-63　不含电源戴维南等效模型

2）有源二端网络

有源二端网络即二端网络中含有电源，如图 1-64 所示。

戴维南定理求解电路步骤：

（1）画出把待求支路从电路中移去后的有源二端网络。

（2）有源二端网络的开路电压即等效电源的电压源。

（3）求源性二端网络内部所有独立源置零时的等效电阻。（将电压源短路，电流源开路，仅保留电源内阻）。

（4）画出戴维南等效电路，将待求支路接起来，计算未知量。

【例 1-11】如图 1-65 所示，已知 $U_{S1} = 40$ V，$U_{S2} = 20$ V，$R_1 = R_2 = 4$ Ω，$R_3 = 13$ Ω，试用戴维南定理求电流 I_3。

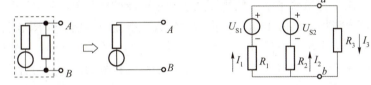

图 1-64　含电源戴维南等效模型　　　　图 1-65　电路图

解：（1）断开待求支路求等效电源的电压源。

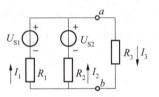

$$I = \frac{U_{S1} - U_{S2}}{R_1 - R_2} = \frac{40 - 20}{4 + 4} = 2.5 \ (\text{A})$$

$$E = U_0 = U_{S2} + IR_2 = 20 + 2.5 \times 4 = 30 \ (\text{V})$$

（2）求等效电源的内阻 R_0（除去所有电源，理想电压源短路，理想电流源开路）。从 a、b 两端看进去 R_1 和 R_2 并联。

$$R_0 = \frac{R_1 \times R_2}{R_1 + R_2} = 2 \ \Omega$$

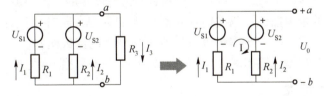

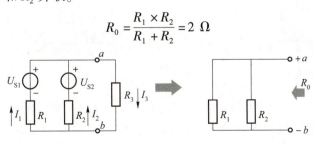

求内阻 R_0 时，关键要弄清从 a、b 两端看进去时各电阻之间的串并联关系。

（3）画出等效电路求电流 I_3。

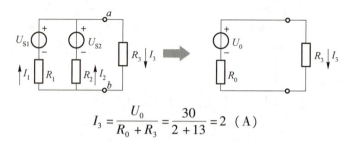

$$I_3 = \frac{U_0}{R_0 + R_3} = \frac{30}{2 + 13} = 2 \text{（A）}$$

思考题 1 – 5

（1）什么是二端网络、有源二端网络、无源二端网络？

（2）戴维南定理适用于哪些电路的分析和计算？是否对所有的电路都适用？

（3）应用戴维南定理求解电路的过程中，电压源、电流源如何处理？

学习链接三　使用万用表测电路参数（电流）

决定电路工作的各个因素，就是电路参数。例如：电压，电流，电阻等等。电路参数测试数据是判断电路工作状态一个非常重要的依据。在上一个任务中已经学习了使用万用表测量电阻、电压的方法，这里着重学习使用万用表测量电流的操作方法。

万用表的直流电流挡，实际上是一个多量程的直流电流表，由表头测量电路组成，表头实际上是一个满偏电流很小的电流表，扩大量程的方法是并联分流电阻，如图 1 – 66 所示。在多量程的直流电流表中，通常采用改变分流电阻来改变量程的大小，分流电阻越大，其量程越小；反之，量程越大。

1. 测量电流操作规程

（1）机械调零，转动机械调零旋钮，使指针对准刻度盘的"0"位线。

（2）选择合适的量程挡位。测量时应选择较大的量程，同时要注意选用的量程不能大于被测电流的 50 倍，否则，指针摆动很小，会造成较大的读数误差。

（3）将万用表与被测电路串联，如图 1 – 67 所示，串联之前断电操作。

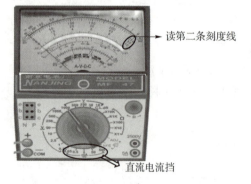

图 1 – 66　直流电流挡介绍

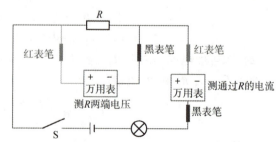

图 1 – 67　万用表与被测电路串联

注意被测电量极性，应使被测电流从红表笔流入，从黑表笔流出。

（4）读数，注意挡位以及找准所读刻度线，例如挡位调到 0.5 mA 挡，指针读数如

图 1–68 所示，则

$$\text{电流读数} = \text{指针针读} \times \frac{\text{挡位数}}{\text{所读刻度线的最大值}} = 150 \times \frac{0.5}{250} = 0.3 \ (\text{mA})$$

图 1–68　指针读数

交、直流
线电压及
电流刻度

2. 操作注意事项

（1）在使用万用表之前，应先进行"机械调零"，即在没有被测电量时，使万用表指针指在左边侧零电压或零电流的位置上。

（2）在使用万用表过程中，不能用手去接触表笔的金属部分，这样一方面可以保证测量的准确，另一方面也可以保证人身安全。

（3）在测量某一电量时，不能在测量的同时换挡，尤其是在测量高电压或大电流时，更应注意，否则，会使万用表毁坏。如需换挡，应先断开表笔，换挡后再去测量。

（4）万用表在使用时，必须水平放置，以免造成误差。同时，还要注意避免外界磁场对万用表的影响。

（5）万用表使用完毕，应将转换开关置于交流电压的最大挡。如果长期不使用，还应将万用表内部的电池取出来，以免电池腐蚀表内其他器件。

 任务实施

（1）将准备好的电路器件按电路图进行连接。

（2）接线完毕后，进行通电前检查，并将直流稳压电源调至 24 V 输出电压。

（3）电路检查无误后，接上电源，测试电路功能。

（4）使用万用表测试电路中各路电流及各报警灯的电压，将检测数据填入表 1–11、表 1–12 中。

表 1–11　各路电流数据记录表

开关状态\n电流	I_1	I_2	I_3	I
S_1 接通				
S_2 接通				
S_3 接通				
S_1、S_2、S_3 都接通				

表 1－12　各元件电压数据记录表

电压　开关状态	U_{HL1}	U_{HL2}	U_{HL3}	U_{R_1}	U_{R_2}	U_{R_3}	U_{R_4}
S_1接通							
S_2接通							
S_3接通							
S_1、S_2、S_3都接通							

（5）调试完毕后，按断电规范操作断开电源，清理现场。

检查评估

1. 任务问答

（1）如何在不通电情况下检查电路连接是否正确？

_____

_____

（2）在通电测量电流时，应如何操作请举例说明？操作时需要注意哪些问题？

_____

_____

（3）观察测试数据，当 S_1、S_2、S_3 同时接通时，电流 I、I_1、I_2、I_3 之间有什么关系？

_____

_____

（4）观察测试数据，当 S_1 接通时，U_S、U_{HL_1}、U_{R_1}、U_{R_4} 之间有什么关系？

_____

_____

（5）理想电压源和理想电流源之间是否能等效，请说明原因？

_____

_____

（6）你认为这个电路在实际运用时还有哪些功能需要改进？

_____

_____

2. 任务评价

任务评价表如表 1－13 所示。

表 1–13　任务评价表

评价项目	评价内容	配分	得分
职业素养	是否遵守纪律及规程，不旷课、不迟到、不早退？ 旷课扣 3 分/次；迟到、早退扣 2 分/次；上课做与任务无关的事情扣 2 分/次；不遵守安全操作规程扣 10 分/次	10	
	是否以严谨认真的态度对待学习及工作？ 能认真积极参与任务得 5 分；能提出创新改进方案得 5 分	10	
	是否能按时按质完成课前学习和课后作业？ 网络课程前置学习完成率达 90% 以上得 5 分；课后作业完成度高得 5 分	10	
	安装及通电操作是否符合电工安全操作规程？ 能合理布局安装电路，连接可靠得 5 分；能按安全操作规程通断电得 5 分；视操作情况酌情扣分	10	
	是否在任务实施过程中造成仪表、仪器、器件的损坏？是否在检测工作结束后按 6S 要求清扫整理，物品归位？ 造成万用表烧表直接扣 10 分；造成器件损坏扣 3 分/个；造成仪器损坏扣 10 分；未做好归位清扫清理工作扣 10 分；该项扣完为止	10	
专业能力	任务完成情况：能否按规范正确安装电路；能否正确测试电路功能，测量电路参数。 根据电路图按工艺要求正确连接电路得 10 分；电路功能符合要求得 10 分；能正确规范测量电路参数，并记录数据得 10 分	30	
	任务问答： 【测试内容】能否正确运用基尔霍夫定理分析简单电路参数关系；能否运用等效变换简化电路结构；能否能运用戴维南定理、叠加定理等方法分析较复杂电路问题。 【评分标准】90% 以上问题回答准确专业，描述清楚有条理得 20 分；80% 以上问题回答准确专业，描述清楚有条理得 16 分；70% 以上问题回答准确专业，描述清楚有条理得 14 分；60% 以上问题回答准确专业，描述清楚有条理得 12 分；不到 50% 问题回答准确的不超过 10 分，酌情打分	20	
总　分			

小结反思

（1）绘制本任务学习要点思维导图。

（2）在任务实施中出现了哪些错误？遇到了哪些问题？是否解决？如何解决？记录在表1–14中。

表1–14　错误记录

出现错误	遇到问题记录

拓展项目

机床报警灯功能优化电路改进

在实际运用在数控机床电路上的报警灯是不允许出现两种报警灯同时亮起的情况，并且在红色报警灯亮起时还要发出蜂鸣报警声，此外将报警灯与电源连接是使用中间继电器的触点作为开关信号来通断的。请在本项目电路图基础上进行功能改进，画出功能更全面的机床报警灯电路。

一、填空题

1. 在图 1-69 所示电路中，当开关 S 扳向 2 时，电压表的读数为 6.3 V；当开关 S 扳向 1 时，电流表的读数为 3 A，$R = 2\ \Omega$，则电源电压为_____V，电源内阻为_____Ω。

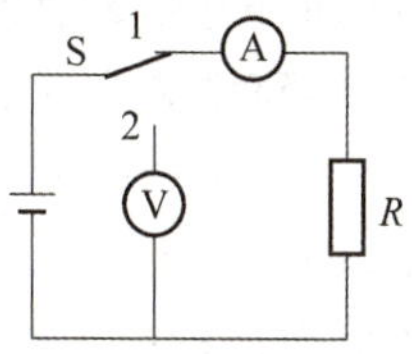

2. 两个并联电阻，其中 $R_1 = 200\ \Omega$，通过 R_1 的电流为 $I_1 = 0.2$ A，通过整个并联电路的电流为 $I = 0.8$ A，则 $R_2 = $_____$\Omega$，$I_2 = $_____A。

图 1-69 填空题 1 的图

3. 如图 1-70 所示的电路中，$R_1 = 2\ \Omega$，$R_2 = 3\ \Omega$，$U_S = 6$ V，内阻不计，$I = 0.5$ A，当电流从 D 流向 A 时，$U_{AC} = $_____、$U_{DC} = $_____。

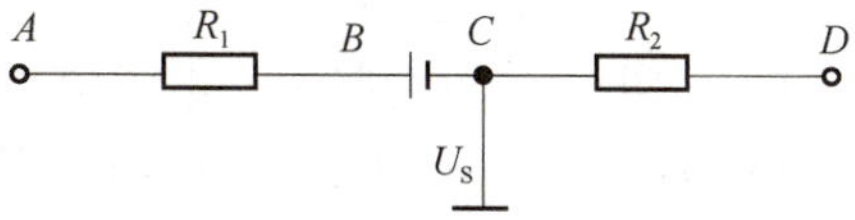

图 1-70 填空题 3 的图

4. 某电源外接 1 Ω 负载时端电压为 4 V，换接 2.5 Ω 负载时输出电流为 2 A，则电源的电压源 $U_S = $_____，内阻 $R_0 = $_____。该电源接上_____$\Omega$ 负载时输出功率最大，最大输出功率为_____。

5. 有两个白炽灯，A：220 V、40 W，B：220 V、100 W 则它们正常工作时的电阻阻值之比 $R_A : R_B = $_____，电流之比 $I_A : I_B = $_____。若将它们串联后接在 220 V 的电源上，则它们的电压之比 $U_A : U_B = $_____，功率之比 $P_A : P_B = $_____。

6. 两根同种材料的电阻丝，长度之比为 1 : 5，横截面积之比为 2 : 3，它们的电阻之比为_____。将它们串联时，它们的电压之比为_____，电流之比为_____；并联时，它们的电压之比为_____，电流之比为_____。

7. 将 4 节"1.5 V、0.4 Ω、0.6 A"的干电池并联后为 1.4 Ω 负载供电，则电池组端电压为_____V，流过每节电池的电流为_____A，负载功率为_____W。

8. 图 1-71 所示的电路中，如果电压表的读数为 10 V，电流表的读数为 0.1 A，电流表的内阻为 0.2 Ω，则待测电阻 R_x 的阻值为_____。

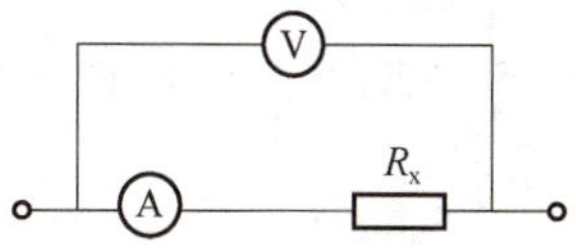

9. 电路是_____路径，一般情况下，电路由电源、_____、连接导线、_____组成。

图 1-71 填空题 8 的图

10. 电压与电位是电路中两个重要的物理量，但二者是两个不同的概念，有很大的区别，电路中各点的电位是_____的，与_____有关；而两点间的电压是_____，与_____无关。

11. 标有"220 V、40 W"的灯泡，"220 V"表示该灯泡的_____电压；"40 W"表示灯泡的_____功率。当该灯泡正常工作时，加在该灯泡两端的实际电压应为_____V，它所消耗的实际功率应为_____W，此时该灯泡的热电阻应为_____Ω，通过它的电流应为_____A。如果给该灯泡加 110 V 的电压，则其实际功率应为_____W。

二、判断题

1. 当外电路开路时，电源端电压等于 U_S。 （   ）

2. 短路状态下，电源内阻的压降为零。 （　　）

3. 一条马路上路灯总是同时亮，同时灭，因此这些灯是串联接入电网的。 （　　）

4. 通常照明电路中灯开得越多，总的负载电阻就越大。 （　　）

5. 万用表电压、电流及电阻挡的刻度都是均匀的。 （　　）

6. 通常万用表黑表笔所对应的是内电源的正极。 （　　）

7. 电路中某两点的电位都很高，则这两点间的电压也一定很高。 （　　）

8. 电路中选择的参考点改变了，各点的电位也将改变。 （　　）

9. 当电路处于通路状态时，外电路负载上的电压等于电源的电压。 （　　）

10. 电源的电压的大小由电源本身的性质决定，与外电路无关。 （　　）

11. 几个电阻并联后的总阻值一定小于其中任何一个电阻的阻值。 （　　）

12. 在电阻分压电路中，电阻值越大，其两端的电压就越高。 （　　）

13. 在电阻分流电路中，电阻值越大，流过它的电流也就越大。 （　　）

14. 若电路中 a、b 两点的电位相等，则用导线将这两点连接起来并不影响电路的工作。 （　　）

15. 规定自负极通过电源内部指向正极的方向为电压源的方向。 （　　）

三、选择题

1. "6 V，12 W" 的灯泡接入 12 V 的电路中，为使灯泡正常工作，应串联的分压电阻阻值为 （　　）。

A. 6 Ω   B. 4 Ω   C. 3 Ω   D. 2 Ω

2. 有额定电压 $U_N = 220$ V，额定功率 P_N 分别为 100 W 和 25 W 的两只白炽灯泡，将其串联后接入 220 V 的电源，其亮度情况是 （　　）。

A. $P_N = 100$ W 的灯泡较亮   B. $P_N = 25$ W 的灯泡较亮

C. 两只灯泡一样亮   D. 两只灯泡都不亮

3. 如图 1-72 所示，电路中电流 I_A 与 I_B 之比为 （　　）。

A. $(R_B + R_A)/R_B$ B. $(R_B + R_A)/R_A$

C. R_A/R_B D. R_B/R_A

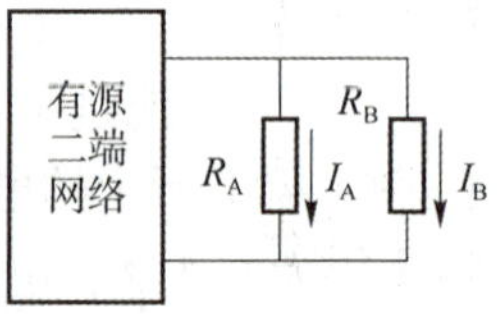

5. 220 V、40 W 白炽灯正常发光 （　　），消耗的电能为 1 kW·h。

A. 20 h   B. 40 h

C. 45 h   D. 25 h

图 1-72　选择题 3 的图

6. 已知每盏节日彩灯的等效电阻为 2 Ω，通过的电流为 0.2 A，若将它们串联后，接在 220 V 的电源上，需串接 （　　）。

A. 55 盏   B. 1 100 盏   C. 110 盏   D. 550 盏

7. R_1 和 R_2 为两个并联电阻，已知 $R_1 = 2R_2$，且 R_2 上消耗的功率为 1 W，则 R_1 上消耗的功率为 （　　）。

A. 2 W   B. 1 W   C. 4 W   D. 0.5 W

8. 电感元件的基本工作性能是 （　　）。

A. 消耗电能 B. 产生电能 C. 储存能量 D. 传输能量

9. 电阻的单位符号是 （　　）。

A. R B. V   C. A   D. Ω

10. 当电压为 5 V 时，导体的电阻值为 5 Ω，那么当电阻两端电压为 2 V 时，电阻值为（　　）Ω。

    A. 10　　　　　　B. 5　　　　　　C. 2　　　　　　D. 1

11. 串联电路中各电阻两端电压的关系是（　　）。

    A. 各电阻两端电压相等　　　　　　B. 阻值越小两端电压越高

    C. 阻值越大两端电压越高　　　　　　D. 阻值不随两端电压变化而变化

12. 将电能转换成其他形式能量的是电路中（　　）的作用。

    A. 导线　　　　　　B. 电源　　　　　　C. 负载　　　　　　D. 控制装置

13. 当电路处于断路状态时电路中电流为（　　）。

    A. 0　　　　　　B. ∞　　　　　　C. 负载电流　　　　　　D. 不确定

14. 两段相同材料的导线，$l_1 : l_2 = 3 : 5$；$A_1 : A_2 = 2 : 1$，则两电阻 $R_1 : R_2 = $（　　）。

    A. 5 : 6　　　　　　B. 6 : 5　　　　　　C. 10 : 3　　　　　　D. 3 : 10

15. 某电阻上标有 R33，该电阻阻值为（　　）。

    A. 33 Ω　　　　　　B. 3.3 Ω　　　　　　C. 0.33 Ω　　　　　　D. 330 Ω

16. 某电压表量程为 3 V，$R_V = 12$ kΩ，要将量程扩大到 10 V，应该（　　）。

    A. 串联，28 kΩ　　B. 串联，40 kΩ　　C. 并联，28 kΩ　　D. 并联，40 kΩ

17. 如图 1−73 所示万用表表盘，选择量程为 R×10，该被测电阻为（　　）。

    A. 120 Ω　　　　　　B. 1.2 kΩ　　　　　　C. 12 kΩ　　　　　　D. 150 Ω

18. 如图 1−74 所示，已知 $I_1 = 3$ A，$I_2 = 4$ A，$I_3 = -6$ A，则 $I_4 = $（　　）。

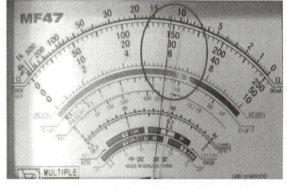
图 1−73　选择题 16 的图

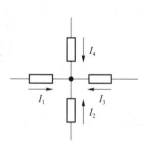
图 1−74　选择题 18 的图

    A. −1 A　　　　　　B. 1 A　　　　　　C. 3 A　　　　　　D. 6 A

四、分析计算题

1. A 点、B 点和 C 点的电位如图 1−75 所示，若选择 B 点为参考点，电路中各点的电位有何变化？

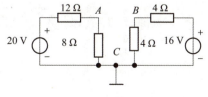
图 1−75　计算题 1 图

2. 已知电路如图 1 – 76 所示，试计算 *a*、*b* 两端的电阻。

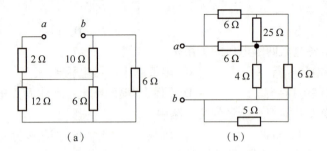

（a）   （b）

图 1 – 76　计算题 2 图

3. 如图 1 – 77 所示，求 I_1 和 I_2 的大小。

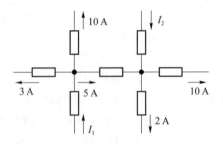

图 1 – 77　计算题 3 图

4. 如图 1 – 78 所示电压源，求其等效的电流源中 I_S 和 R_0。

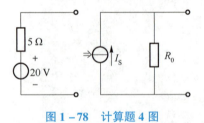

图 1 – 78　计算题 4 图

5. 请画出图 1 – 79 所示电路的等效电压源模型电路图。

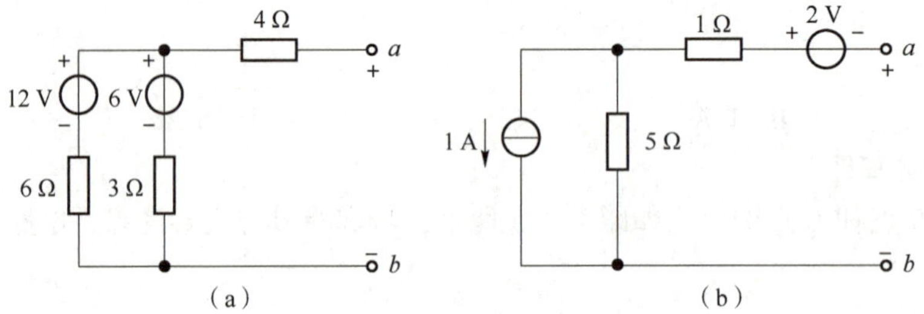

（a）   （b）

图 1 – 79　计算题 5 图

6. 如图 1-80 所示，已知 $U_{S1} = 40$ V，$U_{S2} = 20$ V，$R_1 = R_2 = 4$ Ω，$R_3 = 13$ Ω，试用戴维南定理求电流 I_3。

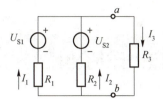

图 1-80　计算题 6 图

7. 计算图 1-81 所示电路中的电流 I。（用戴维南定理求解）

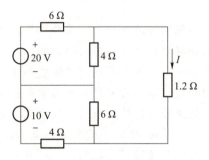

图 1-81　计算题 7 图

8. 如图 1-82 所示电路中，求：

（1）当开关 K 闭合时，U_{AB}、U_{CD} 各是多少？

（2）当开关 K 断开时，U_{AB}、U_{CD} 各是多少？

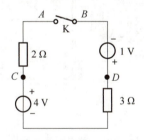

图 1-82　计算题 8 图

9. 求如图 1-83 所示电路中 4 Ω 电阻的电流 I。

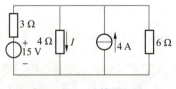

图 1-83　计算题 9 图

项目2　室内照明电路的安装与测试

项目描述

在日常生活、生产中，室内照明线路发挥着重要的作用，其电路结构特点明显、各组成部件与照明灯具之间存在着密切联系，且根据不同的需要，室内照明线路的结构以及所选用的照明灯具和控制部件也会发生变化，也正是通过对这些部件巧妙的连接和组合设计，使得照明线路可以实现各种各样的功能。本项目要求为一居室安装由入户配电到室内的单控白炽灯、双控荧光灯、若干开关和插座等元器件组成的照明电路如图 2-1 所示。要求安装的照明线路布线规范、布局合理美观，安装时能选择合适的电工工具，依据电工操作规程，安全、规范的完成安装任务，并对常见故障进行检测、分析与排除，保证电路安全正常工作。

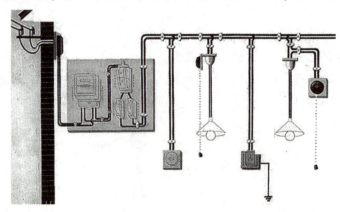

图 2-1　室内照明电路图

项目导航

要完成这项电路安装工作，可分为三步进行，具体如图 2-2 所示。

| 任务 2.1
识图于供电电源准备 | 任务 2.2
灯具及器件、线材准备 | 任务 2.3
照明电路安装于测试 |

图 2-2　项目流程图

项目 2 专业知识、技能图谱如图 2-3 所示。

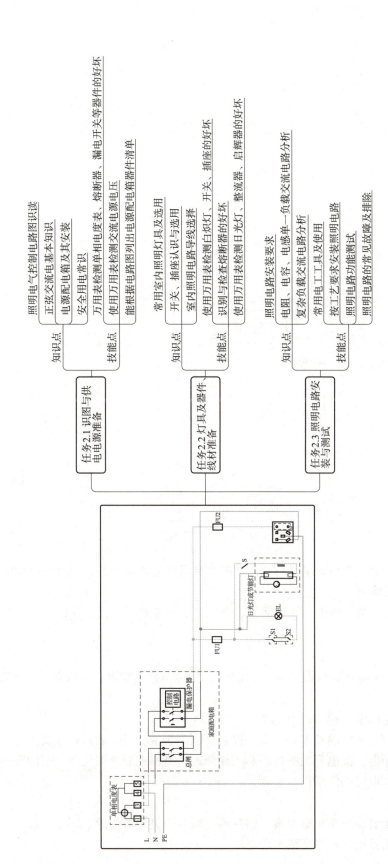

图 2 – 3　项目 2 专业知识、技能图谱

任务2.1 识图与供电电源准备

任务描述

室内照明电气控制电路图如图2-4所示。

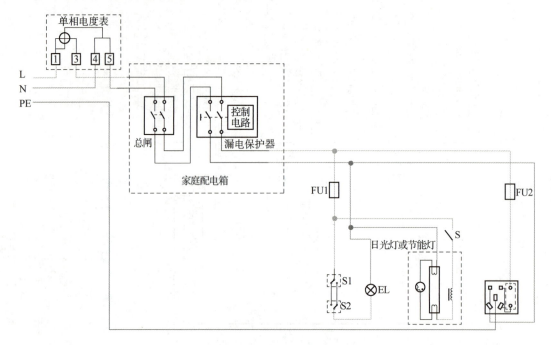

图2-4 室内照明电气控制电路图

本次任务：充分学习电路图识读后，弄清照明电路供电电源情况，列出电源配电箱器件清单，并对器件进行检测。

任务提交：配电箱器件清单、任务问答、学习要点思维导图、任务评价表。

任务目标

本任务参考学习学时：4（课内）+2（课外）。通过本任务学习，可以获得以下收获：

专业知识：

（1）能知晓安全用电知识和触电类型、危害。

（2）能描述正弦交流电的基本特征及三要素，能用相量法正确表示正弦交流电。

（3）能知晓熔断器、漏电开关的作用和工作原理，能辨别漏电开关和一般断路器。

（4）能知晓单相电度表的结构及原理。

专业技能：

（1）能利用万用表检测单相电度表、熔断器、漏电开关等器件的好坏。

（2）能正确使用万用表检测交流电源电压。

（3）能根据电路图列出电源配电箱器件清单。

职业素养：

（1）时刻保持安全清醒的头脑，以认真的态度对待学习和工作。

（2）养成严格按规范要求操作，使用电工仪表和安全工具等安全用电习惯和意识。

（3）能进行学习资料的收集、整理与自学，培养良好的工作习惯。

任务导学

学习链接一　照明电气控制电路图识读

识读电气图就是要把制图者所表达的内容看懂，并通过它来指导电气安装和施工、进行故障诊断或者检修和管理电气设备。

1. 读图的基本要求

（1）电气元器件是电路不可缺少的组成部分。首先需要了解电气元器件的性能、结构、原理、相互的控制关系及在整个电路中的地位和作用等。

（2）熟记并会用各个图形符号和文字符号。电气简图用图形符号和文字符号及项目代号、接线端子标记等是电气技术文件的"词汇"，相当于写文章用的单词、词汇。"词汇"掌握得越多、记得越牢，读图就越快捷、越方便。图形符号及其标注符号应采用国家标准符号或国际电工委员会（IEC）的通用标准，设备文字符号标注应采用英文字头表示。具体器件常用的图形符号可查询国标 GB4728—2000《电气图用图形符号》。图形符号和文字符号很多，应该从个人专业出发先熟读背会各专业共用的和专业专用的图形符号，然后逐步扩大，掌握更多的符号，就能读更多的不同专业的电气技术文件。

（3）掌握各类电气图的绘制特点。各类电气图都有各自的绘制方法和绘制特点，掌握了这些特点，并利用它就能提高读图效率，进而自己也能设计和制图。大型的电气图纸往往不只一张，也不只是一种图，因而读图时应将各种有关的图纸联系起来，对照阅读。比如通过系统图、电路图找联系；通过接线图、布置图找位置，交错阅读收到事半功倍的效果。

（4）了解涉及电气图的有关标准和规程。读图的主要目的是用来指导施工、安装，指导运行、维修和管理。有关技术要求不可能——在图纸上反映出来、标注清楚，因为这些技术要求在有关的国家标准或技术规程、技术规范中已做了明确的规定。在读电气图时，还必须了解这些相关标准、规程和规范，才能真正读懂电气图。

2. 照明电气图的识读

照明电路一般由四部分组成：电源、控制保护器（小型断路器和开关）、线路和负荷（灯具和插座），如图 2-5 所示。照明的电源是取自供电系统的低压配电电路，即进户线穿过进户管后，先接入配电线（屏），再接到用户的分配电箱（屏），经电能表、刀开关或空气开关，最后接到灯具和其他用电设备上。为了使每盏灯的工作不影响其他灯具（用电器），各条控制电路均应并联在相线和中性线之间，并在各自控制电路中串接单独控制用的开关。为了保证用电安全，每条线路最多能安装 25 盏灯（每只插座也作为 1 盏灯具计算），并且电流不能超过 15 A，否则要相应减少灯具的盏数。

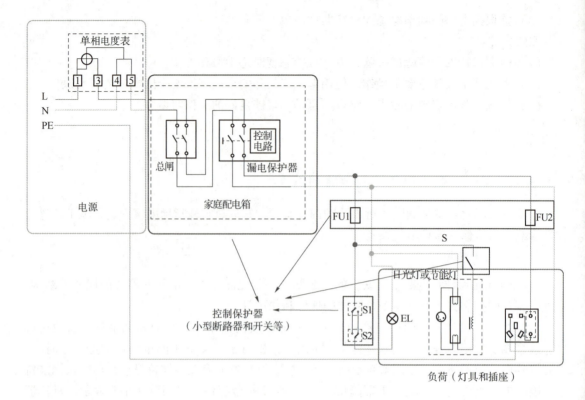

图 2-5　室内照明电气控制电路主要构成部分图解

学习链接二　正弦交流电基本知识

我们的生活用电和工业用电几乎都是单相正弦交流电。正弦交流电之所以如此广泛的应用，是因为它在生产、输送和应用上比起直流电有不少优点，而且正弦交流电变化平滑且不易产生高次谐波，这有利于保护电气设备的绝缘性能和减少电气设备运行中的能量损耗。

认识正弦交流电

1. 正弦交流电的基本特征与三要素

大小和方向随时间按正弦函数规律变化的电流或电压称为正弦交流电，其波形如图 2-6 所示。

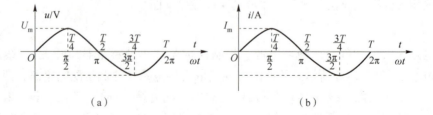

（a）　　　　　　　　　　　　　（b）

图 2-6　正弦交流电波形图

（a）电压波形；（b）电流波形

由于交流电的大小和方向都是随时间不断变化的，也就是说，每一瞬间电压（电动势）

和电流的数值都不相同，因此在分析交流电路时，首先用箭头标出 u、i 的参考方向。当正弦量的实际方向与参考方向一致时，其值为正，相应的波形画在横轴上方；若实际方向与参考方向相反，其值为负，相应的波形画在横轴下方。

按正弦规律随时间变化的交流电压或电流的瞬时值表达式为

$$u = U_\mathrm{m}\sin(\omega t + \varphi_u)\,\mathrm{V} \qquad 或 \qquad i = I_\mathrm{m}\sin(\omega t + \varphi_i)\,\mathrm{A} \tag{2-1}$$

1）周期、频率和角频率

正弦量变化快慢可以用周期 T、频率 f 和角频率 ω 来描述。

（1）周期：正弦交流电循环变化一周所需的时间称为周期，用字母"T"表示，单位是秒（s），常用的还有毫秒（ms）、微妙（μs）、纳秒（ns）。周期越大，表示交流电变化一周所需时间越长，即变化越慢，反之周期越小，表示交流电变化一周所需时间越短，即变化越快。

（2）频率：1 s 内交流电完成周期性变化的次数称为频率，用"f"表示，单位是赫兹（Hz）。频率常用单位还有千赫（kHz）、兆赫（MHz）。我国和大多数国家都采用 50 Hz 作为电力标准频率，有的国家（如日本、美国等）采用 60 Hz。在不同的应用场合也使用着不同的频率，如音频是 20 Hz ~ 20 kHz；航空工业用的交流电是 400 Hz，无线电广播的中波段频率是 535 ~ 1 650 kHz 等。

周期和频率都是描述交流电变化快慢的物理量，两者互为倒数关系，即

$$T = \frac{1}{f} \tag{2-2}$$

（3）角频率：表示正弦量在 1 s 内所变化的电角度称为角频率，用"ω"表示，单位是弧度/秒（rad/s）。因为交流电量交变一周期，电角度就改变 2π 弧度，而所需时间为 T，所以电角速度（角频率）与频率的关系为

$$\omega = \frac{2\pi}{T} = 2\pi f \tag{2-3}$$

由上式可知，周期、频率和角频率三者之间是相互联系的，若已知其中一个，便可求得另外两个。

【例 2-1】已知我国交流电工频为 $f = 50$ Hz，试求 T 和 ω。

解：

$$T = \frac{1}{f} = \frac{1}{50} = 0.02 \ (\mathrm{s})$$

$$\omega = 2\pi f \approx 2 \times 3.14 \times 50 = 314 \ (\mathrm{rad/s})$$

2）瞬时值、最大值和有效值

正弦量的大小可用瞬时值、最大值和有效值来表示。

（1）瞬时值：正弦交流电量在任一瞬间的值称为瞬时值，用小写字母表示，如 i、u、e。交流电的大小是随着时间变化而变化的，瞬时值（某一瞬间）的大小在零和正负峰值之间变化，最大值也仅是一瞬间数值，不能反映交流电的做功能力。

（2）最大值：正弦交流电量在交变中达到的瞬时峰值称为最大值（或幅值），用带下标"m"的大写字母来表示，如表达式中的 U_m、I_m。

（3）有效值：如果交流电和直流电分别通过同一电阻，在相同的时间内两个电流所产生的总热量相等（或所产生的焦耳热相同），那么就认为这两个电流量是等效的，则称此该直流电流 I 是该交流电流 i 的有效值。有效值用大写字母 U 或 I 表示，虽与直流电量表示方法一样，但含义是不同的。

经过实践和理论证明，正弦交流电的有效值与最大值之间的关系为

$$I = \frac{I_m}{\sqrt{2}} \approx 0.707 \, I_m \quad 或 \quad U = \frac{U_m}{\sqrt{2}} \approx 0.707 \, U_m \tag{2-4}$$

通常所说的交流电的电动势、电压、电流的大小均指它的有效值。交流电电气设备上标的额定值以及交流电仪表所测量的数值也均为有效值。

【例 2-2】有一正弦交流电压为 $u = 311\sin 314t$ V。求该交流电压的最大值、有效值、频率、角频率和周期各为多少？

解：从电压表达式可知 $\quad U_m = 311$ V，$\omega = 314$ rad/s

$$U = 0.707 U_m = 220 \text{ V}$$

$$T = \frac{2\pi}{\omega} = \frac{2 \times 3.14}{314} = 0.02 \text{ （s）}$$

$$f = \frac{1}{T} = 50 \text{ Hz}$$

在我国，工业和民用使用的单相交流电源电压的有效值为 220 V，频率为 50 Hz，因而通常将这一交流电压简称工频电压，频率称为工频。

3）相位、初相位和相位差

（1）相位：正弦量表达式中的 $(\omega t + \varphi_u)$ 称为正弦量的相位，它是反映正弦量变化进程的物理量。

（2）初相位：正弦量是随着时间而变化的，当 $t = 0$ 时的相位角称为初相位角或初相位，用 φ 表示。所选取的计时起点不同，正弦量的初相位就不同。

（3）相位差：同频率正弦量的相位之差称为相位差，用 $\Delta\varphi$ 表示。例：同频率的 u 和 i 的相位差为

$$\Delta\varphi = (\omega t + \varphi_u) - (\omega t + \varphi_i) = \varphi_u - \varphi_i \tag{2-5}$$

注意：只有同频率的两个正弦量才有相位差，即为两正弦量初相之差。虽然相位是时间的函数，但相位差则是不随时间而变化的常数。

4）两同频正弦量的相位关系

设同频的两个正弦量 u_1、u_2 的初相位分别为 φ_1、φ_2，则它们的相位差 $\Delta\varphi = \varphi_1 - \varphi_2$，并规定 $\Delta\varphi$ 的范围应在 $(-\pi, \pi)$ 之间。

若 $\Delta\varphi = 0°$ 时，即 $\varphi_1 = \varphi_2$，此时 u_1、u_2 同相，如图 2-7（a）所示；

若 $\Delta\varphi = \pm\pi$ 时，即 $\varphi_1 = \varphi_2 \pm \pi$，此时 u_1、u_2 反相，如图 2-7（b）所示；

若 $\Delta\varphi > 0°$ 时，即 $\varphi_1 > \varphi_2$，此时 u_1 超前 $u_2 \Delta\varphi$，或称 u_2 滞后 $u_1 \Delta\varphi$，如图 2-7（c）所示。

【例 2-3】已知正弦交流电压为 $u = 311\sin(314t + 30°)$ V，电流为 $i = 5\sin(314t - 60°)$ A，求它们的相位差，并分析它们的相位关系。

解：$\Delta\varphi = (314t + 30°) - (314t - 60°) = 30° - (-60°) = 90°$

即，电压 u 超前于电流 i 90°，或电流 i 滞后于电压 u 90°。

正弦量的最大值（或有效值）反映正弦量的大小；角频率（频率、周期）反映正弦量变化的快慢；初相位反映正弦量的初始位置。因此只有当正弦交流电的最大值、角频率、初相位确定时，正弦交流电才能被确定，所以通常把频率、幅值和初相位称为正弦量的三要素。

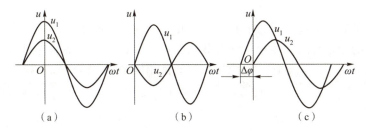

图2-7 同频两正弦量相位关系波形图

（a）u_1、u_2 同相；（b）u_1、u_2 反相；（c）u_1 超前 u_2（u_2 滞后 u_1）

2. 正弦交流电的相量表示法

为了便于研究分析正弦交流电，常用三种方法来表示，即函数表达式、波形图及相量式（图）。正弦交流电的表达式及波形图这两种方法虽然比较直观、形象，但工程上往往需要进行同频正弦电流或电压的运算分析，虽然用三角函数式和波形图可以完成，但计算麻烦。为此，引入了相量表示法，这种方法能较快捷地完成正弦交流电路中电流或电压的关系分析。

1）正弦量的相量表达式

在图2-8中，图2-8（b）中的正弦交流电压变化一个周期，正好对应图2-8（a）中的有向线段 OA 以角速度 ω 沿逆时针方向旋转一周，同时有向线段 OA 与实轴的夹角等于正弦量的初相角，有向线段 OA 的长度等于正弦量最大值，正弦量在某时刻的瞬时值都可找到这个有向线段旋转轨迹在纵轴上的投影值与之一一对应。可见，这一旋转有向线段反映了正弦量的三个特征，故可用来表示正弦量。而在数学中有向线段可用复数表示，所以正弦量也可用复数表示。我们通常把用于表示正弦电压和电流的复数称为相量。

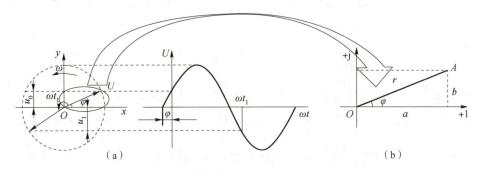

图2-8 正弦量的相量表示建模图

（a）正弦波形与旋转有向线段对应关系；（b）有向线段的复数表示

相量表示法的基础是复数，那么复数的表示方式有哪几种呢？如图2-8（b）所示，复数 A 可表示为

$$A = a + b\mathrm{j} \tag{2-6}$$

式中，r 表示复数的大小，称为复数的模，$r = \sqrt{a^2 + b^2}$；有向线段与实轴正方向的夹角称为复数的辐角，用 φ 表示，$\varphi = \arctan \dfrac{b}{a}$，规定辐角的范围是（$-180°$，$180°$）。

除此之外，复数的表达方式还有三角函数式、指数式及极坐标式，分别如下：

三角函数式：
$$A = r\cos\varphi + \mathrm{j}r\sin\varphi \tag{2-7}$$

指数式：
$$A = r\mathrm{e}^{\mathrm{j}\varphi} \tag{2-8}$$

极坐标式：$$A = r\underline{/\varphi} \tag{2-9}$$

同一个复数可以用上述几种方式来表示，相互之间可以转换。

一个正弦量的相量有最大值相量和有效值相量两种，以后若不加说明则所指相量均为有效值相量。在工程上，正弦电压、电流的相量通常用极坐标形式表示，即

$$u = U_\mathrm{m}\sin(\omega t + \varphi_u) \overset{\omega}{\longleftrightarrow} \dot{U}_\mathrm{m} = U_\mathrm{m}\underline{/\varphi_u}（最大值相量），\dot{U} = U\underline{/\varphi_u}（有效值相量） \tag{2-10}$$

$$i = I_\mathrm{m}\sin(\omega t + \varphi_i) \overset{\omega}{\longleftrightarrow} \dot{I}_\mathrm{m} = I_\mathrm{m}\underline{/\varphi_i}（最大值相量），\dot{I} = I\underline{/\varphi_i}（有效值相量）$$

为了与一般复数相区别，特别在表示正弦量的相量大写字母上加"·"，以此表示专指正弦量。因此，相量和正弦量之间存在着一一对应关系。但值得注意的是，虽然用相量表示正弦量，可两者是完全不同的两个量，不能认为相等。并且只有正弦规律变化交流电才能用相量表示，非正弦变化交流电不能用相量表示。

正弦交流电用相量表示后，正弦交流电路的分析和计算就可以用复数来进行，直流电路中介绍过的分析方法、基本定律就可以全部应用到正弦交流电路中。

2）正弦量的相量图

相量在复平面上的有向线段表示称为相量图。图2-9所示为式（2-10）中电流、电压相量表示在复平面上的典型相量图，同频率的正弦量可以画在同一张相量图上。横轴称为实轴，单位为+1，纵轴称为虚轴，单位为+j，其中 $j = \sqrt{-1}$，j就是电工数学中的虚数单位i，在电工技术中为了避免与电流i混淆而改用j表示。

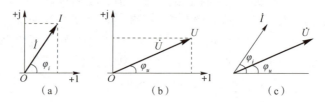

图2-9　正弦量的相量图

（a）电流相量图；（b）电压相量图；（c）简化电压、电流相量图

图2-9相量图中带箭头线段的长度代表式（2-10）电流、电压有效值相量的大小，该线段与实轴正方向的夹角表示电流、电压的初相位角。当带箭头线段恰好与实轴正方向重合，则初相位角为零度。相量图不仅一目了然地表明了正弦量的有效值大小和初相位角，同时还可以显示两个同频率正弦量之间的相位关系。为了简便起见，可采用简化画法，只画出各相量的大小和初相位，如图2-9（c）所示。需要注意的是，只有同频率的正弦量才能画在同一个相量图中。

【例2-4】试写出正弦交流电流 $i_1 = 6\sin(314t + 10°)$ A，$i_2 = 3\sqrt{2}\sin(314t - 50°)$ A 的相量，并画出相量图。

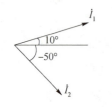

图2-10　例2-4相量图

解：分别用有效值相量 $\dot{I}_1$、$\dot{I}_2$ 表示正弦电流 i_1、i_2，则有

$$\dot{I}_1 = \frac{6}{\sqrt{2}}\underline{/10°} = 3\sqrt{2}\underline{/10°}（A），$$

$$\dot{I}_2 = \frac{3\sqrt{2}}{\sqrt{2}}\underline{/-50°} = 3\underline{/-50°}（A）$$

正弦电流 $\dot{I}_1$、$\dot{I}_2$ 的相量图如图2-10所示。

学习链接三　电源配电箱及其安装

认识家用配电箱

配电箱是对家中电路的总控开关，配电箱的安装关系到对于家中电路的日常控制，需要在安装过程中格外注意其安全可靠性。

家庭照明配电箱主要是对室内用电器进行供电，在配电箱内常用漏电保护开关和断路器进行组合使用，不同规格的空气开关可以对照明、空调、插座、厨房和卫生间用电等分路进行控制。通过与漏电保护器的配合使用，可以对电路完成短路、过载和漏电保护的功能，同时还可以控制分路的通断。

通常家庭所用的照明配电箱内部主要由单相断路器、漏电保护开关、进线孔、出线孔、接地线排、接零线排、导轨等部分构成，如图 2-11 所示。

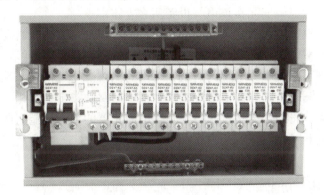

图 2-11　家庭配电箱实物图

1. 低压断路器

低压断路器是低压配电箱中的重要配电电器。

1）功能与选用

低压断路器

低压断路器又称空气开关，它集控制及多种保护功能于一体，可用来接通和分断负载电路，是一种既有手动开关作用又能自动进行欠电压、失电压、过载和短路保护的开关电器。空气开关只有在过流或短路时跳闸，不带漏电功能。

漏电断路器又称漏电保护开关，它其实是一种带漏电保护的空气断路器。它除了空气断路器的基本功能外，还能在负载回路出现漏电（其泄漏电流达到设定值）时迅速分断开关，以避免在负载回路出现漏电时对人员的伤害和对电气设备的不利影响。漏电保护器开关下侧有一个按钮（测试按钮），可进行漏电测试，按这个按钮后开关会跳闸，如图 2-12 所示。

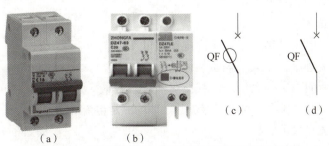

图 2-12　断路器和漏电断路器实物图及其电气符号

（a）小型断路器；（b）漏电断路器；（c）漏电断路器符号；（d）不带漏保断路器符号

在家庭配电箱中，空气断路器的选配应本着"照明小、插座中、空调大"的原则（允许的最大电流与额定电流的差值）。家用断路器一般是微型断路器，通常选用 DZ47 系列，一般选用双极 2P 40 ~ 63 A 不带漏电或带漏保断路器作为总开关，分路开关选用 1P 或 2P 的空气开关，具体选择时应根据线路功率选配断路器的额定电流值，断路器的额定电流应大于该电路的工作电流 1.25 ~ 1.5 倍为宜。

值得注意的是：漏电保护开关不可重复安装，总开用漏保、分路不能再用漏保。照明回路没有用地线，不用漏保，若用漏保会经常跳闸；壁挂空调回路可以不用漏保；其他插座要用漏保。若中央空调设备带了漏保的就别再用漏电开关，做好接地即可。

2）安装要求

对家用电器较多的家庭，空气断路器宜安装在进户总线配电箱内，如图 2 – 11 所示；若是要保护某个电气设备，则安装在该电气设备所在支路中。

从外面进来的三根电线为红色火线（L）、蓝色零线（N）、花色地线（E/PE/G/GND）。若要安装室内电路，室内电路的电线也要相应地使用这三种颜色的导线；空气断路器要以向上操作为合闸的原则垂直安装，上端为进线，下端为出线。一般情况，地线不进开关。

需要注意的是，漏电断路器额定电压必须和供电回路的额定电压相一致，并且在安装好后，在投入使用之前要先操作试验按钮，检查漏电断路器的动作功能，注意按按钮时间不要太长，以免烧坏漏电断路器。试验正常后即可投入使用。

2. 熔断器

1）熔断器的结构及功能

熔断器是最简单和最早使用的一种保护电器，广泛用于配电系统和控制系统，起短路保护或严重过载保护作用。它串联于电路中，当过载或短路电流通过熔体时，熔体自身将发热而熔断，从而对电力系统、各种电工设备及家用电器起到保护作用。几种常见熔断器的外形、结构及电气符号如图 2 – 13 所示。

一般来说，熔断器由熔体和安装熔体的熔管（或瓷盖、瓷座）、触头和绝缘底座等组成，不同类型熔断器的结构会有一些不同。熔体为丝状或片状。熔体材料通常有两种：一种由铅锡合金和锌等低熔点金属制成，因不易灭弧，多用于小电流的电路；另一种由银、钢等较高熔点的金属制成，易于灭弧，多用于大电流的电路。当流过熔体的电流达到额定电流的 1.3 ~ 3 倍时，熔体缓慢熔断；当流过熔体的电流达到额定电流的 8 ~ 10 倍时，熔体迅速熔断。电流越大，熔断越快。通常取 2 倍熔断器的熔断电流，其熔断时间为 30 ~ 40 s。熔断器对轻度过载反应比较迟钝，一般只能作短路保护用。

2）熔断器的选用与安装

（1）熔断器的选用。

①熔断器的额定电压必须大于等于配电线路的工作电压。

②熔断器的额定电流必须大于等于熔体的额定电流。

③熔断器的分断能力必须大于配电线路可能出现的最大短路电流。

④一般对电炉及照明等负载的短路保护，熔体的额定电流等于或稍大于负载的额定电流。

（2）熔断器的安装要点。

①安装前检查熔断器的型号、额定电流、额定电压、额定分断能力等参数是否符合规定要求。熔断器必须完整无损，接触必须紧密可靠，导线与接线端子连接必须牢固可靠。

熔断器

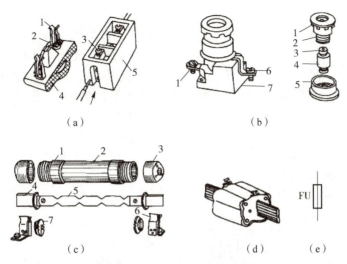

图 2-13　几种常见熔断器的外形、结构及电气符号

（a）RCIA 型插入式熔断器

1—动触头；2—熔丝；3—静触头；4—瓷盖；5—瓷座

（b）RL1 型螺旋式熔断器

1—瓷帽；2—金属管；3—熔片；4—熔断管；5—瓷座；6—上接线板；7—底座；8—下接线板

（c）RM10 封闭管式熔断器

1—黄铜圈；2—纤维管；3—黄铜管；4—刀形接触片；5—熔片；6—刀座；7—垫圈

（d）有填料封闭管式熔断器；（e）熔断器符号

②安装熔断器除保证足够的距离外，还应保证足够的间距，以便于拆卸、更换熔体。

③熔断器应安装在各相线上，三相四线制的中性线上不得安装熔断器，而单相两线制的火线上应安装熔断器。

④瓷插式熔断器应垂直安装，必须采用合格的熔丝，不得以其他的铜丝代替熔丝。

⑤安装螺旋式熔断器时，必须注意将电源进线接在底座的中心接线端子上，接负载的出线接在螺纹壳的接线端子上（即低进高出的原则），以保证安全。

⑥螺旋式、管式熔断器的熔管，不允许用其他绝缘管代替；当更换熔体时，必须换上型号、规格等参数相同的新熔体。

⑦更换熔体时，必须先将用电设备断开，一般不应带负载更换熔断器，以防止引起电弧发生危险。

⑧在运行中应经常注意熔断器的指示器，以便及时发现熔体熔断，防止缺相运行。

3. 单相电度表

供电线路进入到家庭配电箱之前，还需要先安装一个单相电度表，用于自动记录用户用电量，以便于计算电费。

1）结构及原理

电度表又称千瓦小时表，是计量电能的仪表。电度表按结构分为单相电度表和三相电度表两种；按工作原理分为感应式电度表和电子式电度表；按功能分为有功电度表和无功电度表。我们一般使用的是有功电度表。

电度表的种类虽然不同，但其结构基本相同，主要由电压线圈、电流线圈、计量铝盘、计数器、接线端子等组成，如图 2-14 所示。

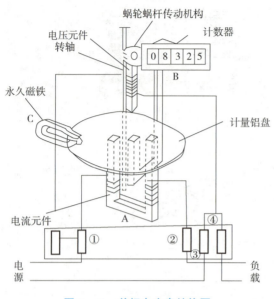

图 2-14 单相电度表结构图

当负载工作时，电压线圈和电流元件产生的合成磁场在铝盘中产生涡流，磁通和涡流相互作用产生电磁转矩，推动铝盘和转轴转动，同时通过蜗轮蜗杆传动机构带动数字计数器工作，从而显示出负载所消耗的电能。

2）安装要点

单相电度表共有 5 个接线端子，其中两个端子①、⑤在电度表出厂时已经用联片短接，所以，单相电度表的外接端子只有 4 个，即①、②、③、④号端子，如图 2-15 所示。

单相电度表在安装时，必须要让电压线圈（①、②端之间）并联在电路中，电流元件（⑤、④端之间）串联在电路中，这样才能让电度表正常工作。在低压小电流电路中，电度表可直接接在电路上，如图 2-15 所示。若出现负载电流超过电度表的量程时，则须经电流互感器将电流变小后再连接到电路中，接线方法如图 2-16 所示，此时实际用电为电度表读数乘以电流互感器的倍率。

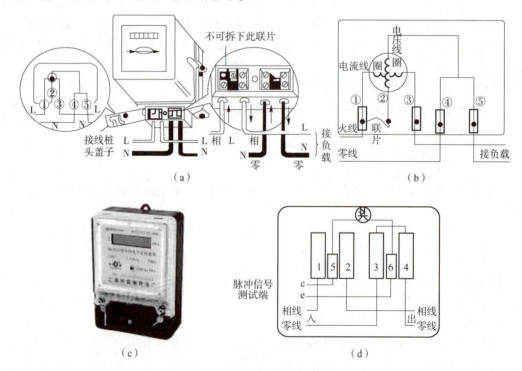

图 2-15 单相电路表接线图

（a）单相电度表接线端情况；（b）单相电度表直接接入；（c）DDS633 型单相电子式电能表；（d）电子电能表接线图

3) 安装注意事项

（1）电度表（电能表）应安装在明亮、干燥和易于抄表的地方，安装地点应无易燃易爆物品和潮湿易腐蚀气体，无严重污秽，无强磁场的干扰。

（2）安装时，应保证电度表（电能表）与地面保持方向垂直。外壳应接地良好，表盖密封严密。耳封尾封齐全，接线正确。接至电度表的导线应使用铜芯线，截面积不小于 1.5 mm²。导线中间不应有接头，线头导线金属部分不外露。端子接头接触良好、整齐美观，每根线头均应编号挂牌。

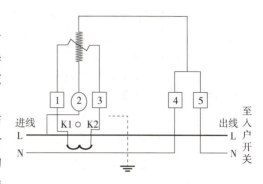

图 2-16 单相电度表经电流互感器接线图

（3）电度表装好后，正常工作时，电度表的铝盘应从左向右转动。

（4）电度表的选用必须与用电器总功率相适应。

（5）低压用户计费电度表（包括电流）不允许在 10% 额定负荷以下，或负荷超过额定值 125% 以上运行。

在日常使用中，可以通过观看电度表外观有无异常来初步判断电度表是否损坏。如果发现玻璃窗里面有白、黄色斑痕及线圈绝缘烧损的异物、电度表表尾烧焦、塑料表盖变形等情况，则说明电度表已经烧坏。发现问题后，用户不能自行启封拆卸，应及时交由供电企业检修处理。

4. 家庭配电箱安装要点和方法

1) 安装要求

（1）家庭配电箱分金属外壳和塑料外壳两种，有明装式和暗装式两类，其箱体必须完好无缺。

（2）家庭配电箱的箱体内接线汇流排应分别设立零线、保护接地线、相线，且要完好无损，具良好绝缘。

（3）空气开关的安装座架应光洁无阻并有足够的空间，应安装在干燥、通风部位，且无妨碍物，方便使用。绝不能将配电箱安装在箱体内，以防火灾。

（4）家庭配电箱不宜安装过高，一般安装标高为 1.8 m，以便操作；进配电箱的电管必须用锁紧螺帽固定。

（5）若家庭配电箱需开孔，孔的边缘须平滑、光洁，配电箱埋入墙体时应垂直、水平，边缘留 5~6 mm 的缝隙，配电箱内的接线应规则、整齐，端子螺母必须紧固。

（6）各回路进线必须有足够长度，不得有接头，安装后标明各回路使用名称，家庭配电箱安装完成后须清理配电箱内的残留物。

2) 安装方法

（1）明装配电箱安装在墙上时，应采用开脚螺栓（胀管螺栓）固定，螺栓长度一般为埋入深度（75~150 mm）。对于较小的配电箱，也可在安装处预埋好木砖（按配电箱或配电板四角安装孔的位置埋设），然后用木螺钉在木砖处固定配电箱或配电板。

（2）暗装配电箱嵌入墙内安装，在砌墙时预留孔洞应比配电箱的长和宽各大 20 mm 左右，预留的深度为配电箱厚度加上洞内壁抹灰的厚度。

（3）配电箱应安装牢固，横平竖直，垂直偏差不应大于 3 mm；暗装时，配电箱四周应无空隙，其面板四周边缘应紧贴墙面，箱体与建筑物、构筑物接触部分应涂防腐漆。

（4）配电箱内的交流、直流或不同电压等级的电源，应具有明显的标志。照明配电箱内，应分别设置零线（N 线）和保护零线（PE 线）汇流排，零线和保护零线应在汇流排上连接，不得绞接，应有编号。

（5）导线引出面板时，面板线孔应光滑无毛刺，金属面板应装设绝缘保护套。金属壳配电箱外壳必须可靠接地（接零）。

学习链接四　安全用电常识

懂得用电的基本常识，保证电路的安装安全、完善，在今后的生活中也能够安心使用，消除家中的安全隐患。否则，会造成意向不到的电气故障，导致人身触电，电气设备损坏，甚至引起重大火灾等严重事故。

电压等级分类及安全电压 1

电压等级分类及安全电压 2

1. 电压等级分类及安全电压

电通常分有直流电、交流电。电压和电流的大小、方向都不随时间变化的称之为直流电；电压和电流的大小、方向都随时间呈周期性变化，并在一个周期内平均值为零的称之为交流电，如图 2 - 17 所示。

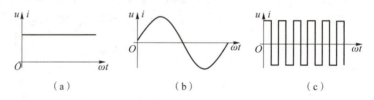

（a）　　　　　　（b）　　　　　　（c）

图 2 - 17　几种常见的电压或电流的波形
（a）直流电波形；（b）正弦交流电波形；（c）非正弦交流电波形

按用电管理分，500 V 及以上统称为高压，500 V 以下统称为低压；按供电系统来分，1 000 V 以下叫低压，1 000 V ~ 10 kV 叫中压，10 ~ 330 kV 叫高压，330 kV 及以上叫超高压，500 kV 及以上叫特高压。我国的电力网额定电压等级（kV）：0.22、0.38、3、6、10、35、60、110、220、330、500。通常把 1 kV 以下的电力设备及装置称为低压设备，1 kV 以上的设备称为高压设备。

安全电压是指人体不戴任何防护设备时，触及带电体不受电击或电伤。人体触电的本质是电流通过人体产生了有害效应，然而触电的形式通常都是人体的两部分同时触及了带电体，而且这两个带电体之间存在着电位差。因此在电击防护措施中，要将流过人体的电流限制在无危险范围内，也即将人体能触及的电压限制在安全的范围内。在不同场合，安全电压的规定是不同的。国家标准《安全电压》（GB 3805—2008）规定我国安全电压额定值的等级为 42 V、36 V、24 V、12 V 和 6 V，应根据作业场所、操作员条件、使用方式、供电方式、线路状况等因素选用。世界各国对于安全电压的规定：有 50 V、40 V、36 V、25 V、24 V 等，其中以 50 V、25 V 居多。国际电工委员会（IEC）规定安全电压限定值为 50 V。

2. 电流对人体的影响

电流对人体的危害程度与通过人体的电流强度、通电持续时间、电

电流对人体的影响

流频率、电流通过人体的部位（途径）以及触电者的身体状况等多种因素有关，如表 2 - 1 所示。

表 2 - 1   电流对人体的影响

电流/mA	通电时间	人体的反应情况	
		交流电（工频 50 Hz）	直流电
0 ~ 0.5	连续	无感觉	无感觉
0.5 ~ 5	连续	有麻刺、疼痛感，无痉挛	无感觉
5 ~ 10	数分钟内	痉挛、剧痛，但可摆脱电源	有针刺、压迫及灼热感
10 ~ 30	数分钟内	迅速麻痹，呼吸困难，不能自由移动	压痛、刺痛、灼热强烈，有抽搐现象
30 ~ 50	数秒钟至数分钟	心律不齐，昏迷，强烈痉挛	感觉强烈，有剧痛痉挛
50 ~ 100	超过 3 s	心室颤动，呼吸麻痹，甚至心脏麻痹而停跳	剧痛，强烈痉挛，呼吸困难或麻痹

在一定的电压作用下，通过人体电流的大小与人体电阻有关系。人体电阻因人而异，与人的体质、皮肤的潮湿程度、触电电压的高低、年龄、性别以及工种职业有关系，通常为 1 000 ~ 2 000 Ω，当角质外层破坏时，则降到 800 ~ 1 000 Ω。通过人体的电流越大，持续时间越长，人体的生理反应就越明显，感应就越强烈，引起心室颤动所需的时间就越短，致命的危害就越大。在有防止触电保护装置的情况下，人体允许通过的电流一般可按 30 mA 考虑。

交流电的危害性大于直流电，因为交流电主要是麻痹破坏神经系统，往往难以自主摆脱。一般认为 40 ~ 60 Hz 的交流电对人最危险。随着频率的增加，危险性将降低。当电源频率大于 2 000 Hz 时，所产生的损害明显减小，故医疗临床上有利用高频电流做理疗，但电压过高的高频电流仍会使人触电致死，高压高频电流对人体仍然是十分危险的。

3. 触电类型及危害

触电是指人体触及带电体后，由于电流通过人体而造成的伤害，分电击和电伤两种情况。

触电类型及危害

（1）电击是指电流通过人体内部，破坏人体内部组织，影响呼吸系统、心脏及神经系统的正常功能，甚至危及生命。通常所说的触电，触电死亡的绝大部分是电击造成的。按照人体触电的方式和电流流过人体的途径，电击触电方式分为单相触电、两相触电、跨步电压触电等。

①单相触电。

当人体直接碰触带电设备或线路的一相导体时，电流通过人体而发生的触电现象称为单相触电，如图 2 - 18 所示。在低压电力系统中，当人的一只手接触到一相带电体时，就会发生单相触电，这种触电事故约占总触电事故的 75% 以上。当低压电网中性点接地时，作用于人体的电压达 220 V。

②两相触电。

人体的两处同时触及两相带电体的触电现象称为两相触电，如图 2 - 19 所示。人体一旦接触两相带电体时电流比较大，轻微的会引起触电烧伤或导致残疾，严重的会导致触电死亡事故，而且两相触电使人触电身亡的时间只有 1~2 s。人体的触电方式中，以两相触电最为危险。

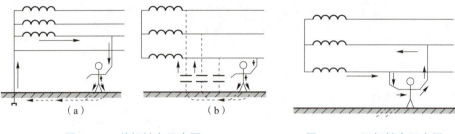

图 2－18　单相触电示意图　　　　图 2－19　两相触电示意图
（a）中性点直接接地；（b）中性点不直接接地

图 2－20　跨步电压触电示意图

③跨步电压触电。

电力线路（特别是高压线）或电气设备发生接地故障时，会以接地点为中心以半球状向大地流散，在地面上形成电位分布，人或牲畜站在距离高压电线落地点 8~10 m 以内，发生的触电事故称为跨步电压触电，如图 2－20 所示。人受到跨步电压时，电流沿着人的下身，从脚经腿、胯部又到脚与大地形成通路。跨步电压触电一般发生在高压电线落地时，但对低压电线落地也不可麻痹大意。

（2）电伤是指电流的热效应、化学效应、机械效应作用对人体造成的局部外部伤害，它可以是电流通过人体直接引起，也可以是电弧或电火花引起，包括电弧烧伤、烫伤、电烙印、皮肤金属化、电气机械性伤害、电光眼等不同形式的伤害（电工高空作业不小心跌下造成的骨折或跌伤也算作电伤），其临床表现为头晕、心跳加剧、出冷汗或恶心、呕吐，此外皮肤烧伤处疼痛。在触电事故中，电击和电伤常会同时发生。

4. 触电原因及安全保护措施

人体触电的方式多种多样，一般可分为直接接触触电和间接接触触电两种主要触电方式。此外，还有高压电场、高频电磁场、静电感应、雷击等对人体造成的伤害。

直接触电：人体直接接触或过分接近带电体而触电；单相触电、两相触电、电弧伤害都属于直接接触触电。间接触电：人体触及正常时不带电而发生故障时才带电的金属导体。

1）触电原因

造成触电事故的原因通常有：缺乏电气基本常识、不了解和违反安全规程或操作规定、直接触及或过分靠近电气设备的带电部分、维修不善、设备不合格等。由于电气线路设备安装不符合要求，会直接造成触电故事；由于电气设备运行检修管理不当，绝缘损坏而漏电，又没有有效的安全措施，也会造成触电；接线错误，特别是插销座接错线，造成过很多触电事故；由于操作失误，带负荷拉闸刀，未拆除接地线合闸刀等均会导致电弧引起触电；检修工作中，保证安全的组织措施、技术措施不完善，误入带电间隔、误登带电设备、误合开关等造成触电事故，高压线断落地面可能造成跨步电压触电等。应当注意，很多触电事故都不是由单一原因造成，希望人们提高警觉，尽量避免触电事故的发生。

2）安全保护措施——保护接地和保护接零

电气设备的金属外壳与大地之间在电气上的可靠连接称为接地。保护接地与保护接零是保障人身安全、防止间接触电的有效措施。

安全防护措施
保护接地

安全防护措施
保护接零

如果不采用任何保护措施，当电气设备的绝缘损坏使其金属外壳或金属框架带电且被人接触到时，电流将在火线、人体、大地、分布电容、零线（或另一火线）、电源的回路中通过，危及人身安全。

将电气设备的金属外壳或金属框架接地的措施称为保护接地，如图 2-21（a）所示。当电动机的 A 相绝缘损坏使其金属外壳带电且被人接触到时，则电流将在 A 相火线、人体与接地体并联电路、大地、B 相（或 C 相）对地之间的分布电容、B 相（或 C 相）火线、电源的回路中通过。由于人体电阻（约 1 700 Ω）远大于接地电阻（小于 4 Ω），电流主要通过接地体而几乎不通过人体，起到了保障人身安全的作用。保护接地适用于电源中性点不接地的低压供电系统。

将电气设备的金属外壳或金属框架接中性线的措施称为保护接零，如图 2-21（b）所示。当电动机的 A 相绕组绝缘损坏而使其金属外壳带电时，电流将在 A 相电源线、接零保护线、零线、电源的回路中通过而形成 A 相短路，很大的短路电流使熔断器的熔体熔断、切断电源。保护接零从根本上避免了间接触电事故的发生。

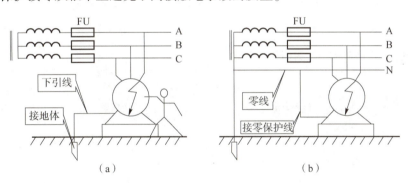

图 2-21 保护接地和保护接零示意图
（a）保护接地示意图；（b）保护接零示意图

5. 电气安全知识

（1）不得随便乱动或私自修理车间内的电气设备。

（2）经常接触和使用的配电箱、配电板、闸刀开关、按钮开关、插座、插销以及导线等，必须保持完好，不得有破损或将带电部分裸露。

电气安全知识1   电气安全知识2

（3）不得用铜丝等代替熔丝，并保持闸刀开关、磁力开关等盖面完整，以防短路时发生电弧或熔丝熔断飞溅伤人。

（4）经常检查电气设备的保护接地、接零装置，保证连接牢固。

（5）在移动电风扇、照明灯、电焊机等电气设备时，必须先切断电源，并保护好导线，以免磨损或拉断。

（6）在使用手电钻、电砂轮等手持电动工具时，必须安装漏电保护器，工具外壳要进行防护性接地或接零，并要防止移动工具时导线被拉断，操作时应戴好绝缘手套并站在绝缘板上。

（7）在雷雨天，不要走进高压电杆、铁塔、避雷针的接地导线周围 20 m 内。当遇到高压线断落时，周围 10 m 之内禁止人员进入；若已经在 10 m 范围之内，应单足或并足跳出危险区。

（8）对设备进行维修时，一定要切断电源，并在明显处放置"禁止合闸，有人工作"的警示牌。

任务实施

（1）根据图 2-4 列出电源配电箱主要器件清单，如表 2-2 所示。

表 2-2　配电箱主要器件清单

序号	器件名称	电路符号	规格参数	数量	备注

（2）检测主要器件好坏，并填表 2-3。

表 2-3　配电箱主要器件检测情况记录表

器件名称	检测方法	检测现象	检测结论（好或坏）

（3）检测配电箱输出电压情况。

在持证电工监护下，合上总开关，使用万用表检测断路器断、合闸两种情况下上端电压和下端电压，并进行记录。

将万用表挡位调至_____挡位。

断路器断开时，上端电压为_____，下端电压为_____；

断路器合上时，下端电压为_____。

（4）测试完毕后，按先分后总、由近到远的原则进行断电。断电后需使用验电笔验明无电后，移除电源线。

（5）操作完毕后，整理工具，清扫现场，器件归位。

检查评估

1. 任务问答

（1）我国家庭用的是什么电？有什么特点？在任务中用万用表检测的电压是什么值？

_____

_____

（2）一交流电源电压 $u = 311\sin(314t + 30°)$ V，请写出它的三要素及相量，并画出相量图。

_____

_____

（3）请写出图 2-22 中 u 和 i 的初相位，并分析它们的相位关系如何？

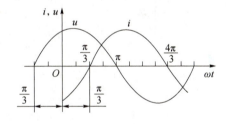

图 2-22　正弦电路波形图

（4）简述电子式电能表的基本结构与原理？

_____

_____

（5）若通电测试时，用万用表测量出 QF1 合闸后下端电压仅为 50 V，有可能是哪里出现了问题？

_____

_____

（6）什么是触电？常见触电类型有哪些？其中对人体危害最大是哪种？若有人员在通电操作时不慎触电，如何使触电者脱离电源？

_____

_____

（7）配电电路中既用到断路器，又用到漏电开关，它们之间有什么区别？在使用时要注意什么问题？

_____

_____

（8）照明电路中使用的熔断器是哪种类型的？型号是怎样的？熔断器和空气开关分别起到什么作用？

_____

_____

2. 任务评价

任务评价表如表 2-4 所示。

表 2-4　任务评价表

评价项目	评价内容	配分	得分
职业素养	是否遵守纪律及规程，不旷课、不迟到、不早退？ 旷课扣 3 分/次；迟到、早退扣 2 分/次；上课做与任务无关的事情扣 2 分/次；不遵守安全操作规程扣 10 分/次	10	
	是否以严谨认真的态度对待学习及工作？ 能认真积极参与任务得 5 分；能主动发现问题并积极解决得 5 分	10	
	是否能按时按质完成课前学习和课后作业？ 网络课程前置学习完成率达 90% 以上得 5 分；课后作业完成度高得 5 分	10	
	是否在任务实施过程中造成仪表、仪器、器件的损坏？是否在检测工作结束后按 6S 要求清扫整理，物品归位？ 造成万用表烧表直接扣 10 分；造成器件损坏扣 3 分/个；造成仪器损坏扣 10 分；未做好归位清扫清理工作扣 10 分；该项扣完为止	10	
	是否能在学习及任务过程中始终保持安全行为	10	
专业能力	任务完成情况：能否利用万用表检测单相电度表、熔断器、漏电开关等器件的好坏；能否正确使用万用表检测交流电源电压；能否正确列出相应器件清单。 正确操作检测单相电度表、熔断器、漏电开关等器件，并能根据检测结果判断器件好坏得 10 分；能使用万用表规范检测电源电压得 10 分；正确列出相应器件清单得 10 分	30	
	任务问答： 【测试内容】能否知晓安全用电知识和触电类型、危害；能否描述正弦交流电的基本特征；能否用相量法正确表示正弦交流电；能否知晓熔断器、漏电开关的作用和工作原理；能否辨别漏电开关和一般断路器；能否知晓单相电度表的结构及原理。 【评分标准】90% 以上问题回答准确专业，描述清楚有条理得 20 分；80% 以上问题回答准确专业，描述清楚有条理得 16 分；70% 以上问题回答准确专业，描述清楚有条理得 14 分；60% 以上问题回答准确专业，描述清楚有条理得 12 分；不到 50% 问题回答准确的不超过 10 分，酌情打分	20	
	总　分		

（1）绘制本任务学习要点思维导图。

（2）在任务实施中出现了哪些错误？遇到了哪些问题？是否解决？如何解决？记录在表2－5中。

表2－5　错误记录

出现错误	遇到问题记录

任务描述

本次任务：根据图2-23照明灯具控制电路图选择合适的灯具、开关、插座、线材等，列出器件清单，并完成对选用灯具、开关、插座的检测工作。

任务提交：器件清单、任务问答、学习要点思维导图、任务评价表。

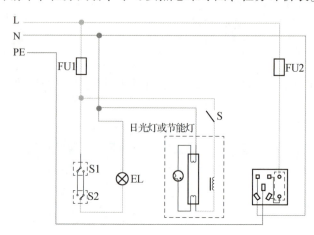

图2-23 室内照明电气控制电路图

任务目标

本任务参考学习学时：4（课内）+2（课外）。通过本任务学习，可以获得以下收获：

专业知识：

(1) 能描述不同灯具特点。

(2) 能描述日光灯发光原理，分辨白炽灯、日光灯、节能灯的区别。

(3) 能熟知熔断器的类型和作用。

(4) 能根据不同情况选择合适的导线。

(5) 能知晓灯具、开关、插座安装要求。

专业技能：

(1) 能使用万用表检测白炽灯、开关、插座的好坏。

(2) 能识别与检查熔断器的好坏。

(3) 能正确检测日光灯、整流器、启辉器的好坏。

职业素养：

(1) 能养成安全用电、严格遵守电工安全操作规程的良好职业习惯。

(2) 能与组员合理分工，协作完成任务。

(3) 能在任务实施过程中形成环保节约的成本意识。

(4) 能以认真严谨、精益求精的工作态度高效高质完成任务。

学习链接一　常用室内照明灯具及选用

认识白炽灯

1. 白炽灯

白炽灯是根据热辐射原理制成的，它依靠电能将灯丝加热到白炽状态而发光。白炽灯的能量转换效率很低，只有 2%～4% 的电能转换为眼睛能够感受到的光。但白炽灯具有显色性好、光谱连续、使用方便等优点，因而仍被广泛应用。

1）结构及种类

白炽灯由玻璃泡、灯丝、灯头三部分组成，如图 2-24 所示。对于不同用途和要求的白炽灯，其结构和部件也有所差异。灯丝用熔点高和不易蒸发的钨丝做成，小功率的灯泡内抽成真空，大功率（大于 40 W）的灯泡内抽成真空后，充以惰性气体，如氩气等；灯泡的灯头有插口式和螺口式两种，功率超过 300 W 的灯泡一般都采用螺口灯头，因为螺口式灯头在电接触和散热方面都比插口式灯头好。

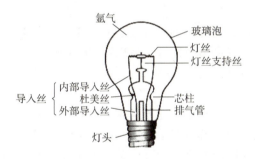

氩气　玻璃泡　灯丝　灯丝支持丝　内部导入丝　杜美丝　外部导入丝　导入丝　芯柱　排气管　灯头

图 2-24　普通白炽灯的结构

白炽灯的种类很多，按工作电压分一般有 6 V、12 V、36 V 和 220 V 等四种，其中 36 V 以下属于低压灯泡，用于局部照明和携带照明，在安装白炽灯泡时，要注意灯泡的工作电压与线路电压必须一致。

在所有用电的照明灯具中，白炽灯的效率是最低的。它所消耗的电能只有约 2% 可转化为光能，而其余部分都以热能的形式散失了，因此白炽灯属于发热元件，这和电阻元件的特性很接近，因此在建立电路模型时，可以将白炽灯看成是纯电阻负载进行分析。

2）好坏判别方法

（1）观察白炽灯的外观有无损坏。

（2）如果是普通的白炽灯，可通过测量白炽灯的电阻来判断其好坏。将指针式万用表调至欧姆挡 $R\times1$ 或 $R\times10$ 挡位，欧姆调零后，将两表笔接触灯泡的两个接电端。如果灯泡是好的，会有一定的电阻值（灯泡功率不同则电阻值也就不同，功率越大阻值越小）。如果指示 ∞ 或 0 说明灯泡已经损坏，∞ 是不通，0 是短路，不可使用。如果用的是数字表则选用电阻挡的 200 或 2 k 挡且不用调零，∞ 的状态显示的是 1。由于此时测到的是灯丝的冷电阻，所以正常阻值在几十至几百欧姆范围内。用指针式万用表检测白炽灯电阻如图 2-25 所示。

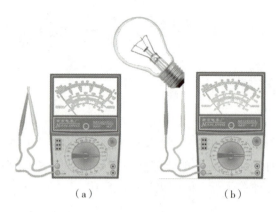

（a）　　　　　　　　　　　（b）

图 2 - 25　用指针式万用表检测白炽灯电阻

（a）万用表欧姆调零；（b）测量灯泡灯丝电阻

2. 荧光灯

认识日光灯

日光灯也被称为荧光灯，它利用紫外线照射荧光粉来发光，所以这种灯具被称为荧光灯，而其发出的光线和普通白炽灯相比犹如日光一样，故也称为日光灯。

常见的荧光灯有直管形荧光灯、彩色直管型荧光灯、环形荧光灯、单端紧凑型节能荧光灯等。其中环形荧光灯主要提供给吸顶灯、吊灯等作配套光源，供家庭、商场等照明用。一般来说，荧光灯管的管径越细，光效越高，节电效果越好，同时要求启辉点燃电压越高，对镇流器技术性能要求越高。

日光灯由灯管、镇流器、启辉器三部分组成，如图 2 - 26 所示。

日光灯（荧光灯）的发光工作原理：当开关接通时，电源电压全部加在启辉器上，氖气在玻璃泡内电离后辉光放电而发热，动触片受热膨胀与静触头接触使电路接通，此时灯丝通过电流加热后发射电子，使灯丝附近的汞开始游离并逐渐气化，同时，启辉器触点接触后辉光放电随即停止，动触片冷却而缩回（即触点断开），使流经灯丝和镇流器的电流突然中断，在此瞬间，镇流器产生的自感电动势与电源电压串联后，全部加在灯管两端的灯丝间，由于灯丝间电压骤增，整个灯管内的汞气在高压作用下全部游离，从而产生弧光放电，辐射出不可见的紫外线，激发管壁的荧光粉发出近似日光的可见光。

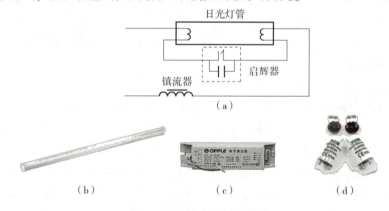

日光灯管

镇流器　　　　启辉器

（a）

（b）　　　　　　　（c）　　　　　　　（d）

图 2 - 26　日光灯主要部件

（a）日光灯内部结构；（b）日光灯管；（c）镇流器；（d）启辉器

3. 节能灯

节能灯又称紧凑型荧光灯，如图 2−27 所示，它与普通日光灯一样，属一种低汞蒸气压放电灯。它具有光效高（是普通灯泡的 5 倍）、节能效果明显、寿命长、体积小、使用方便等优点。节能灯因灯管外形不同，主要有 U 形管、螺旋管、直管型。

（a）　　　　　　　　　　（b）　　　　　　　　　　（c）

图 2−27　不同外观的节能灯

（a）U 形管；（b）螺旋管；（c）直管型

节能灯的镇流器主要以电子式为主，具有"镇流"和"高压脉冲"功能。其优点是节能、启动电压较宽、启动时间短（0.5 s）、无噪声、无频闪现象，可以在 15 ~ 60 ℃ 正常工作。

4. LED 灯

如今，能源和资源的短缺成为制约世界经济发展的瓶颈，环保的需求日益迫切。LED 照明产品作为新一代"绿色照明产品"逐步深入人心，具有高效、节能、环保、长寿命的特点。LED 灯正以非常快的速度发展并逐渐取代其他灯具，已被广泛应用在各照明领域中。

认识 LED 灯

1）特点及类型

LED 即半导体发光二极管，是一种能够将电能转化为可见光的固态的半导体器件，它可以直接把电转化为光。LED 的心脏是一个半导体的晶片，晶片的一端附在一个支架上，一端是负极，另一端连接电源的正极，使整个晶片被环氧树脂封装起来。

LED 灯有多种类型，如图 2−28 所示。其中，按发光管的发光颜色分可分为红光、蓝光、白光等，在家庭生活中使用的大都是正白光和暖白光；按 LED 灯的功率分可分为大功率 LED 灯和小功率 LED 灯。如果节能灯额定电流为 20 mA，就是小功率 LED 灯；如果额定电流超过 20 mA，则基本上都属于大功率 LED 灯。相对于小功率的 LED 灯来说，大功率 LED 灯功率更高，也更亮。

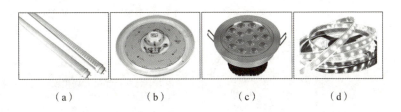

（a）　　　　　（b）　　　　　（c）　　　　　（d）

图 2−28　家庭常用 LED 灯具图

（a）LED 日光灯；（b）LED 吸顶灯；（c）LED 射灯；（d）LED 灯带

LED 灯的特点：

（1）能耗非常低。LED 灯的工作电压一般只有 2～3.6 V，工作电流只要 0.02～0.03 A。也就是说：它消耗的电不超过 0.1 W，消耗的电能比相同光效的白炽灯减少 90% 以上，比节能灯减少 70% 以上。

（2）安全低电压。LED 灯使用低压的直流电源（可将交流电整流为直流电），供电电压在 6～24 V，因产品不同而有所差异。在工作时不会发生闪频问题，对眼睛有较好的保护作用，特别适用于家庭和公共场所。

（3）使用寿命长。在恰当的电流和电压下，LED 灯的使用寿命可达 10 万小时，也即理论上产品生命达到 10 年以上，较其他类型灯具有更长的使用寿命。

（4）环境污染少。没有汞等有害物质。LED 灯泡的组装部件可以非常容易的拆装，不用厂家回收都可以通过其他人回收。

（5）费用更节省。较之于白炽灯、荧光灯，虽然 LED 灯具的价格要高一些。但是，由于 LED 的能耗特别低，长期而言可以节省大量的电费，可以节省换灯的投入，因而综合使用成本更加划算。

2）照明 LED 灯的选择及安装

在选择家用照明 LED 灯时，可从尺寸、造型、材料、成本等方面考虑。造型方面，一般卧室、书房等起居室选择圆形吸顶灯较为合适；而客厅、饭厅等选择方形吸顶灯显得空间更为广阔；厨房、卫生间一般为与集成吊顶类似的正方形造型。尺寸方面，要依据照明面积决定，一般来说卧室面积 10 m² 以下的，选择直径 45 cm 以下的吸顶灯；10～20 m² 卧室则选择直径 60 cm 左右的吸顶灯；卧室为 20～30 m² 的，应该选择吸顶灯的直径在 80 cm 左右。LED 吸顶灯的安装及注意事项如表 2-6 所示。

表 2-6　LED 吸顶灯的安装及注意事项

序号	安装步骤	安装图示	注意事项
1	拆除灯和面罩		先弄清楚面罩固定方式是旋转还是卡扣卡住，再将吸顶灯的面罩拆卸，把里面的 LED 灯泡拆除，以防安装过程中打破灯泡
2	安装吸顶盘	钻孔	当采用膨胀螺栓固定时，应按产品的技术要求选择螺栓规格，其钻孔直径和埋设深度要与螺栓规格相符
3	安装电线		安装前，应先确认需要安装的地方预留的电线是没有电的。确认无电后，将电源线与吸顶灯的接线座进行连接。注意两根线要保持一定的距离，不要把吸顶灯电源线跟灯座连接的线放在一块金属片下，分别连接后并用黑胶布隔绝通电
4	安装灯和面罩		将 LED 灯泡安装在灯座上，打开电源，看是否正常亮起，再用验电笔检测是否有漏电的部位，无异样后将灯罩安装上

学习链接二　开关插座认识与选用

照明开关

开关、插座不仅是一种家居装饰功能用品，更是照明用电安全的主要零部件，其产品质量、性能材质对于预防火灾、降低损耗都有至关重要的决定性作用。

1. 开关

照明开关的种类很多，按安装方式分，有明装式和暗装式两种；按开关连接方式分，有单极开关、两极开关、三极开关、双路开关等；按启动方式分，有旋转开关、跷板开关、按钮开关、声控开关、触屏开关、倒板开关、拉线开关。此外，还有其他的一些类型，大家可以自行查询资料。

1）类型及符号

单控开关在家庭电路中是最常见的，也就是一个开关控制一件或多件电器，根据所连电器的数量又可以分为单控单联、单控双联、单控三联、单控四联等多种形式，如图 2 – 29 所示。双控开关是二个开关在不同位置可控制同一盏灯。

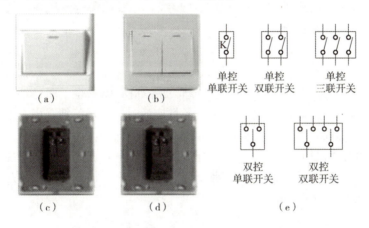

图 2 – 29　照明开关外形、结构及电气符号

(a) 一开单控/双控开关；(b) 二开单控开关；(c) 单控开关；

(d) 双控开关（三个接线口）；(e) 照明开关电气符号

按开关的连接方式来分：单控开关、双控开关、双极（双路）双控开关等；按规格尺寸标准型分：86 型（86 mm × 86 mm）、118 型（118 mm × 74 mm）、120 型（120 mm × 74 mm）；按功能来分：一开单（双）控、两开单（双）控、三开单（双）控、四开单（双）控、声光控延时开关、触摸延时开关等。

2）选用

开关、插座的质量决定其安全性，也直接影响家庭的用电安全。劣质的墙壁开关、插座在使用过程中经常会出现冒火花的现象，很有可能导致触电和火灾的发生。所以，质量很重要。在选择开关时应考虑以下几点：

（1）看外壳材料。市场上主要开关品牌一般选用 PC 料，PC 料又叫防弹胶，抗冲击、耐高温、不易变色的特性对于控制电器的开关来说很重要。

（2）看触点，就是开关过程中导电零件的接触点。触点一要看大小（越大越好），二要看材料。触点主要有三种，银镍合金、银镉合金和纯银。银镍合金是比较理想的触点材料，导电性能、硬度比较好，也不容易氧化生锈。

（3）看结构。主要都是大面板式的，外观和手感都比以前拇指式的要好。拇指式的最大的问题在于容易卡住，因为力矩比较短，开关动作幅度比较小，弹簧轻微软一点或过硬一点，都可能造成开关卡住。

3）安装要求

（1）开关通常装在门旁边或其他便于操作的地点。家居开关安装高度一般在 1 200 ~ 1 500 mm，距门边 150 ~ 200 mm 处，与插座同排相邻安装应在同一水平线上，并且不被推拉门、家具等物遮挡。几个开关并排安装或多位开关，需要将电器与各开关功能位置相对应。

（2）在安装开关前，应检查开关的型号、外观及触点情况是否符合规定要求，一般可用万用表欧姆挡检测触点通断情况。

（3）单极开关应串联在火线回路，而不应串联在零线回路，即火线应先通过开关才进灯头。卧室内禁止装设床头开关。

（4）开关进线和出线应采用同一种颜色的导线。导线端头应紧压在接线端子内，外部应无裸露的导线。

双控白炽灯
电路安装

2. 插座

1）种类

开关插座虽然不像家电一样是"大件"，却关系家庭日常安全，而且是保障家庭电气安全的第一道防线，所以在选择开关插座的时候绝对不能马虎。根据国标 GB 2099.1—2008《家用和类似用途插头插座 第 1 部分：通用要求》定义，插座按用途可分为民用插座、工业用插座、防水插座、普通插座、电源插座、电脑插座、电话插座、视频插座、音频插座、移动插座、USB 插座等。几种常用家装插座如图 2－30 所示。

插座的种类
与选用

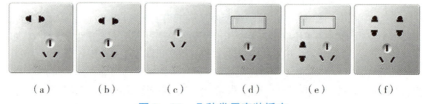

（a）　　　（b）　　　（c）　　　（d）　　　（e）　　　（f）

图 2－30　几种常用家装插座

（a）斜五孔插座；（b）五孔插座；（c）三孔 16 A 插座；
（d）一开三孔；（e）一开五孔；（f）七孔插座

2）选用

（1）电源插座应采用经国家有关产品质量监督部门检验合格的产品。一般应采用具有阻燃材料的中高档产品，不应采用低档和伪劣假冒产品。

（2）住宅内用电电源插座应采用安全型插座，卫生间等潮湿场所应采用防溅型插座。

（3）电源插座的额定电流应大于已知使用设备额定电流的 1.25 倍。一般单相电源插座额定电流为 10 A，专用电源插座为 16 A，特殊大功率家用电器其配电回路及连接电源方式应按实际容量选择。

（4）为了插接方便，一个86 mm×86 mm单元面板，其组合插座个数最好为两个，最多（包括开关）不超过三个，否则采用146型面板多孔插座，如图2-31所示。

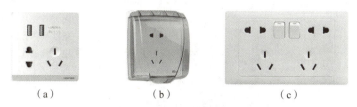

（a）　　　　　　　　（b）　　　　　　　　（c）

图2-31　86型插座和146型插座

（a）86型带USB接口五孔插座；（b）86型防溅防尘五孔插座；
（c）146型带开关多孔插座

（5）对于插接电源有触电危险的家用电器（如洗衣机）应采用带开关断开电源的插座。

（6）在比较潮湿的场所，安装插座应该同时安装防水盒。

3）安装要求

电源插座的位置与数量对方便家用电器的使用，室内装修的美观起着重要的作用。电源插座的布置应根据室内家用电器点和家具的规划位置进行，并应密切注意与建筑装修等相关标准配合，以便确定插座位置的正确性。不同家用电器配置插座安装高度要求如图2-32所示。插座安装及注意事项如表2-7所示。

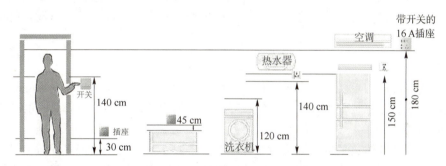

图2-32　不同家用电器配置插座安装高度要求

表2-7　插座安装及注意事项

序号	安装步骤	安装图示	注意事项
1	断开插座回路开关，并确认导线无电		一定要使用验电笔验明电源引线确实不带电后方可进行安装工作
2	打开插座盖板观察背面标识，分清火线、零线、地线端子	火线　地线　零线	在三孔背后有三个接线孔，每个接线孔标有L（火线）、N（零线）以及另外一个符号E（就像一把小伞的）是接地线

续表

序号	安装步骤	安装图示	注意事项
3	连接插座接口与电源引线，装上固定外框并固定		接线的时候首先从三孔插座的火线和零线各引出一条线到两孔的火线和零线上，接线之前，把电源线的火线、零线以及地线分别和相对应的地方接在一起。接线完成之后，把外框安上，拧上螺钉就可以了。 插座一般采用横装，安装时要注意符合接线原则，即两孔插座是左零右火，三孔插座是左零右火中地线
4	合上插座回路，测试插座是否安装正确		正确安装情况下，面向插座，应遵循左零右火中地线，即用验电笔验电时，只有右边的插孔电笔指示灯会亮，说明带电，左边和中间的插孔灯不亮

学习链接三　室内照明电路导线选择

电线的好坏直接关系到整个家庭用电的安全，与我们的生活息息相关。所以了解不同导线的材料、特点，根据实际情况选择合适规格的导线，对于照明线路和用电设备的正常安全工作非常重要。

1. 常用导线种类和规格

供配电线路使用的导线分为两种，一种是绝缘导线，另一种是裸导线。裸导线主要用于户外高压输电线路，家装较为少见；而绝缘导线一般用于室内电路，也就是家庭装修中我们所使用到的电线。

导线按照线芯导体数量的不同可以分为单股和多股，一般将截面积在 6 mm^2 以下的电线称之为单股导线，而 6 mm^2 以上较粗线径的导线称为多股线。除此以外，若按线芯导体材料不同，又可分为铜芯和铝芯导线，其中铜芯导线是我们家装中最为常用的一种品种。常见的大部分都是使用铜芯材料的，而铜芯导线的外面一般会有一层塑料绝缘层包裹，称为塑料绝缘铜芯导线，这种导线常用的规格是 BVV 型号。由于铜芯导线电阻率小，能耗小，使用寿命长，因此在家庭装修的时候，特别是在暗装敷设时，我们通常都会用铜芯导线。

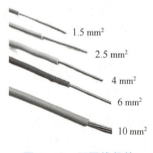

图 2-33　不同线径的单股铜线和多股铜线

室内装修使用的导线根据其铜芯的截面大小可以把它分为 1.5 mm^2、2.5 mm^2、4 mm^2、6 mm^2、10 mm^2 以及上的电线，通常一捆大概为 100 m 左右，如图 2-33 所示。电线截面大小代表的是电线的粗细，不同粗细的导线的安全载流量也不同，导线选择是否合适直接关系到线路成本、电能损耗大小及用电安全。

2. 室内配电电路导线选择

若家庭用电器的总负荷是 5 kW，则总电流为 $5\,000 \div 220 = 22.5$（A），说明家庭最大用电电流是 22.5 A。在选择绝缘铜线时，考虑到暗装散热条件不好，为防止发热，选择的导线大小一般按 6~8 A/mm² 载流量考虑估算，即：22.5 A ÷ 6 = 3.7 mm²，因此选择 4 mm² 铜线较为合适。当然还要为今后可能增加电器留一些余量，因此选择 6 mm² 的铜导线比较安全可靠（6 mm² 铜电源线的安全载流量为 48 A）。各支线的导线也可用此方法估算选择，选择时可参考表 2-8。

表 2-8　不同线径规格铜线及对应安全载流量

铜线线径规格/mm²	安全载流量（40 ℃）/A	最大功率（按单相 220 V 计算）/W
1	13	2 900
1.5	19	4 200
2.5	26	5 800
4	34	7 600
6	44	10 000
10	62	13 800
注：以上功率为极限功率，根据使用环境不同略有误差，选购时需预留 20% 余量，上表仅供参考		

在家庭照明及配电电路选用导线时应遵循"宁大毋小"的原则，尽量选取一些线径比较大的电线，以免在日后的生活中因功率过载而发生电线的短路而引发火灾。具体选用时应根据各个负载回路的最大电流情况，并预留一定的余量来考虑。在现代家庭中，一般会选取线径 2.5 mm² 的铜线用在照明、插座或普通用电器上；选用 4 mm² 的铜线用在 2 匹以上的空调，若安装中央空调或者大功率电热水器，则建议选择 6 mm² 铜线，并走专线和专用插座，因为它的工作电流比较大。而 6~10 mm² 铜线则一般作为进户电源的主线。

在家庭用电导线使用安全上，根据国家发布的《住宅装饰装修工程施工规范》GB 50327—2001 规定，火线与零线颜色应不同，同一住宅火线颜色应统一，而零线宜采用蓝色，接地线应该采用黄绿色，火线一般采用的是红色。三种电线除了颜色不同之外其实它们在内部构造上是一样的。一般意义上来讲，火线带电，而零线其实是不带电的，两者可以用低压验电笔进行区分。

任务实施

（1）根据图 2-23 电路列出所需器件线材清单，如表 2-9 所示。

表 2-9　照明电路所需器件线材清单

序号	器件/线材名称	器件符号	规格参数	数量	价格

（2）检查所用灯具、开关的好坏，并记录所使用的灯具的阻值于表 2 – 10 中。

表 2 – 10　照明电路灯具、开关等器件检测情况记录表

器件名称	万用表选择挡位	检测方法及结果	检测结论（好或坏）

检查评估

1. 任务问答

（1）如何分辨 36 V/40 W 和 220 V/40 W 的两个白炽灯泡？若误把 36 V 灯泡接入 220 V 的线路上会有什么后果？

_____

_____

（2）日光灯为什么不能像白炽灯那样直接接到电路中？这两种灯具有什么不同？

_____

_____

（3）插座安装有哪些安全要求和规定？

_____

_____

（4）日光灯电路主要组成部分是哪些？分别起到什么作用？当日光灯点亮之后是否可以拆掉启辉器？为什么？

_____

_____

（5）在安装灯具时，为什么要采用"火线进开关，零线接灯头"的做法？

（6）照明电路用的导线是不是越粗越好？入户线和照明线路使用的导线是一样的吗？应如何选择？

2. 任务评价

任务评价表如表 2–11 所示。

表 2–11　任务评价表

评价项目	评价内容	配分	得分
职业素养	是否遵守纪律及规程，不旷课、不迟到、不早退？ 旷课扣 3 分/次；迟到、早退扣 2 分/次；上课做与任务无关的事情扣 2 分/次；不遵守安全操作规程扣 10 分/次	10	
	是否以严谨认真，精益求精的态度对待学习及工作？ 能认真积极参与任务得 10 分；能主动发现问题并积极解决得 5 分；课后作业完成度高得 5 分	15	
	是否在任务实施过程中造成仪表、仪器、器件的损坏？是否在检测工作结束后按 6S 要求清扫整理，物品归位？ 造成万用表烧表直接扣 10 分；造成器件损坏扣 3 分/个；造成仪器损坏扣 10 分；未做好归位清扫清理工作扣 10 分；该项扣完为止	10	
	是否能在学习及任务过程中始终保持安全行为，遵守安全操作规程	10	
	在列器件清单时是否考虑成本问题	5	
专业能力	任务完成情况：能否利用万用表检测白炽灯、开关、熔断器的好坏；能否正确检测日光灯、整流器、启辉器的好坏；能否正确列出相应器件清单。 正确操作检测白炽灯、开关、熔断器，并能根据检测结果判断器件好坏得 10 分；能使用万用表检测日光灯、整流器、启辉器 10 分；正确列出相应器件清单得 10 分	30	
	任务问答： 【测试内容】能否描述常用灯具特点；能否描述日光灯电路组成及原理；能否根据不同情况选择合适的导线；能否知晓灯具、开关、插座安装要求。 【评分标准】90% 以上问题回答准确专业，描述清楚有条理得 20 分；80% 以上问题回答准确专业，描述清楚有条理得 16 分；70% 以上问题回答准确专业，描述清楚有条理得 14 分；60% 以上问题回答准确专业，描述清楚有条理得 12 分；不到 50% 问题回答准确的不超过 10 分，酌情打分	20	
总　分			

（1）绘制本任务学习要点思维导图。

（2）在任务实施中出现了哪些错误？遇到了哪些问题？是否解决？如何解决？记录在表 2 – 12 中。

表 2 – 12　错误记录

出现错误	遇到问题记录

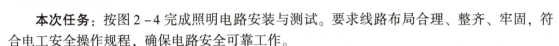

任务 2.3　室内照明电路安装与测试

任务描述

本次任务：按图 2 – 4 完成照明电路安装与测试。要求线路布局合理、整齐、牢固，符合电工安全操作规程，确保电路安全可靠工作。

任务提交：检测结论、任务问答、学习要点思维导图、任务评价表。

任务目标

本任务参考学习学时：8（课内）+2（课外）。通过本任务学习，可以获得以下收获：

专业知识：

（1）能正确分析电阻、电容、电感单一负载交流电路关系。

（2）能正确分析复杂负载交流电路参数之间的相量关系。

（3）能描述有功功率、无功功率、视在功率的含义，会分析三种功率之间的关系。

（4）能描述功率因数的含义，知晓提高功率因数的意义和常用方法。

专业技能：

（1）能规范使用常用电工工具。

（2）会识读照明电路图，能按工艺要求完成电路安装。

（3）能按电工操作规程调试电路功能，并能初步检测照明线路故障。

职业素养：

（1）能养成安全用电、严格遵守电工安全操作规程的良好职业习惯。

（2）能与组员合理分工，协作完成任务。

（3）能在任务实施过程中形成环保节约的成本意识。

（4）能以认真严谨、精益求精的工作态度高效高质完成任务。

任务导学

学习链接一　常用电工工具及使用

电工工具是电气操作人员必备的基本工具。电工工具的质量好坏、使用方式是否正确都将影响工作质量和效率，影响工具的使用寿命和操作人员的安全。因此，电气操作人员必须要知晓常用电工工具的结构、类型和性能，学会正确使用的方法。

1. 螺钉旋具

螺钉旋具即螺丝刀，又称起子，它是一种紧固和拆卸螺钉的工具。按头部形状不同分为一字形和十字形两种，如图 2 – 34 所示。

一字形旋具用来紧固或拆卸带一字槽的螺钉，其规格用柄部以外的体部长度来表示，电工常用的有 50 mm、100 mm、150 mm、200 mm 等规格。而十字形旋具是用来紧固或拆卸带十字槽的螺钉，其规格有四种：Ⅰ号适用于螺钉直径为 2 ~ 2.5 mm，

螺钉旋具

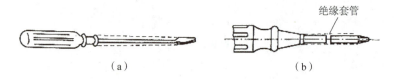

（a）　　　　　　　　　　　　　　（b）

图 2 - 34　螺钉旋具

（a）一字形；（b）十字形

Ⅱ号适用于螺钉直径为 3 ~ 5 mm，Ⅲ号适用于螺钉直径为 6 ~ 8 mm，Ⅳ号适用于螺钉直径为 10 ~ 12 mm。

旋具使用方法及注意事项：

（1）旋具上的绝缘柄应绝缘良好，在使用螺钉旋具紧固或拆卸带电的螺钉时，手不得触及螺钉旋具的金属杆，以免造成触电事故。

（2）旋具的正确握法如图 2 - 35 所示。旋具头部形状和尺寸应与螺钉尾部槽形和大小相匹配。

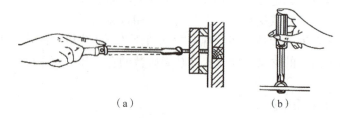

（a）　　　　　　　　　　　　　　（b）

图 2 - 35　螺钉旋具的正确握法

（a）大螺钉旋具的用法；（b）小螺钉旋具的用法

（3）不可用小旋具去拧大螺钉，以防拧豁螺钉尾槽或损坏旋具头部；同样也不能用大旋具去拧小螺钉，以防因力矩过大而导致小螺钉滑扣。

（4）使用时应使旋具头部顶紧螺钉槽口，以防打滑而损坏槽口。

2. 剥线钳

剥线钳是用于剥削直径 3 mm（截面积 6 mm²）以下塑料或橡胶绝缘导线绝缘层的专用工具。剥线钳柄上套有耐压为 500 V 的绝缘套管。其钳口有 0.5 ~ 3 mm 多个直径切口，以适应不同规格的线芯剥削。其外形如图 2 - 36 所示。它的规格以全长表示，常用的有 140 mm（适用于直径为 0.6 mm、1.2 mm、1.7 mm 的铝线、铜线）和 180 mm（适用于直径为 0.6 mm、1.2 mm、1.7 mm 或 2.2 mm 的铝线、铜线）两种。

图 2 - 36　剥线钳

剥线钳的使用方法：

（1）根据需要选择好要剥线导线的长度。

（2）要根据导线直径，选用合适的剥线钳槽口或刀片的孔径（比导线直径稍大）。

（3）将准备好的导线置于已选择的剥线钳的槽口中间。

（4）握住剥线钳的手柄，用手将钳柄一握，导线的绝缘层即被剥离。

3. 尖嘴钳

尖嘴钳的头部尖细，适用于在狭小的空间操作。刀口用于剪断细小的导线、金属丝等，钳头用于夹持较小的螺钉、垫圈、导线和将导线端头弯曲成所需形状，其外形如图 2 - 37 所示。常见规格按全长分为125 mm、140 mm、160 mm、180 mm 和 200 mm 五种。电工用尖嘴钳手柄套有耐压 500 V 的绝缘套。

图 2 - 37　尖嘴钳

注意：若使用尖嘴钳带电作业，应检查其绝缘是否良好，并注意在作业时金属部分不要触及人体或邻近的带电体。

4. 低压验电笔

验电笔是用来检验线路或电气设备是否带电的电工工具，如图 2 - 38 所示。验电笔根据所测电压的不同分为三类：高压验电笔可以用来检测电压在10 kV 以上的项目；低压验电笔则适用于电压范围在 60 ~ 500 V 的带电设施及线路的检测；当测试电压范围在 6 ~ 24 V 时，常使用弱电验电笔。

学会使用
低压验电笔

（a）　　　　　　　（b）　　　　　　　（c）

图 2 - 38　验电笔

（a）氖管发光式低压验电笔；（b）数字感应式低压验电笔；（c）高压验电笔

在家庭线路和用电器中，常用的是低压验电笔（简称电笔），它可以用来判断家庭照明电路中的零线和火线，也可以用来判断家用电器是否存在漏电现象。

1）结构和原理

低压验电笔按其结构形式可分为铅笔式和螺钉旋具式两种，氖管发光式验电笔主要由氖管、电阻、弹簧及笔端、笔尾的金属体构成。数字感应式验电笔主要由发光二极管、电阻、金属笔尾、电池等组成，它可以显示所测电压的大小，如图 2 - 39 所示。

2）作用

验电笔除了具有最基本的测设备是否带电的作用之外，在实际工作中还可以用于以下测试。

（1）判断火线与零线。在交流电路中，当验电笔触及导线（或带电体）时，使氖管发光的是火线。在正常情况下，验电笔触及零线，氖管是不会发光的。

口诀：验电笔判断零火线，氖管发光是火线，氖管不亮是零线。

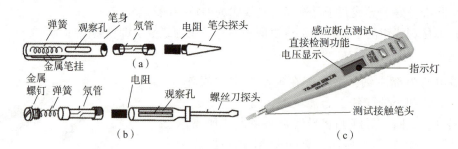

图 2-39　不同低压验电笔的结构

(a) 钢笔式；(b) 螺钉旋具式；(c) 数字感应式

（2）判断直流电与交流电。交流电流通过验电笔时，氖管的两极同时发光；直流电流通过验电笔时，氖管的两极只有一极发光。

口诀：验电笔判断交直流，交流明亮直流暗，交流氖管通身亮，直流氖管亮一端。

（3）判断电压高低。根据氖管发光的强弱可以估计电压的高低。因为在验电笔的使用电压范围内，电压越高，氖管越亮。

（4）判断直流电的正负极。将验电笔接在直流电的正负极之间，氖管发光的一端为正极。

口诀：验电笔判断正负极，观察氖管要心细，前端明亮是负极，后端明亮为正极。

（5）识别相线是否碰壳。用验电笔触及电动机、变压器等电气设备的金属外壳时，若氖管发出强光，则说明该设备有碰壳情况（或绝缘不良）。如果外壳接地良好，氖管就不会发光。

3）使用方法

低压验电笔是我们日常生活中测试照明电路中的火线、零线，低压用电环境中用电设备是否漏电的常用工具，使用起来非常方便。但使用不当也会造成判断的错误甚至危险。

（1）使用前，先把验电笔在已带电的插座或电源上进行测试，检查氖泡是否发光，验证验电笔完好才可用。

（2）使用时按图 2-40 所示的正确方法握持。以手指触及笔尾的金属螺钉，使氖管小窗背光朝向自己，以便观察氖管的发光情况。

(a) 　　　　　　　　　　　　　(b)

图 2-40　验电笔握法示意图

(a) 正确用法；(b) 不正确用法

验电笔测试带电体时，电流经带电体、验电笔、人体到大地形成通电回路，主要被测物体与大地之间的电位差超过 60 V，电笔中的氖管在电场作用下便可发光。如果氖泡不亮，只要不违背验电笔的使用法则，则表明该测试带电体不带电。

操作注意事项：

（1）用验电笔时，勿要用手触及验电笔前端的金属探头以免发生触电事故。

（2）验电笔前端最好加护套，只露出 10 mm 左右的一截笔尖部分用于测试。

（3）使用验电笔验电时，一定要用手触及验电笔尾端的金属片或者金属钩。如果没有这样做的话，虽然验电笔的氖泡没有发光，但因为带电体、验电笔、人体和大地并没有形成回路，不能正确判断带电体是否带电，一旦误判将非常危险。

学习链接二 照明电路安装要求

1. 照明电路安装的技术要求

（1）灯具安装的高度，室外一般不低于 3 m，室内一般不低于 2.5 m。

（2）照明电路应有短路保护。照明灯具的相线必须经开关控制，螺口灯头中心处应接相线，螺口部分与零线连接。不准将电线直接焊在灯泡的接点上使用。绝缘损坏的螺口灯头不得使用。

（3）室内照明开关一般安装在门边便于操作的位置，拉线开关一般应离地 2~3 m，暗装翘板开关一般离地 1.3 m，与门框的距离一般为 0.15~0.20 m。

（4）明装插座的安装高度一般应离地 1.3~1.5 m。暗装插座一般应离地 0.3 m，同一场所暗装的插座高度应一致，其高度相差一般应不大于 5 mm，多个插座成排安装时，其高度应不大于 2 mm。

（5）照明装置的接线必须牢固，接触良好，接线时，相线和零线要严格区别，将零线接灯头上，相线须经过开关再接到灯头。

（6）应采用保护接地（接零）的灯具金属外壳，要与保护接地（接零）干线连接完好。

（7）灯具安装应牢固，灯具质量超过 3 kg 时，必须固定在预埋的吊钩或螺栓上。软线吊灯的质量限于 1 kg 以下，超过时应加装吊链。固定灯具需用接线盒及木台等配件。

（8）照明灯具须用安全电压时，应采用双圈变压器或安全隔离变压器，严禁使用自耦（单圈）变压器。安全电压额定值的等级为 42 V、36 V、24 V、12 V、6 V。

（9）灯架及管内不允许有接头。

（10）导线在引入灯具处应有绝缘保护，以免磨损导线的绝缘，也不应使其承受额外的拉力；导线的分支及连接处应便于检查。

2. 照明电路安装的具体要求

（1）布局：根据设计的照明电路图，确定各元器件安装的位置，要求符合要求、布局合理、结构紧凑、控制方便、美观大方。

（2）固定器件：将选择好的器件固定在网板上，排列各个器件时必须整齐。固定的时候，先对角固定，再两边固定。要求元器件固定可靠、牢固。

（3）布线：先处理好导线，将导线拉直，消除弯、折，布线要横平竖直、整齐、转弯成直角，并做到高低一致或前后一致，少交叉，应尽量避免导线接头。多根导线并拢平行走。而且在走线的时候紧紧的记着"左零右火"的原则（即左边接零线，右边接火线）。

（4）接线：由上至下，先串后并；接线正确、牢固，各接点不能松动，敷线平直整齐，无漏铜、反圈、压胶，每个接线端子上连接的导线根数一般不超过两根，绝缘性能好，外形美观。红色线接电源火线（L），黑色线接零线（N），黄绿双色线专作地线（PE）；火线过开关，零线一般不进开关；电源火线进线接单相电能表端子"1"，电源零线进线接端子"3"，端子"2"为火线出线，端子"4"为零线出线。进出线应合理汇集在端子排上。

（5）检查线路：用肉眼观看电路，看有没有接出多余线头。参照设计的照明电路安装图检查每条线是否严格按要求来接，每条线有没有接错位，注意电能表有无接反，漏电保护器、熔断器、开关、插座等元器件的接线是否正确。

（6）通电：送电由电源端开始往负载依次顺序送电，先合上漏电保护器开关，然后合上控制白炽灯的开关，白炽灯正常发亮；合上控制日光灯开关，日光灯正常发亮；插座可以正常工作，电能表根据负载大小决定表盘转动快慢，负荷大时，表盘就转动快，用电就多。

（7）故障排除：操作各功能开关时，若不符合要求，应立即停电，判断照明电路的故障，可以用万用表欧姆挡检查线路，要注意人身安全和万用表挡位。

学习链接三　电阻、电容、电感单一负载交流电路分析

在交流供电系统中，各种电气设备的作用虽然各不相同，但是从分析电路中的电压、电流和能量转换角度来看，除发电机是电源以外，其余设备等效电路模型可归纳为三类元件：电阻元件、电感元件和电容元件。有些设备可以看作是单一特性元件，如白炽灯、电炉是纯电阻性负载；电抗器和电感线圈是纯电感负载；电容器是电容元件等这些具有单一功能特性的元件。

实际上大部分设备则是由两种、三种性质元件的综合。如输电线、电压器和电动机等，可以看成是电阻与电感元件组合而成。在学习这些设备或负载的性质之前，首先要了解基本电路电源如何分析，为后面分析复杂电路打下基础。

1. 纯电阻元件交流电路

1）电阻元件上的电压和电流关系

纯电阻电路是最简单的交流电路，如图 2-41 所示。我们所接触的白炽灯、电炉、电烙铁等都属于电阻性负载，它们与交流电源连接组成纯电阻电路。

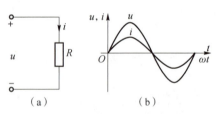

图 2-41　纯电阻交流电路图及
电压、电流波形图
（a）纯电阻元件交流电路；
（b）纯电阻元件电压、电流波形图

在电阻 R 两端加上正弦交流电压 u，则电路中产生交流电流 i 流过电阻。假设电阻电压和电流取关联参考方向时，则在任何时刻电阻元件两端的电压和电流服从欧姆定律，即

$$u_R = i_R R \qquad (2-11)$$

设电阻两端电压为 $u_R = U_m \sin \omega t$，则

$$i_R = \frac{u_R}{R} = \frac{U_m}{R} \sin \omega t = I_m \sin \omega t \qquad (2-12)$$

由式（2-12）可见，电阻两端的电压与其流过的电流是同频率的正弦量，电压的有效值（或幅值）与电流的有效值（或幅值）成正比，且电压与电流同相，即它们的大小和相位关系如下：

$$U_R = I_R R, \varphi_u = \varphi_i \qquad (2-13)$$

若用相量表示电阻上电压和电流的关系，则有

$$\dot{U}_R = \dot{I}_R R \qquad (2-14)$$

式（2-14）即为欧姆定律的相量形式。它全面反映了电阻元件上正弦电压与电流的大

小关系和相位关系。纯电阻交流电路电压、电流相量图如图 2 - 42 所示。

2）电阻元件的功率

（1）瞬时功率。

电阻在通电时会将电能转换为热能，必然有功率损耗。电阻在某一时刻消耗的电功率叫作瞬时功率，它等于电压 u 与电流 i 瞬时值的乘积，并用小写字母 p 表示，即有

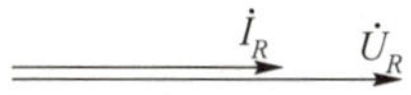

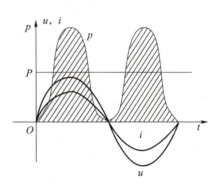

图 2 - 42　纯电阻交流电路
电压、电流相量图

$$p = p_R = u_R i_R = U_m I_m \sin^2 \omega t = U_R I_R (1 - \cos 2\omega t) \qquad (2 - 15)$$

从式（2 - 15）可看出，在任一瞬时，都有 $p \geq 0$，所以电阻是一种耗能元件。

图 2 - 43 所示为电阻元件瞬时功率随时间变化的规律，由于电阻上电压与电流同相，所以当电压、电流同时为零时，瞬时功率也为零；电压、电流达到最大值时，瞬时功率也达到最大值。

（2）平均功率。

由于瞬时功率是随时间变化的，其实用意义不大，因此工程上常用瞬时功率在一个周期内的平均值表示功率，称为平均功率，用大写字母 P 表示，如图 2 - 43 所示，即有

$$P_R = \frac{U_m I_m}{2} = U_R I_R = I_R^2 R = \frac{U_R^2}{R} \qquad (2 - 16)$$

式（2 - 16）虽与直流电路中电阻功率的表达式相同，但式中的 U、I 不是直流电压、电流，而是正弦交流电的有效值。

图 2 - 43　电阻元件瞬时功率波形图

平均功率表示电阻实际消耗的功率，又称为有功功率，其单位为瓦特（W）。例如功率为 40 W 的白炽灯，是指白炽灯在额定工作情况下，所消耗的有功功率为 40 W。

【例 2 - 5】 在图 2 - 41（a）所示电路中，$R = 20\ \Omega$，$u = 20\sqrt{2}\sin(628t - 30°)\ \text{V}$，求电流 i 的瞬时值表达式、相量表达式和有功功率 P。

解　由 $u = 20\sqrt{2}\sin(628t - 30°)\ \text{V}$ 得：$\dot{U}_R = 20\underline{/-30°}\ \text{V}$

所以
$$\dot{I}_R = \frac{\dot{U}_R}{R} = \frac{20\underline{/-30°}}{20} = 1\underline{/-30°}\ (\text{A})$$

电流 i 的瞬时值表达式为　　$i_R = \sqrt{2}\sin(628t - 30°)\ \text{A}$

有功功率 $P_R = U_R I_R = 20 \times 1 = 20\ (\text{W})$

2. 纯电感元件交流电路

1）电感元件上的电压和电流关系

一个具有电感磁效应作用，其直流电阻值小到可以忽略的线圈，就可以看作是一个纯电感负载。如日光灯电路的整流器、整流滤波电路的扼流圈、电力系统中限制短路电流的电抗器等，都可以看作是电感元件。

当交流电通过线圈时，在线圈中产生自感电动势。根据电磁感应定律（楞次定律），自感电动势总是阻碍电路内电流的变化，形成对电流的"阻力"作用，这种"阻力"作用称

为电感电抗，简称感抗。用符号 X_L 表示，单位也是欧姆（Ω）。

$$X_L = \omega L = 2\pi f L \tag{2-17}$$

从式（2-17）可看出，感抗 X_L 与线圈本身的电感量 L 和通过线圈电流的频率 f 有关。当电感量 L 一定时，感抗与频率成正比，即电感元件具有通低频率阻高频率特性。当 $f=0$ 时，$X_L=0$，这说明感抗对直流电不起阻碍作用，在直流电路中，可将线圈看成是短路，即电感还具有通直流、阻交流的特点。

若在线圈两端加上正弦交流电压 u，如图 2-44（a）所示，设流过电感的交流电流为 $i_L = I_m \sin \omega t$，则有

$$u_L = L\frac{\mathrm{d}i}{\mathrm{d}t} = \omega L I_m \cos \omega t = \omega L I_m \sin(\omega t + 90°) \tag{2-18}$$

图 2-44（b）所示为纯电感元件电压与电流的波形图。从式（2-18）可看出，电感上的电压与电流也是同频正弦量，并且电压相位超前电流相位 90°，即大小和相位关系如下：

$$U_L = \omega L I_L = X_L I_L, \varphi_u = \varphi_i + 90° \tag{2-19}$$

若用相量表示电感上电压和电流的关系，则有

$$\dot{U}_L = \mathrm{j}\, X_L \dot{I}_L \tag{2-20}$$

纯电感交流电路电压、电流相量图如图 2-45 所示。

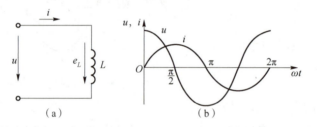
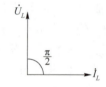

图 2-44　纯电感交流电路图及电压、电流波形图
（a）纯电感元件交流电路；（b）纯电感元件电压、电流波形图

图 2-45　纯电感交流电路
电压、电流相量图

2）电感元件的功率

（1）瞬时功率。

电感元件的瞬时功率也是随时间变化的，即

$$p = p_L = u_L i_L = U_m \sin(\omega t + 90°) \cdot I_m \sin \omega t = U_L I_L \sin 2\omega t \tag{2-21}$$

式（2-21）表明，电感元件的瞬时功率 p 随时间 t 按正弦规律变化，其角频率为 2ω。瞬时功率 p 可为正值，也可以为负值。电感元件瞬时功率波形图如图 2-46 所示。当 $p>0$ 时，表示电源供给电感元件电能，电感元件将电能转化为磁场能，并存储在电感元件中；当 $p<0$ 时，表示电感元件将所储存的磁场能量释放出来返还给电源。

（2）平均功率。

从图 2-46 可看出，电感元件与电源之间只有能量的交换，它本身不消耗能量，所以电感是储能元件，其平均功率为

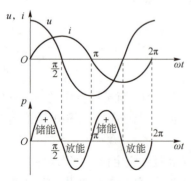

图 2-46　电感元件瞬时功率波形图

平均功率

$$P_L = 0 \qquad\qquad (2-22)$$

虽然纯电感不消耗功率，但它与电源之间有能量交换。工程中为表示能量交换的规模大小，将电感瞬时功率的最大值称为电感的无功功率，简称感性无功功率，用 Q_L 表示，其基本单位是乏（Var），即有

$$Q_L = U_L I_L = X_L I_L^{\,2} = \frac{U_L^{\,2}}{X_L} \qquad\qquad (2-23)$$

【例 2-6】 把一个电感量为 0.2 H 的线圈，接到 $u = 220\sqrt{2}\sin(100t+45°)\,\text{V}$ 的电源上，求电流 i 的瞬时值表达式和无功功率 Q_L。

解 由 $u = 220\sqrt{2}\sin(100t+45°)\,\text{V}$ 得 $\quad \dot{U}_L = 220\underline{/45°}\ \text{V}$

感抗 $\qquad\qquad X_L = \omega L = 100 \times 0.2 = 20\ (\Omega)$

电流相量 $\qquad \dot{I}_L = \dfrac{\dot{U}_L}{\mathrm{j}\,X_L} = \dfrac{220\underline{/45°}}{1\underline{/90°}\times 20} = 11\underline{/-45°}\ (\text{A})$

电流 i 的瞬时值表达式为 $\quad i = 11\sqrt{2}\sin(100t-45°)\,\text{A}$

无功功率 $\qquad Q_L = U_L I_L = 220 \times 11 = 2\ 420\ (\text{Var})$

无功功率

3. 纯电容元件交流电路

1）电容元件上的电压和电流关系

如果不考虑电容器本身存在的泄漏电阻影响，可以认为电容器是一个纯电容负载。纯电容元件交流电路及电压、电流波形图如图 2-47 所示。

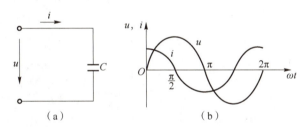

图 2-47 纯电容元件交流电路及电压、电流波形图

（a）纯电容元件交流电路；（b）纯电容元件电压、电流波形图

当在电容器两端通交流电压时，电容实际上在进行充放电工作。但是电容器存储电荷的能力并不是无限制的，积有了电荷或积满了电荷时，就对电流表现出一种抗拒作用，这种抗拒作用称为电容电抗，简称容抗，用符号 X_C 表示，单位也是欧姆（Ω）。

$$X_C = \frac{1}{\omega C} = \frac{1}{2\pi f C} \qquad\qquad (2-24)$$

容抗 X_C 与电容量 C 和通过电容的电源频率 f 成反比。电容器的容量 C 越大，频率 f 越高，则其容抗 X_C 就越小，电流就越大。因此电容元件具有通高频阻低频特性，即电源频率 f 很高时，电容的容抗很小，相当于短路；当电源频率 f 很低甚至 $f=0$（即直流电）时，电容容抗很大，相当于开路。因此电容还具有"通交隔直"的作用，这一特性在电子技术中被广泛应用。

在图 2-47（a）中，当电容电压发生变化时，电容器上的电荷变化会引起电路中的电流变化，设电容两端的电压为 $u_C = U_m \sin \omega t$，则有

$$i_c = C\frac{du}{dt} = \omega C U_\text{m}\cos \omega t = \omega C U_\text{m}\sin(\omega t + 90°) \qquad (2-25)$$

图 2-47（b）所示为电容元件电压与电流的波形图。从式（2-25）可看出，电感上的电压与电流也是同频正弦量，并且电流相位超前电压相位 90°，即大小和相位关系如下：

$$I_c = \omega C U_c = \frac{U_c}{X_c}, \varphi_i = \varphi_u + 90° \qquad (2-26)$$

若用相量表示电容上电压和电流的关系，则有

$$\dot{U}_c = -\text{j}\,X_c\dot{I}_c \qquad (2-27)$$

纯电容交流电路电压、电流相量图如图 2-48 所示。

2）电容元件的功率

（1）瞬时功率。

电容元件的瞬时功率也是随时间变化的，即

$$p = p_c = u_c i_c = U_\text{m}\sin \omega t \cdot I_\text{m}\sin(\omega t + 90°) = U_c I_c \sin 2\omega t \qquad (2-28)$$

式（2-28）表明，电容元件的瞬时功率 p 随时间 t 按正弦规律变化，其角频率为 2ω。瞬时功率波形图如图 2-49 所示。当 $p > 0$ 时，表示电容充电，储存电能；当 $p < 0$ 时，表示电容放电，释放电能，也就是说纯电容元件不断与电源进行能量交换，但本身却不消耗能量。

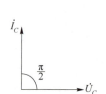

图 2-48　纯电容交流电路
电压、电流相量图

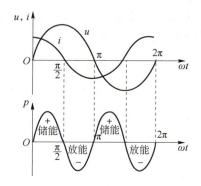

图 2-49　电容元件瞬时功率波形图

（2）平均功率。

从图 2-49 可看出，电容元件本身不消耗能量，所以电容是储能元件，其平均功率为

$$P_c = 0 \qquad (2-29)$$

虽然纯电容不消耗功率，但它与电源之间有也存在能量交换。同样的，为表示能量交换的规模大小，将电容瞬时功率的最大值称为电容的无功功率，简称容性无功功率，用 Q_c 表示，即

$$Q_c = U_c I_c = X_c I_c^2 = \frac{U_c^2}{X_c} \qquad (2-30)$$

【例 2-7】把电容量为 100 μF 的电容接到交流电源上，通过电容器的电流为 $i = 7\sqrt{2}\sin(314t + 60°)\,\text{A}$，求电压 u 的瞬时值表达式和无功功率 Q_c。

解　由 $i = 7\sqrt{2}\sin(314t + 60°)\,\text{A}$ 得　$\dot{I}_c = 7\underline{/60°}\,\text{A}$

容抗 $$X_C = \frac{1}{\omega C} = \frac{1}{314 \times 100 \times 10^{-6}} \approx 32 \ (\Omega)$$

电压相量 $$\dot{U}_C = -jX_C\dot{I}_C = 1\underline{/-90°} \times 32 \times 7\underline{/60°} = 224\underline{/-30°} \ (V)$$

电压 u 的瞬时值表达式为 $u_C = 224\sqrt{2}\sin(314t - 30°) \ V$

无功功率 $$Q_C = U_C I_C = 224 \times 7 = 1\ 568 \ (Var)$$

学习链接四 复杂负载交流电路分析

在实际使用的设备中，简单的单一元件电路其实并不多见，对于灯具来讲，靠气体导通发光的灯具属于感性负载，例如日光灯、高压钠灯、汞灯、金属卤化物灯等；靠电阻丝发光的属于阻性负载，例如白炽灯、电阻炉、烤箱、电热水器等，除此之外，还有容性负载。这些不同性质的负载接入到交流电路中的工作情况也不同。下面我们就以典型的 RLC 串联交流电路为例学习如何用相量法分析复杂负载交流电路参数关系。

1. 电路中电压、电流及阻抗关系

RLC 串联交流电路如图 2–50 所示。由于电路各元件是串联关系，因此将电流作为参考相量。设电路中电流为 $i = I_m\sin\omega t$，则电流相量 $\dot{I} = I\underline{/0°}$ A。根据相量形式的基尔霍夫电压定律（KVL），则有：

$$\dot{U} = \dot{U}_R + \dot{U}_L + \dot{U}_C = \dot{I}R + jX_L\dot{I} + (-jX_C\dot{I}) = \dot{I}[R + j(X_L - X_C)] = \dot{I}Z \tag{2-31}$$

式中，Z 称为复阻抗，单位为 Ω，即为电路中总阻抗的复数形式。其中 $X = X_L - X_C$ 称为电抗，单位为 Ω。

复阻抗 Z 的常用表示方式如下：

$$Z = R + j(X_L - X_C) = |Z|\underline{/\varphi},$$

其中 $$|Z| = \sqrt{R^2 + (X_L - X_C)^2}, \varphi = \arctan\frac{X_L - X_C}{R} \tag{2-32}$$

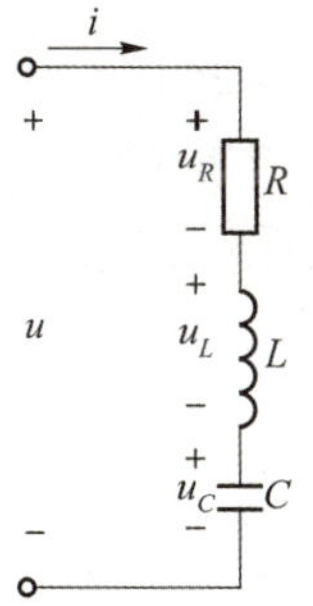

图 2–50 *RLC* 串联交流电路

根据式（2–31）和式（2–32）分别可画出各电压的相量图及阻抗关系图，如图 2–51 所示。

显然，阻抗三角形是电压三角形除以电流 $\dot{I}$ 所得。复阻抗的阻抗角 φ 即为电路电压和电流的相位差。

在电流频率一定时，电压与电流的大小关系、相位关系、电路性质完全由负载的电路参数决定。

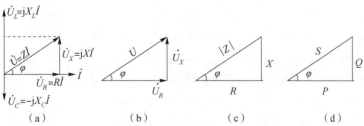

图 2–51 电路参数关系图

（a）各电压相量图；（b）电压三角形关系图；（c）阻抗三角形关系图；（d）功率三角形关系图

(1) 当 $X_L = X_C$ 时，即 $U_L = U_C$，则 $\varphi = 0$，此时 u 与电流 i 同相位，因此电路呈阻性；

(2) 当 $X_L > X_C$ 时，即 $U_L > U_C$，则 $\varphi > 0$，此时 u 超前于电流 i，因此电路呈感性；

(3) 当 $X_L < X_C$ 时，即 $U_L < U_C$，则 $\varphi < 0$，此时 u 滞后于电流 i，因此电路呈容性。

【例 2 – 8】 在图 2 – 50 所示 RLC 串联交流电路中，$R = 30\ \Omega$，$X_L = 40\ \Omega$，$X_C = 80\ \Omega$，若电源电压为 $u = 220\sqrt{2}\sin 314t$ V，求电路电流、电阻两端电压、电感电压、电容电压相量。

解　由 $u = 220\sqrt{2}\sin 314t$ V 可得 $\dot{U} = 220\underline{/0°}$ V

电路总复阻抗 $Z = R + j(X_L - X_C) = 30 + (40 - 80)j = 30 - 40j = 50\underline{/-53°}$ （Ω）

电流 $\qquad\qquad\qquad \dot{I} = \dfrac{\dot{U}}{Z} = \dfrac{220\underline{/0°}}{50\underline{/-53°}} = 4.4\underline{/53°}$ （A）

电阻、电感、电容电压分别为

$$\dot{U}_R = \dot{I}R = 30 \times 4.4\underline{/53°} = 132\underline{/53°}\ （V）$$

$$\dot{U}_L = jX_L\dot{I} = 40\underline{/90°} \times 4.4\underline{/53°} = 176\underline{/143°}\ （V）$$

$$\dot{U}_C = -jX_C\dot{I} = 80\underline{/-90°} \times 4.4\underline{/53°} = 352\underline{/-37°}\ （V）$$

电路功率情况

2. 电路功率情况

由于该电路中同时存在电阻、电感和电容，因此会产生有功功率和无功功率。此外，我们将用于表示交流电气设备容量或电路总能量称为视在功率，它等于电路总电压与总电流有效值的乘积，用符号 S 表示，其单位为伏安（V·A）。这三种功率与电路中电压、电流的关系如下：

$$P = UI\cos\varphi = U_R I = I^2 R \qquad\qquad (2-33)$$

$$Q = UI\sin\varphi = (U_L - U_C)I = I^2(X_L - X_C) \qquad\qquad (2-34)$$

$$S = UI = \sqrt{P^2 + Q^2} = I^2 |Z| \qquad\qquad (2-35)$$

根据式（2 – 35）可用功率三角形表示，如图 2 – 42（d）所示。

式（2 – 33）中 $\cos\varphi$ 称为功率因数，其大小等于有功功率与视在功率的比值，在电工技术中，一般用 λ 表示。当负载为纯电阻负载时，$\cos\varphi = 1$；但对大部分负载而言，功率因数一般在 $0 \sim 1$，如日光灯的 $\cos\varphi$ 为 $0.5 \sim 0.6$，异步电动机额定工作时 $\cos\varphi = 0.6 \sim 0.9$。$\varphi$ 称为功率因数角，在同样的视在功率情况下，φ 越小，$\cos\varphi$ 越大，P 越大，电源所做的有功功率越多，电能利用程度就越高。

$$\cos\varphi = \frac{P}{S} = \varphi_u - \varphi_i \qquad\qquad (2-36)$$

【例 2 – 9】 某家庭主要用电设备有：40 W 的白炽灯 10 盏；功率因数 0.5，功率 40 W 的日光灯 5 盏；850 W 的电饭锅 1 个；输入功率为 940 W，功率因数为 0.8 的壁挂式空调 1 台。这些用电设备的额定电压均为 220 V，供电线路的电压为 220 V。若这些用电器同时投入运行，试求（1）该用户进户线的总电流及功率因数；（2）该用户每小时的用电量。

解　$\qquad\qquad P = 40 \times 10 + 40 \times 5 + 850 + 940 = 2\ 390$ （W）

日光灯的功率因数是 0.5，即有 $\cos\varphi_1 = 0.5 \Rightarrow \varphi_1 = 60°$

空调的功率因数是 0.8，即有 $\cos\varphi_2 = 0.8 \Rightarrow \varphi_2 = 36.9°$

根据图 2 – 51（d）功率三角形中的 P 和 Q 的关系 $\tan\varphi = \dfrac{Q}{P} \Rightarrow Q = P\tan\varphi$

$$Q = 40 \times \tan 60° \times 5 + 940 \times \tan 36.9° = 1\ 051.4 \quad (\text{Var})$$

$$S = \sqrt{P^2 + Q^2} = \sqrt{2\ 390^2 + 1\ 051.4^2} \approx 2\ 611 \quad (\text{V} \cdot \text{A})$$

进户线总电流为 $I = \dfrac{S}{U} = \dfrac{2\ 611}{220} \approx 11.87 \quad (\text{A})$

电路的功率因数 $\cos \varphi = \dfrac{P}{S} = 0.915$

用户每小时用电量 $W = Pt = 2\ 390 \times 1 = 2\ 390 \ (\text{W} \cdot \text{h}) = 2.39 \ \text{kW} \cdot \text{h}$

3. 感性负载交流电路功率因数提高

功率因数是电力系统的一个重要的技术数据，也是衡量电气设备效率高低的一个指标。功率因数低，说明电路用于交变磁场转换的无功功率大，设备利用率低，线路供电损失大。电网中的电力负荷如电动机、变压器、日光灯及电弧炉等，大多属于电感性负荷，这些电感性的设备在运行过程中不仅需要向电力系统吸收有功功率，还同时吸收无功功率，因此感性设备的功率因数通常都偏低。

提高功率因数的意义

1）提高功率因数的意义

（1）通过改善功率因数，可减少线路中总电流和供电系统中的电气元件，如变压器、电气设备、导线等的容量，不但减少了投资费用，而且降低了本身电能的损耗，减少用户的电费支出。

（2）良好的功率因数可减少供电系统中的电压损失，可以使负载电压更稳定，改善电能的质量。

（3）可以增加系统的裕度，挖掘出发供电设备的潜力。如果系统的功率因数低，那么在既有设备容量不变的情况下，装设电容器后，可以提高功率因数，增加负载的容量。

举例而言，将 $1\ 000$ kV·A 变压器之功率因数从 0.8 提高到 0.98 时：

补偿前：$1\ 000 \times 0.8 = 800$（kW），补偿后：$1\ 000 \times 0.98 = 980$（kW）

同样一台 $1\ 000$ kV·A 的变压器，功率因数改变后，它就可以多承担 180 kW 的负载。因此提高功率因数对于企业降损节电、提高用电系统安全可靠运行具有极为重要的意义。

2）提高功率因数的方法

（1）提高自然功率因数。自然功率因数是在没有任何补偿情况下用电设备的功率因数。常用方法有：合理选择异步电动机的容量；避免变压器空载运行；合理安排和调整工艺流程，改善机电设备的运行状况。

（2）采用人工补偿无功功率。常用的补偿无功功率的方法有：可在电路并联电容器，并联电抗器等。对于不同性质的电路或负载应并联多大的电容器或电抗器，可通过估算选择合适的补偿元件。

例如在使用日光灯时，由于镇流器是电感性负载，因而使得整个日光灯电路的功率因数降低，不利于节约用电；为了提高功率因数，可在日光灯的电源两端并联一只电容器，如图 2–52 所示。并联电容容量按灯管的功率不同而选配，如 20 W 的灯管配 2.5 μF 电容器，30 W 灯管配 3.75 μF 电容器，40 W 的灯管配 4.75 μF 电容器，耐压应大于 220 V。

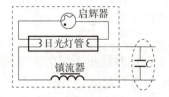

图 2–52 并联电容器提高日光灯功率因数电路

学习链接五　照明电路的常见故障及排除

1. 照明电路的常见故障原因与检查方法

照明电路的常见故障主要有断路、短路和漏电三种。

1）断路

相线、零线均可能出现断路。断路故障发生后，负载将不能正常工作。三相四线制供电线路负载不平衡时，如零线断线会造成三相电压不平衡，负载大的一相相电压低，负载小的一相相电压增高，如负载是白炽灯，则会出现一相灯光暗淡，而接在另一相上的灯又变得很亮，同时零线断路负载侧将出现对地电压。

产生断路的原因：主要是熔丝熔断、线头松脱、断线、开关没有接通、铝线接头腐蚀等。

断路故障的检查：如果一个灯泡不亮而其他灯泡都亮，应首先检查是否灯丝烧断；若灯丝未断，则应检查开关和灯头是否接触不良、有无断线等。为了尽快查出故障点，可用验电器测灯座（灯头）的两极是否有电，若两极都不亮说明相线断路；若两极都亮（带灯泡测试），说明中性线（零线）断路；若一极亮一极不亮，说明灯丝未接通。对于日光灯来说，应对启辉器进行检查。如果几盏电灯都不亮，应首先检查总熔断器是否熔断或总闸是否接通，也可按上述方法及验电器判断故障。

2）短路

短路故障表现为熔断器熔丝爆断；短路点处有明显烧痕、绝缘碳化，严重的会使导线绝缘层烧焦甚至引起火灾。

造成短路的原因：

（1）用电器具接线不好，以致接头碰在一起。

（2）灯座或开关进水，螺口灯头内部松动或灯座顶芯歪斜碰及螺口，造成内部短路。

（3）导线绝缘层损坏或老化，并在零线和相线的绝缘处碰线。

当发现短路打火或熔丝熔断时应先查出发生短路的原因，找出短路故障点，处理后更换熔丝，恢复送电。

3）漏电

漏电不但造成电力浪费，还可能造成人身触电伤亡事故。

产生漏电的原因：主要有相线绝缘损坏而接地、用电设备内部绝缘损坏使外壳带电等。

漏电故障的检查：漏电保护装置一般采用漏电保护器。当漏电电流超过整定电流值时，漏电保护器动作切断电路。若发现漏电保护器动作，则应查出漏电接地点并进行绝缘处理后再通电。照明线路的接地点多发生在穿墙部位和靠近墙壁或天花板等部位。查找接地点时，应注意查找这些部位。

（1）判断是否漏电：在被检查建筑物的总开关上接一只电流表，接通全部电灯开关，取下所有灯泡，进行仔细观察。若电流表指针摇动，则说明漏电。指针偏转的多少，取决于电流表的灵敏度和漏电电流的大小。若偏转多则说明漏电大，确定漏电后可按下一步继续进行检查。

（2）判断漏电类型：是火线与零线间的漏电，还是相线与大地间的漏电，或者是两者兼而有之。以接入电流表检查为例，切断零线，观察电流的变化：电流表指示不变，是相线与大地之间漏电；电流表指示为零，是相线与零线之间的漏电；电流表指示变小但不为零，则表明相线与零线、相线与大地之间均有漏电。

（3）确定漏电范围：取下分路熔断器或拉下开关刀闸，电流表若不变化，则表明是总线漏电；电流表指示为零，则表明是分路漏电；电流表指示变小但不为零，则表明总线与分路均有漏电。

（4）找出漏电点：按前面介绍的方法确定漏电的分路或线段后，依次拉断该线路灯具的开关，当拉断某一开关时，电流表指针回零或变小，若回零则是这一分支线漏电，若变小则除该分支漏电外还有其他漏电处；若所有灯具开关都拉断后，电流表指针仍不变，则说明是该段干线漏电。

2. 照明设备常见故障及排除

1）开关的常见故障及排除（见表 2-13）

表 2-13 开关常见故障及排除方法

故障现象	产生原因	排除方法
开关操作后电路不通	接线螺钉松脱，导线与开关导体不能接触	打开开关，紧固接线螺钉
	内部有杂物，使开关触片不能接触	打开开关，清除杂物
	机械卡死，拨不动	给机械部位加润滑油，机械部分损坏严重时，应更换开关
接触不良	压线螺钉松脱	打开开关盖，压紧界限螺钉
	开关触头上有污物	断电后，清除污物
	拉线开关触头磨损、打滑或烧毛	断电后修理或更换开关
开关烧坏	负载短路	处理短路点，并恢复供电
	长期过载	减轻负载或更换容量大一级的开关
漏电	开关防护盖损坏或开关内部接线头外露	重新配全开关盖，并接好开关的电源连接线
	受潮或受雨淋	断电后进行烘干处理，并加装防雨措施

2）插座的常见故障及排除（见表 2-14）

表 2-14 插座常见故障及排除方法

故障现象	产生原因	排除方法
插头插上后不同电或接触不良	插头压线螺钉松动，连接导线与插头片接触不良	打开插头，重新压接导线与插头的连接螺钉
	插头根部电源线在绝缘皮内部折断，造成时通时断	剪断插头端部一段导线，重新连接
	插座口过松或插座触片位置偏移，使插头接触不上	断电后，将插座触片收拢一些，使其与插头接触良好
	插座引线与插座压线导线螺钉松开，引起接触不良	重新连接插座电源线，并旋紧螺钉

故障现象	产生原因	排除方法
插座烧坏	插座长期过载	减轻负载或更换容量大的插座
	插座连接线处接触不良	紧固螺钉，使导线与触片连接好并清除生锈物
	插座局部漏电引起短路	更换插座
插座短路	导线接头有毛刺，在插座内松脱引起短路	重新连接导线与插座，在接线时要注意将接线毛刺清除
	插座的两插口相距过近，插头插入后碰连引起短路	断电后，打开插座修理
	插头内部接线螺钉脱落引起短路	重新把紧固螺钉旋进螺母位置，固定旋紧
	插头负载端短路，插头插入后引起弧光短路	消除负载短路故障后，断电更换同型号的插座

3）日光灯的常见故障及排除（表2-15）

表2-15 日光灯常见故障及排除方法

故障现象	产生原因	排除方法
日光灯不能发光	停电或熔丝烧断导致无电源	找出断电原因，检修好故障后恢复送电
	灯管漏气或灯丝断	用万用表检查或观察荧光粉是否变色，如确认灯管坏，可换新灯管
	电源电源过低	不必修理
	新装日光灯接线错误	检查线路，重新接线
	电子镇流器整流桥开路	更换整流桥
日光灯灯光抖动或两端发红	接线错误或灯座灯脚松动	检查线路或修理灯座
	电子镇流器谐振电容器容量不足或开路	更换谐振电容器
	灯管老化，灯丝上的电子发射将尽，放电作用降低	更换灯管
	电源电压过低或线路电压降过大	升高电压或加粗导线
	气温过低	用热毛巾对灯管加热
灯光闪烁或管内有螺旋滚动光带	电子镇流器的大功率晶体管开焊接触不良或整流桥接触不良	重新焊接
	新灯管暂时现象	使用一段时间，会自行消失
	灯管质量差	更换灯管
灯管两端发黑	灯管老化	更换灯管
	电源电压过高	调整电源电压至额定电压
	灯管内水银凝结	灯管工作后即能蒸发或将灯管旋转180°
灯管光度降低或色彩转差	灯管老化	更换灯管
	灯管上积垢太多	清除灯管积垢
	气温过低或灯管处于冷风直吹位置	采取遮风措施
	电源电压过低或线路电压降得太大	调整电压或加粗导线

故障现象	产生原因	排除方法
灯管寿命短或发光后立即熄灭毁损	开关次数过多	减少不必要的开关次数
	新装灯管接线错误将灯管烧坏	检修线路，改正接线
	电源电压过高	调整电源电压
	受剧烈振动，使灯丝振断	调整安装位置或更换灯管
断电后灯管仍发微光	荧光粉余辉特性	过一会将自行消失
	开关接到了零线上	将开关改接至相线上
灯管不亮，灯丝发红	高频振荡电路不正常	检查高频振荡电路，重点检查谐振电容器

4）白炽灯常见故障及排除方法（表2-16）

表2-16 白炽灯常见故障及排除方法

故障现象	产生原因	排除方法
灯泡不亮	灯泡钨丝烧断	更换灯泡
	灯座或开关触点接触不良	把接触不良的触点修复，无法修复时，应更换完好的触点
	停电或电路开路	修复线路
	电源熔断器熔丝烧断	检查熔丝烧断的原因并更换新熔丝
灯泡强烈发光后瞬时烧毁	灯丝局部短路（俗称搭丝）	更换灯泡
	灯泡额定电压低于电源电压	换用额定电压与电源电压一致的灯泡
灯光忽亮忽暗或忽亮忽熄	灯座或开关触点（或接线）松动，或因表面存在氧化层（铝质导线、触点易出现）	修复松动的触头或接线，去除氧化层后重新接线，或去除触点的氧化层
	电源电压波动（通常附近有大容量负载经常启动引起）	更换配电所变压器，增加容量
	熔断器熔丝接头接触不良	重新安装，或加固压紧螺钉
	导线连接处松散	重新连接导线
开关合上后熔断器熔丝烧断	灯座或挂线盒连接处两线头短路	重新接线头
	螺口灯座内中心铜片与螺旋铜圈相碰、短路	检查灯座并扳准中心铜片
	熔丝太细	正确选配熔丝规格
	线路短路	修复线路
	用电器发生短路	检查用电器并修复
灯光暗淡	灯泡内钨丝挥发后积聚在玻璃壳内表面，透光度降低，同时由于钨丝挥发后变细，电阻增大，电流减小，光通量减小	正常现象
	灯座、开关或导线对地严重漏电	更换完好的灯座、开关或导线
	灯座、开关接触不良，或导线连接处接触电阻增加	修复、接触不良的触点，重新连接接头
	线路导线太长太细，线路压降太大	缩短线路长度或更换较大截面的导线
	电源电压过低	调整电源电压

5）漏电断路器的常见故障分析

漏电保护器的常见故障有拒动作和误动作，如表2－17所示。拒动作是指线路或设备已发生预期的触电或漏电时漏电保护装置拒绝动作；误动作是指线路或设备未发生触电或漏电时漏电保护装置的动作。

表2－17　漏电保护器常见故障及产生原因

故障现象	产生原因
拒动作	漏电动作电流选择不当。选用的保护器动作电流过大或整定过大，而实际产生的漏电值没有达到规定值，使保护器拒动作
	接线错误。在漏电保护器后，如果把保护线（即PE线）与中性线（N线）接在一起，发生漏电时，漏电保护器将拒动作
	产品质量低劣，零序电流互感器二次电路断路、脱扣元件故障
	线路绝缘阻抗降低，线路由于部分电击电流不沿配电网工作接地，或漏电保护器前方的绝缘阻抗、而沿漏电保护器后方的绝缘阻抗流经保护器返回电源
误动作	接线错误，误把保护线（PE线）与中性线（N线）接反
	在照明和动力合用的三相四线制电路中，错误地选用三极漏电保护器，负载的中性线直接接在漏电保护器的电源侧
	漏电保护器后方有中性线与其他回路的中性线连接或接地，或后方有相线与其他回路的同相相线连接，接通负载时会造成漏电保护器误动作
	漏电保护器附近有大功率电器，当其开合时产生电磁干扰，或附近装有磁性元件或较大的导磁体，在互感器铁芯中产生附加磁通量而导致误动作
	当同一回路的各相不同步合闸时，先合闸的一相可能产生足够大的泄漏电流
	漏电保护器质量低劣，元件质量不高或装配质量不好，降低了漏电保护器的可靠性和稳定性，导致误动作
	环境温度、相对湿度、机械振动等超过漏电保护器设计条件

6）熔断器的常见故障及排除方法（见表2－18）

表2－18　熔断器常见故障及排除方法

故障现象	产生原因	排除方法
通电瞬间熔体熔断	熔体安装时受机械损伤严重	更换熔丝
	负载侧短路或接地	排除负载故障
	熔丝电流等级选择太小	更换熔丝
熔丝未断但电路不通	熔丝两端或两端导线接触不良	重新连接
	熔断器的端帽未拧紧	拧紧端帽

7）单相电能表的常见故障分析（见表 2 - 19）

表 2 - 19　单相电能表常见故障及排除方法

故障现象	产生原因	排除方法
电能表不转或反转	电能表的电压线圈端子的小连接片未接通电源	打开电能表接线盒，查看电压线圈的小钩子是否与进线火线连接，未连接时要重新接好
	电能表安装倾斜	重新校正电能表的安装位置
	电能表的进出线相互接错引起倒转	电能表应按接线盒背面的线路图正确接线。

任务实施

（1）电工工具及仪表准备：螺丝刀一字、十字各 1 把、剥线钳 1 把、尖嘴钳 1 把、低压验电笔 1 支、MF47 指针式万用表或数字万用表 1 个。

（2）将之前检测好的器材布局定位，要求布局合理、结构紧凑，器件固定可靠牢固，画出照明电路的平面布置图。

（3）根据图 2 - 31 按安装规范正确接线。注意布线时要横平竖直、整齐，少交叉，避免导线中间接头，多根导线要并排平行。画出照明电路的实际接线图。

（4）电路安装完毕后使用万用表进行通电前检查。

（5）检查无误后，在持证电工监护下按规范进行通电测试，测试各路开关是否能对灯具进行通断控制；测试插座是否符合"左零右火"安装要求，并能正常提供 220 V 电压。

在电路功能正常情况下，电源电压为_____，日光灯管两端电压为_____，镇流器两端电压为_____，白炽灯两端电压为_____。

（6）测试完毕后，按规范进行断电操作。使用验电笔验明无电后，再移除电源线。

（7）清点整理工具，按 6S 要求清理现场，器件归位。

检查评估

1. 任务问答

（1）LED 节能灯与传统日光灯有何不同？为什么用 LED 灯能省电，提高用电效率？

_____

_____

（2）在安装卧室照明电路时，BV1.5 和 BV2.5 两种规格的导线分别用在电路的哪个部分？为什么？选择导线线径的依据什么？

_____

_____

（3）若图 2-41 电路中，使用的是 LED 节能日光灯，还需要整流器和启辉器吗？为什么？

_____

_____

（4）在进行安装任务前，对工作人员着装有什么要求？

_____

_____

（5）测试出来的日光灯电路电源电压、灯管电压和镇流器电压之间是否满足 $U_总 = U_{灯管} + U_{镇流器}$ 关系？为什么？

_____

_____

（6）日光灯电路等效电路如图 2-53 所示，日光灯的功率为 40 W，功率因数为 0.5，接在工频 220 V 电源上，求电路中总电流、灯管电压和镇流器电压。如果要提高功率因数要怎么做？

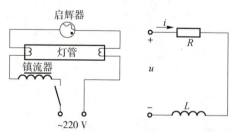

图 2-53　日光灯电路等效电路

（7）如图 2 – 54 所示电路中，已知 $R = X_L = X_C = 10\ \Omega$，$V_1$ 测得电压是 220 V，则 V_2、V_3、V_4 的读数分别是多少？

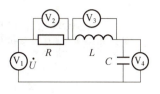

图 2 – 54 电路

（8）复杂负载交流电路中，视在功率等于有功功率和无功功率之和吗？为什么？

_____

_____

（9）小明学习了家庭电路的知识后，回家安装了一盏白炽灯，安装完成后闭合开关，发现灯泡不亮。这时他用测电笔检测白炽灯灯座中的两个接线柱，发现测电笔的氖管都发光，他又用测电笔检测家中插座接零线和接火线的两孔中的铜片，发现测电笔的氖管也都发光。请分析这是什么原因？

_____

_____

2. 任务评价

任务评价表 2 – 20 所示。

表 2 – 20　任务评价

评价项目	评价内容	配分	得分
职业素养	是否遵守纪律及规程，不旷课、不迟到、不早退？ 旷课扣 3 分/次；迟到、早退扣 2 分/次；上课做与任务无关的事情扣 2 分/次；不遵守安全操作规程扣 10 分/次	10	
	是否以严谨认真，精益求精的态度对待学习及工作？ 能主动发现问题并积极解决得 5 分；课后作业完成度高得 5 分	10	
	是否能合理分工，积极参与小组任务？ 与小组成员相互配合，对自己负责的工作认真对待完成，不脱小组后腿得 10 分	10	
	是否能按操作规程进行电路安装和测试？ 严格遵守通断电操作规程得 10 分	10	
	是否在任务实施过程中规范使用仪表、工具、器件？ 工具使用合理、准确、摆放整齐，用后归放原位；节约使用原材料，不浪费	10	

评价项目	评价内容	配分	得分
专业能力	任务完成情况：能否规范使用常用电工工具；能否正确识读照明电路图，能否按工艺要求完成电路安装；能否按电工操作规程调试电路功能，并能初步检测照明线路故障。 规范使用电工工具未造成工具损坏得 5 分；按工艺要求（布局合理，结构紧凑，排列整齐，元器件固定的可靠、牢固，走线横平竖直，转弯成直角，少交叉；接线正确、牢固，无漏铜、反圈、压胶，绝缘性能好，外形美观）正确安装电路得 10 分；会用万用表检查照明线路电路有无短路，是否连接正常得 5 分；开关、插座、白炽灯、日光灯、电能表都正常工作得 5 分	30	
	任务问答： 【测试内容】能否正确分析电阻、电容、电感单一负载交流电路关系；能否正确分析复杂负载交流电路参数之间的相量关系；能否描述有功功率、无功功率、视在功率的含义，会分析三种功率之间的关系；能否描述功率因数的含义，知晓提高功率因数的意义和常用方法。 【评分标准】90% 以上问题回答准确专业，描述清楚有条理得 20 分；80% 以上问题回答准确专业，描述清楚有条理得 16 分；70% 以上问题回答准确专业，描述清楚有条理得 14 分；60% 以上问题回答准确专业，描述清楚有条理得 12 分；不到 50% 问题回答准确的不超过 10 分，酌情打分	20	
总　分			

小结反思

（1）绘制本任务学习要点思维导图。

（2）在任务实施中出现了哪些错误？遇到了哪些问题？是否解决？如何解决？记录在表 2-21 中。

表 2-21　错误记录

出现错误	遇到问题记录

拓展项目

室内照明的绿色智能化改进

照明用电作为电力消耗的重要部分，已经占到了电力消耗的 10% 左右，并随着我国国民经济的迅猛发展和人民生活水平的不断提高，照明用电还将不断增加。为节约电能，请查阅资料，结合绿色节能 LED 灯具和网络、传感技术，提出室内智能照明系统改造方案。

一、填空题

1. 安全用电的原则是：不靠近_____，不接触_____。

2. 通过人身体的安全电流规定在_____mA 以下，安全电压最高不得超过_____V。

3. 验电笔一般适用于交、直流电压为_____V 以下的场合。

4. 正弦交流电压是指电压的_____和_____均按_____变化的电压。

5. 我国的电力标准频率为_____Hz，习惯上称为工频，其周期为_____s，角频率为_____rad/s。

6. 白炽灯上标出的电压 220 V 是交流电的_____值。该灯接在交流电源上额定工作时，承受电压的最大值为_____。

7. 两个_____正弦量的相位之差称为相位差，其数值等于_____之差。

8. 正弦交流电的三要素为_____、_____和_____。

9. 已知某交流电的最大值 $U_m = 311$ V，频率为 $f = 50$ Hz，初相位 $\varphi_u = \pi/6$，则有效值 $U = $ _____，角频率 $\omega = $ _____，解析式 $u = $ _____。

10. 已知正弦交流电压 $u = 220\sqrt{2}\sin(314t - \pi/3)$ V，它的最大值是_____，有效值是_____，角频率等于_____，初相位等于_____。

11. 如图 2 - 55 所示，i_1、i_2 的角频率均为 100π rad/s，则两者的相位差为_____，相位关系为 i_1 比 i_2 _____。

12. 如图 2 - 56 所示，u 的初相位为_____，i 的初相位为_____，则 u 比 i 超前_____。

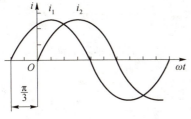

图 2 - 55　填空题 11 图

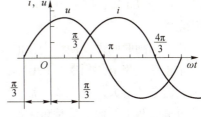

图 2 - 56　填空题 12 图

13. 如图 2 - 57 所示，电压表的读数为 220 V，$R = 2.4$ kΩ（忽略电流表内阻），则电流表的读数为_____。

14. 将 $C = 0.1$ μF 的电容器接到 $f = 400$ Hz 的电源上，$I = 10$ mA，则电容两端的电压 $U = $ _____。

15. 图 2 - 58 所示为某单一参数元件交流电路的电压、电流波形图，从波形图可看出该电路元件呈_____性，有功功率为_____。

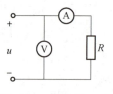

图 2-57　填空题 13 图

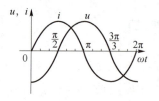

图 2-58　填空题 15 图

16. 给某一电路通 $u = 100\sqrt{2}\sin(100\pi t + \pi/6)$ V 的交流电，得到的电流 $i = 5\sqrt{2}\sin(100\pi t + 120°)$ A。则电路的有功功率为_____，无功功率为_____，功率因数为_____，该电路中的负载性质为_____。

17. 为测定空心线圈的参数，在线圈两端加 110 V、50 Hz 的电压，测得 $I = 0.5$ A，$P = 40$ W，则线圈电阻为_____，$L = $_____。

18. 如图 2-59 所示，已知 $R = X_L = X_C = 20$ Ω，$U = 220$ V。则 V_1 读数为_____，V_2 读数为_____，V_3 读数为_____。

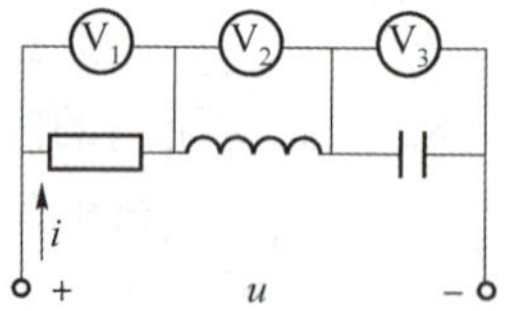

19. 在 RLC 串联电路中，已知 $R = 3$ Ω，$X_L = 5$ Ω，$X_C = 8$ Ω，则电路呈_____性，总电压比总电流（相位关系）_____。

20. 有一交流接触器线圈，电阻 $R = 200$ Ω，$L = 6.3$ H，外接到 220 V 的工频电源上，则通过线圈的电流为_____。若误接到 220 V 直流电源上，则电流为_____。

图 2-59　填空题 18 图

21. 将 $R = 5$ Ω，$L = 1.5$ mH，$C = 25$ μF 三个元件串联后接在 60 Hz 的电源上。电路的总阻抗 $|Z| = $_____。若电路中的电流测出为 1 mA 时，电容两端的电压有效值为_____，电感两端的电压有效值为_____。

22. 在 RL 串联电路中，已知电源电压 $U = 120$ V，$f = 50$ Hz，$L = 1.5$ mH，电路电流 $I = 4$ A，有功功率 $P = 480$ W，则电阻 $R = $_____，感抗 $X_L = $_____。

二、判断题

1. 大小或方向随时间做周期性变化的交变电压、交变电流统称为交流电。 （　）
2. 若一个正弦交流电的周期为 0.04 s，则它的频率为 25 Hz。 （　）
3. 正弦交流电的最大值和有效值都会随时间变化。 （　）
4. 用交流电表测出的数值都是瞬时值。 （　）
5. 正弦量的初相位与起始时间的选择有关，而相位差则与起始时间无关。 （　）
6. 两个不同频率的正弦量也有相位差。 （　）
7. 交流电压 $u = 100\sin \omega t$ 的相量形式为 $\dot{U} = 100$ V。 （　）
8. 耐压值为 300 V 的电容器能够在有效值为 220 V 的正弦交流电压下安全工作。

（　）

9. 某元件的电压和电流分别为 $u = 10\sin(1\,000t + 45°)$ V，$i = 2\sin(1\,000t - 45°)$ A，则该元件是纯电感性元件。 （　）
10. 有两个纯电感线圈（L 相同）A、B，在两个线圈上施加大小相等的电压，若 A 的电压频率为 B 的电压频率的两倍，则 A 中电流等于 B 中的两倍。 （　）

11. 两个电压均为 110 V、功率分别为 60 W 和 100 W 的白炽灯串联后接于 220 V 的交流电源上使用，两只灯泡消耗的功率均为额定功率。　　　　　　（　　）

12. 在 *RLC* 串联交流电路中，因为总电压的有效值与电流的有效值之比等于总阻抗，即 $U/I = Z$，则总阻抗 $Z = R + X_L + X_C$。（　　）

13. 如图 2 – 60 所示，电压表的读数应为 60 V。　　　　　（　　）

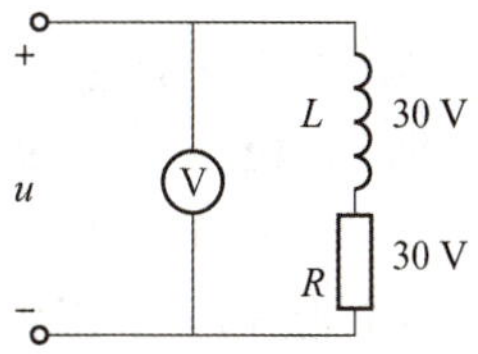

14. 日光灯照明电路中，实际测得 40 W 的日光灯管两端电压为 108 V，镇流器两端电压为 165 V，两个电压直接相加后其值大于电源电压 220 V，说明测量数据是错误的。　　　　　　（　　）

图 2 – 60　判断题 13 图

15. 如图 2 – 61 所示，已知电压表 V₁、V₂、V₄ 的读数分别为 100 V、100 V、40 V，则电压表 V₃ 的读数应为 40 V。　　　　　　　　　　　（　　）

16. 在交流电路中，若总电压和电流的相位差为零，则该电路必定是电阻性电路。　　　　　　　　　　　　　　　（　　）

17. 在日光灯电路两端并联一个电容器，可以提高功率因数，但灯管亮度变暗。　　　　　　　　　　　　　　　　（　　）

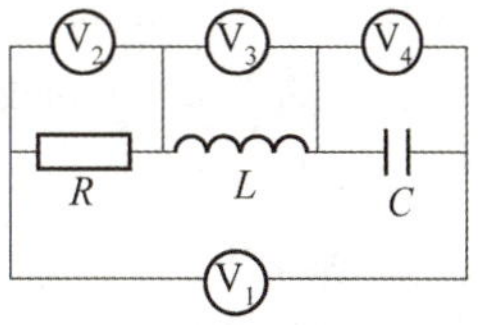

图 2 – 61　判断题 15 图

18. 供电线路或设备的功率因数越小，说明电能的利用率越高。　　　　　　　　　　　　　　　　　　　　　（　　）

19. 使用验电笔时，应将探头接触带电体，用手接触验电笔的金属体。　　　　　　　　　　　　　　　　　　　（　　）

20. 将电气设备金属外壳与变压器中性线连在一起，以保护人身的安全称为保护接地。　　　　　　　　　　　　（　　）

三、选择题

1. （　　）触电是指人体两处同时触及两相带电体而发生的触电事故。
A. 单相　　　　　　　　　　B. 跨步电压
C. 两相　　　　　　　　　　D. 接触电压

2. 当人体触电时，（　　）的电流途径是最危险的。
A. 左手到右手　　　　　　　B. 右手到左手
C. 右手到脚　　　　　　　　D. 左手到脚

3. 电气设备或线路未经验电，一律视为（　　）。
A. 无电，可以用手触及　　　B. 有电，不准用手触及
C. 无危险　　　　　　　　　D. 以上都不是

4. 当有人触电时，应首先（　　）。
A. 切断电源　　　　　　　　B. 拉出触电者
C. 拨打 120　　　　　　　　D. 对触电者进行急救

5. 安全操作规程要求，使用电动工具时，不正确的操作是（　　）。
A. 电源线可以任意加长或拆换　B. 使用前电源应保证完好无损
C. 应保证工具绝缘性能良好　　D. 传动部位应加注润滑油

6. 根据安全操作作业，电气检修应（　　）进行。
A. 合闸　　　　　B. 停机　　　　　C. 停电　　　　　D. 带电

7. 电击是指电流对人体（　　）的伤害。
A. 内部组织　　　B. 表皮　　　　　C. 局部　　　　　D. 神经系统

8. 当发现电线断落时不要靠近，要派人看守，并赶快找供电所处理，并远离电线断头（　　）以外，以防触电。

    A. 4 m　　　　　　　B. 5 m　　　　　　　C. 6 m　　　　　　　D. 8 m

9. 某正弦交流电在 0.1 s 内变化 5 个周期，则它的周期、频率和角频率分别为（　　）。

    A. 0.05 s、60 Hz、200 rad/s　　　　　B. 0.025 s、100 Hz、30π rad/s

    C. 0.02 s、50 Hz、314 rad/s　　　　　D. 0.03 s、50 Hz、310 rad/s

10. 已知一个正弦交流电压波形如图 2-62 所示，其瞬时值表达式为（　　）。

    A. $u = 10\sin(\omega t - \pi/2)$

    B. $u = -10\sin(\omega t - \pi/2)$

    C. $u = 10\sin(\omega t + \pi)$

    D. $u = 10\sin(\omega t - \pi)$

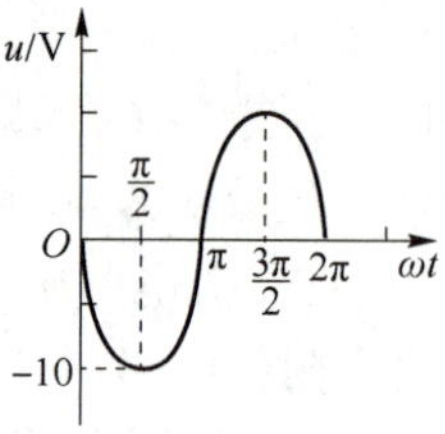

11. 通常所说的交流电压 220 V、380 V 是指交流电压的（　　）。

    1. 平均值　　　　　　　　　　B. 最大值

    C. 瞬时值　　　　　　　　　　D. 有效值

图 2-62　选择题 10 图

12. 三个交流电压分别为 $u_1 = 20\sin(100t + \pi/6)$ V、$u_2 = 30\sin(100t + 90°)$ V、$u_3 = 50\sin(200t + 60°)$ V。以下答案正确的是（　　）。

    A. u_1 比 u_2 滞后 60°　　　　　　B. u_1 比 u_2 超前 60°

    C. u_2 比 u_3 超前 20°　　　　　　D. u_2 比 u_3 滞后 150°

13. 已知 $i = 4\sqrt{2}\sin(314t - \pi/4)$ A，通过 $R = 20\ \Omega$ 的灯泡，消耗的功率应为（　　）。

    A. 160 W　　　　B. 250 W　　　　C. 80 W　　　　D. 320 W

14. 在纯电感电路中，若已知电流的初相位为 -30°，则电压的初相位应为（　　）。

    A. 90°　　　　　　B. 120°　　　　　C. 60°　　　　　D. 30°

15. 在纯电容电路中，电压和电流的大小关系为（　　）。

    A. $i = u/C$　　　B. $i = u/(\omega C)$　　　C. $I = U/(\omega C)$　　　D. $I = U\omega C$

16. 有一只耐压值为 500 V 的电容器，可以接在（　　）的交流电源上使用。

    A. $U = 500$ V　　　B. $U_m = 500$ V　　　C. $U = 400$ V　　　D. $U = 500\sqrt{2}$ V

17. 如图 2-63 所示，电感性电路为（　　）。

    A. (a)　　　　　　　　　　　B. (b)

    C. (c)　　　　　　　　　　　D. (d)

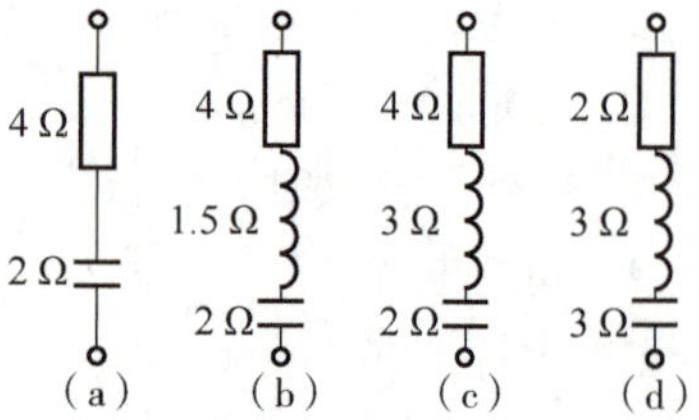

18. 已知某交流电路的复阻抗为 $Z = 3 - j4\ \Omega$，则该电路的性质是（　　）。

    A. 电阻性　　　　　　　　　　B. 电容性

    C. 电感性　　　　　　　　　　D. 无法判断

图 2-63　选择题 17 图

19. 在 RLC 串联交流电路中，总有功功率 P、总无功功率 Q、视在功率 S、功率因数 $\cos\varphi$，则下列表达式中正确的是（　　）。

    A. $S = P + Q$　　　B. $P = S\cos\varphi$　　　C. $Q = S\cos\varphi$　　　D. $S^2 = P^2 + Q^2$

20. 当用户消耗的电功率相同时，功率因数 $\cos\varphi$ 越低，则电源供给的电流就越大，输电线上的功率损耗就（　　）。

A. 越大　　　　　B. 越小　　　　　C. 不变　　　　　D. 无法判断

21. 提高供电线路的功率因数，下列说法正确的是（　　）。

A. 可提高电源设备的利用率并减小输电线路中的功率损耗

B. 可以节省电能

C. 减少了用电设备的有功功率，提高了电源设备的容量

D. 减少了用电设备中无用的无功功率

四、综合分析题

1. 已知照明电路中的电压有效值是 220 V，电源频率为 50 Hz，请问该电压的最大值是多少？电源的周期和角频率是多大？

2. 用电流表测量一个最大值为 100 mA 的正弦电流，其电流表读数一定是 100 mA 吗？为什么？

3. 试分别画出下列两组正弦量的相量图，并求其相位差，指出它们的相位关系。

（1）$u_1 = 20\sin(314t + \pi/6)\,\text{V}$，$u_2 = 40\sin(314t - \pi/3)\,\text{V}$；

（2）$i_1 = 4\sin(314t + \pi/2)\,\text{A}$，$i_2 = 8\sin(314t - \pi/2)\,\text{A}$。

4. 接在工频 220 V 的白炽灯的功率为 100 W。①求它的电阻。②如果电流初相位为 30°，试写出 u、i 的解析式及相量表达式。

5. 电容器的电容 $C = 60\ \mu\text{F}$，接在外加电压 $u = 311\sin(314t + \pi/6)\,\text{V}$ 的电源上。试求：①电容的容抗；②电流的有效值和相量表达式；③作出电流、电压相量图；④电路的功率。

6. 一台单相异步电动机用串联电抗 X_1 的方法启动，如图 2-64 所示。已知 $U = 220\ \text{V}$，$f = 50\ \text{Hz}$，电动机绕组等效电阻 $R_2 = 2\ \Omega$，等效电抗 $X_2 = 3\ \Omega$。要使启动电流为 20 A，求 X_1 及其电感 L_1 应为多少？

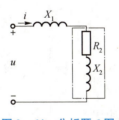

图 2-64　分析题 6 图

7. 把一个电阻为 20 Ω、电感为 48 mH 的线圈接到 $u = 220\sqrt{2}\sin(314t + \pi/2)\,\text{V}$ 交流电源上。试求：①感抗及线圈的阻抗；②电流有效值及瞬时值表达式；③有功功率、无功功率和视在功率；④功率因数。

8. 某 RLC 串联交流电路中，$R = 1\ \text{k}\Omega$，$L = 50\ \text{mH}$，$C = 1\ \mu\text{F}$，正弦电压有效值为 10 V，$\omega = 106\ \text{rad/s}$。求电流和各元件上的电压相量并画出相量图，说明该电路性质是怎样的？

9. 如何选择导线的线径？依据是什么？

10. 什么是保护接零？保护接零的安全原理是什么？

11. 可以用断路器取代熔断器吗？为什么？

项目3　车床冷却泵电动机控制电路安装与测试

项目描述

　　进行机械切削加工时，为了保证刀具的耐用度，保证零件的加工质量，尤其是进行高温热加工时，必须对刀具和工件进行冷却。冷却系统工作的可靠性关系到加工的质量和稳定性。现某汽车零部件加工车间中有一台车床在工作时无法正常出冷却液，经检修发现是冷却泵电动机烧坏了，现需要更换电动机重新安装。请根据工艺标准完成冷却泵电动机更换安装任务，保证机床的正常可靠工作。车床电气控制电路图如图3−1所示。

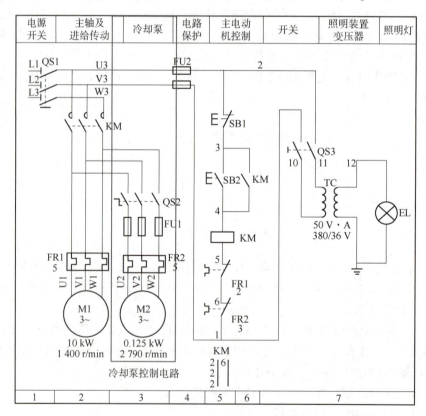

图3−1　车床电气控制电路图

根据前面项目的经验，要完成这项电路安装任务，可分为三步进行，具体如图 3 – 2 所示。

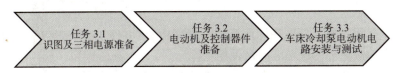

图 3 – 2 项目流程图

项目 3 专业知识、技能图谱如图 3 – 3 所示。

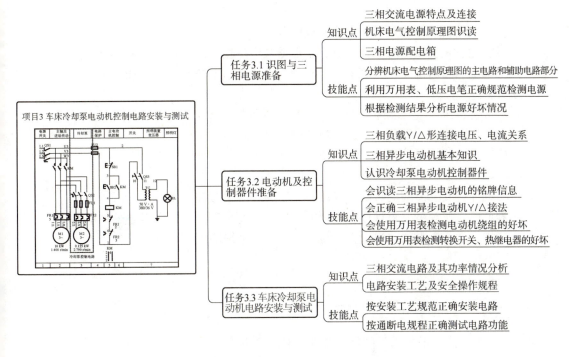

图 3 – 3 项目 3 专业知识、技能图谱

任务 3.1 识图及三相电源准备

任务描述

本次任务：查阅《电气简图用图形符号》国家标准 GB/T 4728—2000，弄清机床设备电路供电电源情况，检测机床供电电源是否正常。

任务提交：检测结论、任务问答、学习要点思维导图、任务评价表。

任务目标

本任务参考学习学时：4（课内）+2 课外。通过本任务学习，可以获得以下收获：

专业知识：

（1）能熟知电气控制原理图的主要构成部分。

（2）可复述三相交流电对称性特点，能根据其中一相电压相量写出另外两相相量。

（3）能知晓三相电源 Y 形连接和△形连接时线电压、相电压大小及相位关系。

专业技能：

（1）能分辨机床电气控制原理图的主电路和辅助电路部分。

（2）能利用万用表、低压电笔正确规范检测电源。

（3）能根据检测结果分析电源好坏情况。

职业素养：

（1）时刻保持安全清醒的头脑，以认真的态度对待学习和工作。

（2）养成严格按规范要求操作，使用电工仪表和安全工具等安全用电习惯和意识。

（3）能进行学习资料的收集、整理与自学，培养良好的工作习惯。

任务导学

学习链接一　机床电气控制原理图识读

电工走向电工高端世界大门的首要条件是必须会看电气线路图。

电气原理图是电气技术工程人员相互交流的一种"语言"，这些语言是由许多"符号"组成。你不懂这种语言，就不会打开电工的大门。我们要走进去，那就必须要读懂这种语言，所有学习、实践操作、检修维修、互相交流沟通都要用这种"符号"构成的电气图，这些符号图就是我们所称为的电气原理图，它是用各类电气元件电气符号按照电气线路的工作顺序绘制，用于描述电路的基本构成以及连接关系。

电气原理图一般主要是由电源电路、主电路和控制电路所组成，如图 3-4 所示，可以看到还包括其他指示照明电路，更复杂一些其实还包括保护电路或者联锁联动互锁等辅助电路。通过它可指导电气安装和施工、进行故障诊断或者检修设备。

识读电气原理图时，一般按先主电路再辅助电路（也就是控制电路），从上到下，从左到右的顺序。下面我们主要学习主电路和辅助电路（控制电路）这两部分的识读方法。

（1）主电路的识读步骤。主电路是指给用电器进行供电的电路，一般主电路的电流比较大，画在电气原理图的左边。识读时，第一步看负载，弄清楚负载的类别、用途、接线方式是怎样的。这些供电器可以是各种电动机、电热炉等。如图 3 - 4 中的被控设备是指三台异步电动机，这个异步电动机一般是受开关或是辅助电路控制的。第二步搞清楚用什么电气元器件控制用电器。第三步看电源，了解电源等级。

（2）辅助电路的阅读步骤。辅助电路的主要作用是控制主电路的，换句话说它是给主电路发出指令信号的电路，有时还提供工作状态的指示作用。这些电路是由接触器、继电器的触点、线圈、按钮、信号灯以及控制变压器构成。控制辅助电路一般电流比较小，绘制的时候用细实线绘制在电路的右边。识读时，第一步看电源，首先弄清电源的种类，其次看清辅助电路的电源来自何处。第二步搞清辅助电路如何控制主电路。比如图 3 - 4 中，主轴及进给电动机 M1 是通过接触器 KM 来控制，冷却泵电动机 M2 是通过转换第三步寻找电气元件之间的相互关系。第四步再看其他电气元件。

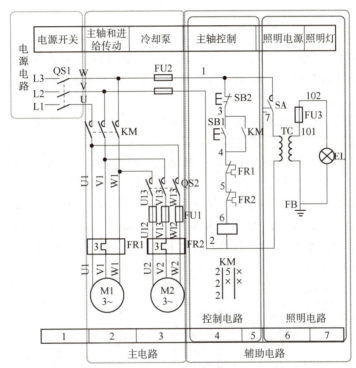

图 3 - 4　车床电气控制电路图的主要构成部分图示

电路中的元件不是孤立的而是相互制约的关系或者是控制与被控制的关系。只要我们抓住了读图的规律，迅速掌握识读技巧也是不难的。其实电气电路就是用开关控制开关的原理，来表达通断控制通断的内在联系！学会了看电路图，你将迈开高级电工未来的大门。

学习链接二　三相交流电源特点及连接

1. 三相交流电源基本知识

在生活中，我们经常使用单相交流电，但是在实际生产中，普遍使用的是三相交流电，它由三相发电机发出，并且由三相输电系统输送给用户。用输电线把三相交流电源和负载正确地连接起来就构成了三相交流电路，如图 3 - 5 所示。

三相交流电源特点

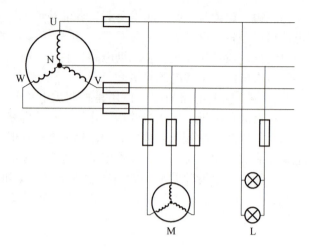

图 3 – 5　三相交流电路示意图

三相交流电具有电能输送方便、经济，输出功率比单相功率更大等优点，因而得到广泛的应用。三相交流电源是由三个幅值相等、频率相同、相位彼此相差 120°的正弦交流电压源构成。

三相交流电是由三相交流发电机产生的，如图 3 – 6（a）所示。交流发电机分为定子绕组和转子绕组两部分，三相定子绕组按照彼此互差 120°电角度分布在壳体上，转子绕组由两块极靴组成。当转子绕组接通直流电时即被励磁，两块极靴形成 N 极和 S 极。磁力线由 N 极出发，透过空气间隙进入定子铁芯再回到相邻的 S 极。转子旋转时，定子绕组就会切割磁力线，在定子绕组上产生三个彼此相差三分之一周期（120°电度角）的正弦电动势。三相绕组的首端分别为 A、B、C，尾端分别为 X、Y、Z，如图 3 – 6（b）所示，定子三相绕组对外分别输出三个幅值相等、角频率相同且初相位互差 120°的对称正弦电压 u_U、u_V、u_W，波形如图 3 – 6（c）所示。

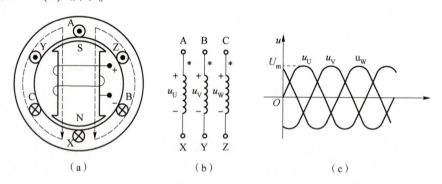

（a）　　　　　　　　（b）　　　　　　　　（c）

图 3 – 6　三相交流发电机示意图

（a）三相交流发电机结构图；（b）三相定子绕组；（c）三相电压波形

三相交流电压的解析式如下：

$$u_U = U_m \sin \omega t$$
$$u_V = U_m \sin(\omega t - 120°)$$
$$u_W = U_m \sin(\omega t - 240°) = U_m \sin(\omega t + 120°)$$

（3 – 1）

三相交流电压的相量表示如下：

$$\dot{U}_U = U\underline{/0°}, \dot{U}_V = U\underline{/-120°}, \dot{U}_W = U\underline{/120°} \quad\quad (3-2)$$

❖ 我们把幅值相等、频率相同、相位彼此互差 120° 的三相交流电源称为对称三相电源。

三相交流电压的相量图如图 3-7 所示，从图可看出，对称三相电源的电压相量和为零，即 $\dot{U}_U + \dot{U}_V + \dot{U}_W = 0$。

2. 三相电源的相序

所谓相序是指三相交流电压通过最大值或零值的先后顺序，即 U 相比 V 相电动势超前 120°；V 相比 W 相电动势超前 120°；W 相比 U 相电动势超前 120°。在实际应用中，常用 U – V – W – U 的次序表示三相电动势的相序。

在三相交流电压中，将哪一相定为 U 相是无关紧要的，但 U 相一旦设定，则 V、W 便按顺序一同被设定。即比 U 相滞后 120° 的是 V 相，比 V 相滞后 120° 的是 W 相，这个次序不能混淆。因此把 U – V – W – U 的相序称为正相序。

三相电源的星形（Y）连接及电压关系

3. 三相电源的星形（Y）连接及电压关系

把三相电源的三个线圈的末端（U_2、V_2、W_2）连接在一起，从三个始端（U_1、V_1、W_1）分别引出导线，这种连接方式叫作星形（Y）连接，如图 3-8 所示。

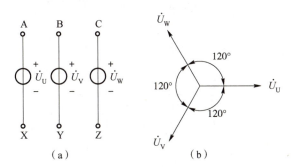

图 3-7　对称三相电压
(a) 结构；(b) 相量图

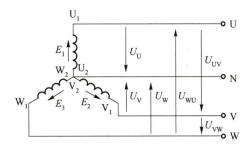

图 3-8　三相电源的星形（Y）连接

三相电路的专业术语解读

相线——由三相绕组的首端（U_1、V_1、W_1）分别引出的三条导线，俗称"火线"，分别用黄、绿、红色线来标记。

中性线——三相电源末端的连接点引出的导线，简称"中线"，即图 3-8 中的 N 线；当中性点接地时，中性线又可称为"零线"。

相电压——任一相线与中线间的电压，分别用 U_U、U_V、U_W 表示，一般可用 U_P 表示。

线电压——任意两根相线间的电压，分别用 U_{UV}、U_{VW}、U_{WU} 表示，一般用 U_L 表示。

三条相线和一条中线构成了三相四线制供电方式，这是低压配电系统中最常采用的供电方式。它通常可提供两种电压：相电压和线电压，可以满足不同用户的要求。而当三相电源采用星形连接而不引出中性线时，称为三相三线制供电方式。

此时电路中的相电压为

$$U_{UN} = U_U$$
$$U_{VN} = U_V$$
$$U_{WN} = U_W \quad (3-3)$$

线电压为

$$\dot{U}_{UV} = \dot{U}_U - \dot{U}_V$$
$$\dot{U}_{VW} = \dot{U}_V - \dot{U}_W$$
$$\dot{U}_{WU} = \dot{U}_W - \dot{U}_U \quad (3-4)$$

星形（Y）连接时，电压的相量图如图 3-9 所示。从相量图可以看出，在同相位上线电压超前相应的相电压 30°。线电压和相电压间的数值关系可由等腰三角形求得，即

$$U_{UV} = 2 \times U_U \times \cos 30° = 2 \times U_U \times \frac{\sqrt{3}}{2} = \sqrt{3}\,U_U \quad (3-5)$$

同理，$U_{VW} = \sqrt{3}\,U_V$，$U_{WU} = \sqrt{3}\,U_W$，即 $U_L = \sqrt{3}\,U_P \quad (3-6)$

因此线电压和相电压的相量关系：$\dot{U}_L = \sqrt{3}\,\dot{U}_P\underline{/30°} \quad (3-7)$

4. 三相电源的三角形（△）连接及电压关系

将三相电源的三个线圈，以一个线圈的末端和相邻一相线圈的首端按顺序连接起来，形成一个三角形回路，再从三个连接点引出三根导线与负载相连，这种连接方式叫作三角形（△）连接，如图 3-10 所示。

相电源的三角形（△）连接及电压关系

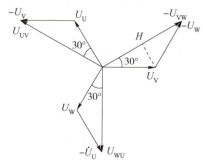

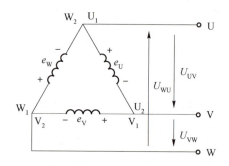

图 3-9 三相电源 Y 形连接时
电压相量图 $-\dot{U}_U$

图 3-10 三相电源的三角形（△）连接

从图 3-10 中可发现，这样的连接方式只能提供一种电压，即线电压，这时相电压等于线电压，即

$$U_P = U_L \quad (3-8)$$

注意：三相电源的三角形连接必须是首尾依次相连，这样，在整个闭合回路中各电动势之和等于零，在外部没有接上负载时，这一闭合回路中没有电流。一般在高压电网中采用三相三线制供电方式。

思考：若三相电源三角形连接时某相接反会后什么后果？为什么？

学习链接三　三相电配电箱

　　配电箱是按电气接线要求将开关设备、测量仪表、保护电器和辅助设备组装在封闭或半封闭金属柜中或屏幅上，构成低压配电装置，如图 3–11 所示。配电箱构成主要分为两部分：一是成套部件，即配电箱外壳及其相关配件；二是电气元件及相关附件，其中断路器是重要的构成单元。在每间电工实训室中，都安装有这样的配电箱，我们实训台和机床设备所使用的三相电就是从配电箱通过分路提供给它们的。

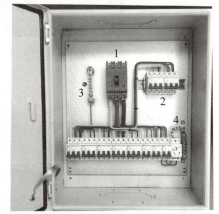

图 3–11　室内明装电源固定式配电箱
1—三相漏电断路器；2—断路器；
3—工作零线 N；4—保护地线 PE

1. 配电箱内部组成

　　(1) 三相漏电断路器：配电箱总开关，可以接通和分断正常负荷电流和过负荷电流，还可以接通和分断短路电流的开关电器。低压断路器在电路中除起控制作用外，还具有一定的保护功能，如过负荷、短路、欠压和漏电保护等。

　　(2) 断路器：分路开关，作用与三相漏电断路器相同，除不带漏电保护功能。

　　(3) 工作零线 N：主要应用于工作回路，与火线形成回路提供单相交流电。

　　(4) 保护地线 PE：直接接地，作用是一旦设备外壳带电，可以通过保护零线放电到大地，起到保护的作用。

2. 配电箱的技术规范（部分）

　　(1) 所有元件及材料均需选用符合国家或行业现行技术标准。

　　(2) 配电箱（柜）所装的各种开关、继电器，当处于断开状态时，可动部分不宜带电；垂直安装时上端接电源，下端接负荷，水平安装时，左端接电源，右端接负荷。

　　(3) 配电箱（柜）内的配线须按设计图纸相序分色。配电箱（柜）内的电源母线应有颜色分相标志。相序及标色要求：L1 黄、L2 绿、L3 红、N 淡蓝、PE 黄/绿双色。

　　(4) 配线整齐、清晰，导线绝缘良好。导线穿过铁制安装孔、面板时要加装橡皮或塑料护套。

　　(5) 配电箱（柜）内的 N 线、PE 线必须设汇流排，汇流排的大小必须符合有关规范要求，导线不得盘成弹簧状。

　　(6) PE 线用 BVR 线，线径选择按 GB 50303—2002，P20。

　　更多详细技术规范可查询《配电箱技术规范》。

任务实施

　　(1) 仪表工具准备：MF47 指针式万用表或数字万用表 1 个，低压验电笔 1 支。

　　(2) 用验电笔接触电源端子，检查电源端是否无电。

　　(3) 合上电源开关，再次用验电笔接触电源端子，检查电源端是否已通电。

　　(4) 将万用表调至交流电压＿＿＿＿＿＿挡位，分别用红黑表笔接触 UV、VW、WU、UN、

VN、WN，并记录所测电压值。三相电源面板如图 3 - 12 所示。

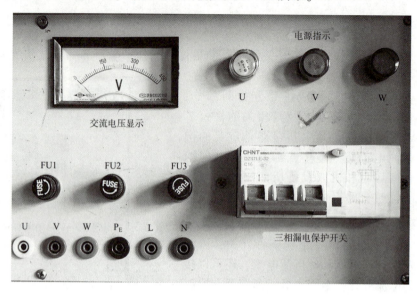

图 3 - 12　三相电源面板

$U_{\text{UV}} = $ _____ ，$U_{\text{VW}} = $ _____ ，$U_{\text{WU}} = $ _____ ，$U_{\text{UN}} = $ _____ ，
$U_{\text{VN}} = $ _____ ，$U_{\text{WN}} = $ _____ 。

（5）测量完毕后，将万用表表笔从电源端移除，并将挡位调至 OFF 挡或交流电压最高挡位。

（6）断开电源开关，用验电笔接触电源端子，检查电源是否确实已无电。

（7）分析记录电压数据，判断三相电源是否可以正常使用，给出结论。

检测结论：

_____

_____

_____

检查评估

1. 任务问答

（1）电气控制原理图要如何识读？

_____

_____

（2）为什么要反复使用验电笔测电源端？

_____

_____

（3）万用表交流电压挡测出来的电压是什么值？三相电源正常情况下，可以测出几种电压值？分别是多少？

_____

_____

（4）若测出 $U_{UN} = 230$ V，假设 U 相相位为 30°，请写出三相电源各相电压和各线电压的相量表达式。

_____

_____

（5）若测出电压值不正常，应该如何处理？例如测出 $U_{UV} = 400$ V，$U_{WU} = 130$ V，是哪里出现了问题？

_____

_____

2. 任务评价

任务评价表如表 3-1 所示。

表 3-1　任务评价表

评价项目	评价内容	配分	得分
职业素养	是否遵守纪律及规程，不旷课、不迟到、不早退？ 旷课扣 3 分/次；迟到、早退扣 2 分/次；上课做与任务无关的事情扣 2 分/次；不遵守安全操作规程扣 10 分/次	10	
	是否以严谨认真的态度对待学习及工作？ 能认真积极参与任务得 5 分；能主动发现问题并积极解决得 5 分	10	
	是否能按时按质完成课前学习和课后作业？ 网络课程前置学习完成率达 90% 以上得 5 分；课后作业完成度高得 5 分	10	
	实施准备是否充分？操作过程中是否造成仪表、器件的损坏？是否在检测工作结束后按 6S 要求清扫整理，物品归位？ 工器具准备未齐全完好，材料数量、规格不符合要求扣 2 分/个；操作过程造成万用表烧表直接扣 10 分；造成器件损坏扣 3 分/个；造成仪器损坏扣 10 分；未做好归位清扫清理工作扣 10 分；该项扣完为止	10	
	是否能按安全操作规程进行电源测试？ 严格遵守通断电操作规程得 10 分	10	
专业能力	任务完成情况：是否能规范使用万用表、低压电笔正确规范检测电源；是否能根据检测结果正确判断电源好坏情况； 根据不同情况需要使用万用表、验电笔规范检测电源情况得 10 分；使用万用表正确挡位规范检测电源电压，并正确读数记录得 10 分；能根据检测结果正确判断电源情况得 10 分	30	
	任务问答： 【测试内容】是否能分析电气控制原理图的主要构成部分；是否能简述三相交流电对称性特点，并根据其中一相电压相量写出另外两相相量；是否知晓三相电源 Y 形连接和 △ 形连接时线电压、相电压大小及相位关系。 【评分标准】90% 以上问题回答准确专业，描述清楚有条理得 20 分；80% 以上问题回答准确专业，描述清楚有条理得 16 分；70% 以上问题回答准确专业，描述清楚有条理得 14 分；60% 以上问题回答准确专业，描述清楚有条理得 12 分；不到 50% 问题回答准确的不超过 10 分，酌情打分	20	
总　分			

（1）绘制本任务学习要点思维导图。

（2）在任务实施中出现了哪些错误？遇到了哪些问题？是否解决？如何解决？记录在表 3-2 中。

表 3-2　错误记录

出现错误	遇到问题记录

本次任务：根据图 3–1 电路图中冷却泵控制电路列出器件清单，完成对电动机和器件的好坏检测工作，并正确连接三相异步电动机。

任务提交：器件清单、任务问答、学习要点思维导图、任务评价表。

任务目标

本任务参考学习学时：4（课内）+2（课外）。通过本任务学习，可以获得以下收获：

专业知识：

（1）能辨识三相电路线电流、相电流。

（2）能描述对称三相负载特点，区别对称三相负载和不对称三相负载。

（3）能知晓三相负载 Y 形连接和 △ 形连接时电压、电流关系。

（4）能知晓三相电路中线的作用。

（5）能知晓转换开关、热继电器的符号和作用。

（6）能根据负载情况正确选择合适的连接方式。

专业技能：

（1）会识读三相异步电动机的铭牌信息。

（2）会正确连接三相异步电动机 Y/△ 接法。

（3）会使用万用表检测电动机绕组的好坏。

（4）会使用万用表检测转换开关、热继电器的好坏。

职业素养：

（1）能养成安全用电、严格遵守电工安全操作规程的良好职业习惯。

（2）能与组员合理分工，协作完成任务。

（3）能在任务实施过程中形成环保节约的成本意识。

（4）能以认真严谨、精益求精的工作态度高效高质完成任务。

任务导学

学习链接一　三相负载 Y/△ 形连接及电压、电流关系

1. 三相负载 Y 形连接及电压、电流关系

三相负载星形连接电路如图 3–13 所示。电路中每根相线上的电流称为线电流，分别用 I_U、I_V、I_W 表示，通常用 I_L 表示；每相负载上的电流称为相电流，分别用 I_{UN}、I_{VN}、I_{WN} 表示，通常用 I_P 表示。

三相负载 Y 形连接及电压电流关系

从图 3–13 中可知，此时每相负载承受的电压等于电源的相电压 U_P，通过每相负载的相电流 I_P 等于流过相应相线上的线电流 I_L，即

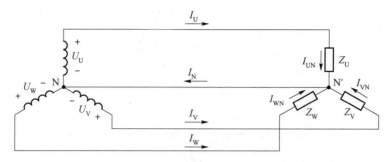

图 3 – 13　三相负载星形（丫）连接电路

$$I_L = I_P \tag{3 – 9}$$

此时各相负载上的电压电流关系为

$$\dot{I}_U = \frac{\dot{U}_U}{Z_U}, \dot{I}_V = \frac{\dot{U}_V}{Z_V}, \dot{I}_W = \frac{\dot{U}_W}{Z_W} \tag{3 – 10}$$

当三相负载对称时（即各相负载大小相等、阻抗角相等），$Z_U = Z_V = Z_W$，则三相负载相电流互相对称，中性线电流等于三相电流之和：

$$\dot{I}_N = \dot{I}_U + \dot{I}_V + \dot{I}_W = 0 \tag{3 – 11}$$

既然中性线上没有电流，此时可认为中性线是多余的可以省去。例如三相异步电动机就属于三相对称负载，在向其供电时，可以采用三相三线制供电。

【例 3 –1】在图 3 –13 所示的三相电路中，若每相电阻性负载均为 $R = 40\ \Omega$，电源的线电压 $U_L = 380$ V，求各相负载的相电流、线电流和中性线电流。

解（1）求相电压

$$U_P = \frac{U_L}{\sqrt{3}} = \frac{380}{\sqrt{3}} = 220\ （V）$$

（2）求相电流。设 $\dot{U}_U = 220\underline{/0°}$（V），则

$$\dot{I}_U = \frac{\dot{U}_U}{Z_U} = \frac{220\underline{/0°}}{40\underline{/0°}} = 5.5\underline{/0°}\ （A）$$

由于负载对称，可以得到 $\dot{I}_V = 5.5\underline{/-120°}$ A，$\dot{I}_W = 5.5\underline{/120°}$ A。

（3）求线电流。　　　　　$I_L = I_P = 5.5$ A

（4）求中性线电流。由于三相电流大小相等且互差 120°，则中性线电流

$$\dot{I}_N = \dot{I}_U + \dot{I}_V + \dot{I}_W = 0$$

当三相负载不对称时，即 $Z_U \neq Z_V \neq Z_W$，则各相电流大小就不一样，这就需要用中性线作为各相负载的公共回路，此时中性线上就有电流 $\dot{I}_N \neq 0$。为了保证中性线的可靠连接，不允许在中性线上安装熔断器或者开关。同时中性线不可过细，一般选取与相线相当线径。

❖ 中性线的作用：保证各相负载的相电压基本保持对称，不会因负载情况变化而引起负载电压变化。

当中性线上有电流时，则其对地就有一定电压，所以为了安全起见，常采用中性线接地，并在用户负载处将中性线再接地，称为重复接地。

2. 三相负载△形连接及电压、电流关系

将三相负载的首尾相连，再将三个连接点分别与三相电源的相线相连，即构成负载的三角形连接。三相负载三角形连接电路如图 3 – 14 所示，从图中可知，此时每相负载承受的电压等于电源的线电压，即

$$U_P = U_L \tag{3 – 12}$$

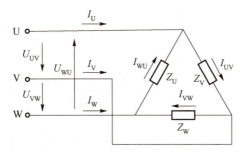

图 3 – 14　三相负载三角形（△）连接电路

流过负载的相电流与线电流不同。流过每相负载的相电流为

$$\dot{I}_{UV} = \frac{\dot{U}_{UV}}{Z_U}, \dot{I}_{VW} = \frac{\dot{U}_{VW}}{Z_V}, \dot{I}_{WU} = \frac{\dot{U}_{WU}}{Z_W} \tag{3 – 13}$$

流过每根相线的线电流为

$$\dot{I}_U = \dot{I}_{UV} - \dot{I}_{WU}, \dot{I}_V = \dot{I}_{VW} - \dot{I}_{UV},$$
$$\dot{I}_W = \dot{I}_{WU} - \dot{I}_{VW} \tag{3 – 14}$$

当三相负载对称时，线电流是相电流的 $\sqrt{3}$ 倍，即 $I_L = \sqrt{3} I_P$，同时在相位上线电流比相应的相电流滞后 30°，因此线电压和相电压的相量关系为

$$\dot{I}_L = \sqrt{3} \dot{I}_P \underline{/-30°} \tag{3 – 15}$$

当三相负载不对称时，则每相负载上的电压、电流关系为

$$\dot{I}_{UV} = \frac{\dot{U}_{UV}}{Z_U}, \dot{I}_{VW} = \frac{\dot{U}_{VW}}{Z_V}, \dot{I}_{WU} = \frac{\dot{U}_{WU}}{Z_W} \tag{3 – 16}$$

三相负载采用何种连接方式取决于三相电源的电压值和每相负载的额定电压值。

学习链接二　三相异步电动机基本知识

异步电动机是各类电动机中应用最广、需要量最大的一种，各国以电为动力的机械中，有九成左右为异步电动机，其中小型异步电动机约占 70% 以上。其中，三相异步电动机广泛应用于工厂的动力设备，用于拖动各种生产机械，例如风机、泵、压缩机、机床等。由于三相异步电动机的转子与定子旋转磁场以相同的方向、不同的转速旋转，存在转差率，所以叫三相异步电动机。

1. 三相异步电动机铭牌释义

每台电动机的机座上都装有一块铭牌。铭牌上标注有该电动机的主要性能和技术数据。要想正确使用或者保养电动机，就必须了解三相异步电动机的铭牌意义，这是正确使用电动机的重要依据。

认识三相异步
电动机

三相异步电动机的铭牌（图3-15）数据包括以下几项：

（1）额定功率 P_N：额定运行状态下的轴上输出机械功率，kW。

（2）额定电压 U_N：额定运行状态下加在定子绕组上的线电压，V 或 kV。

（3）额定电流 I_N：额定电压下电动机输出额定功率时定子绕组的线电流，A。

（4）额定转速 n_N：电动机在额定输出功率、额定电压和额定频率下的转速，r/min。

（5）额定频率 f_N：电动机电源电压标准频率。我国工业电网标准频率为 50 Hz。

三相异步电动机			
型号：Y112M-4		编号	
4.0　KW		8.8　A	
380　V	1440　r/min	LW	82 dB
接法　△	防护等级　IP44	50 Hz	45 kg
标准编号	工作制　SI	B级绝缘	2006年8月
××电机厂			

图3-15　三相异步电动机铭牌

2. 三相异步电动机结构及连接方法

三相异步电动机主要由定子和转子两部分组成。其中定子部分由定子三相绕组、定子铁芯和机座组成。定子三相绕组是异步电动机的电路部分，在异步电动机的运行中起着很重要的作用，是把电能转换为机械能的关键部件。定子三相绕组的结构是对称的，属于三相对称负载，一般有六个出线端 U_1、U_2、V_1、V_2、W_1、W_2，置于机座外侧的接线盒内，根据需要接成星形（Y）或三角形（△），如图3-16所示。

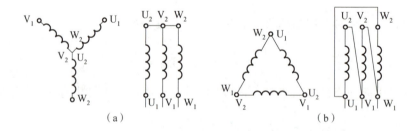

（a）　　　　　　　　　　　　　　　　　（b）

图3-16　三相异步电动机绕组两种接法示意图
（a）星形接法；（b）三角形接法

电动机铭牌上有规定的星形连接或三角形连接，我国 3 kW 以下电动机采用星形连接，3 kW 以上电动机采用三角形连接，不能接错。

学习链接三 认识冷却泵电动机控制器件

三相异步电动机
检测及连接

1. 转换开关

转换开关是一种可供两路或两路以上电源或负载转换用的开关电器。转换开关由多节触头组合而成，在电气设备中，多用于非频繁地接通和分断电路，接通电源和负载，测量三相电压以及控制小容量异步电动机的正反转和星 – 三角启动等。

转换开关具有多触点、多位置、体积小、性能可靠、操作方便、安装灵活等优点，多用于机床电气控制线路中电源的引入开关，起着隔离电源作用，还可作为直接控制小容量异步电动机不频繁启动和停止的控制开关。转换开关同样也有单极、双极和三极，如图 3 – 17 所示。

转换开关一般应用于交流 50 Hz，电压至 380 V 及以下，直流电压 220 V 及以下电路中转换电气控制线路和电气测量仪表。例如常用 LW5/YH2/2 型转换开关常用于转换测量三相电压使用。

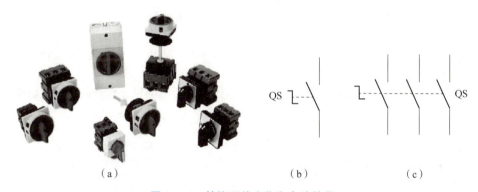

（a）   （b）   （c）

图 3 – 17　转换开关实物和电路符号

（a）转换开关实物图；（b）单极转换开关电路符号；（c）三极转换开关电路符号

2. 热继电器

电动机在实际运行中，如拖动生产机械进行工作过程中，若机械出现不正常的情况或电路异常使电动机遇到过载，则电动机转速下降、绕组中的电流将增大，使电动机的绕组温度升高。若过载电流不大且过载的时间较短，电动机绕组不超过允许温升，这种过载是允许的。但若过载时间长，过载电流大，电动机绕组的温升就会超过允许值，使电动机绕组老化，缩短电动机的使用寿命，严重时甚至会使电动机绕组烧毁。所以，这种过载是电动机不能承受的。热继电器就是利用电流的热效应原理，在出现电动机不能承受的过载时切断电动机电路，为电动机提供过载保护的保护电器。

热继电器工作原理：过载电流通过热元件后，使双金属片加热弯曲去推动动作机构来带动触点动作，从而将电动机控制电路断开实现电动机断电停车，起到过载保护的作用。鉴于双金属片受热弯曲过程中，热量的传递需要较长的时间，因此，热继电器不能用作短路保护，而只能用作过载保护热继电器的过载保护。热继电器符号为 FR，其实物和电路符号如

图 3-18 所示。

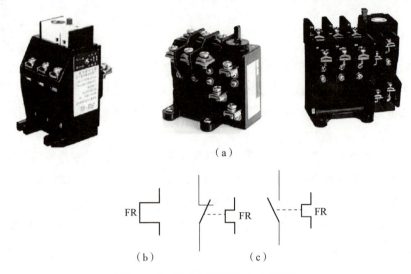

图 3-18　热继电器实物和电路符号

(a) 热继电器实物图；(b) 热继电器热元件；(c) 热继电器常开、常闭触点

任务实施

（1）根据冷却泵电动机控制电路（图 3-1），列出所需电动机、控制器件清单，如表 3-3 所示。

表 3-3　冷却泵电动机控制电路所需电动机、控制器件清单

序号	电动机、控制器件名称	电路符号	规格参数	数量	价格

（2）检测所选控制器件好坏，并填表 3 – 4。

表 3 – 4　电路控制器件检测情况记录表

器件名称	检测方法	检测现象	检测结论（好或坏）

（3）检测三相异步电动机好坏。

①观察电动机外观接线盒上端子标识。

②用万用表检测电动机绕组好坏。测量三相绕组阻值。将指针式万用表调至欧姆挡×100或×1k挡（数字万用表调至 20 kΩ 挡位），红黑表笔短接调零后，分别将红黑表笔依次放到三相绕组的两端，测量每相绕组的阻值并记录。

$R_U =$ _____。

$R_V =$ _____。

$R_W =$ _____。

测量两两相绕组间阻值。继续用万用表欧姆挡，将红黑表笔依次放到任意两相绕组的两个接线端上，测量绕组间的阻值并记录。

$R_{UV} =$ _____；$R_{VW} =$ _____；$R_{WU} =$ _____。

检测结论：_____

_____。

测量完毕后将万用表挡位调至 OFF 挡或交流电压最高挡位。

（4）观察电动机铭牌上接法信息，用导线将电动机三相绕组 6 个接线头接成指定的接法，并画出连接示意图，如图 3 – 19 所示。

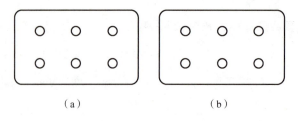

（a）　　　　　　　　　　（b）

图 3 – 19　连接示意图

（a）星形接法；（b）三角形接法

（5）操作完毕后，将电动机接线端的导线拆除，清理线头，并将设备及线材放到指定区域。

1. 任务问答

（1）正常情况下，三相电动机的各相绕组的阻值是怎样的？绕组间的阻值是怎样的？若测出 U、V 两相绕组之间有电阻，说明什么问题？

_____

_____

（2）三相异步电动机接线盒中六个接线端的排布为什么是交错的？

_____

_____

（3）给一台Y形连接三相异步电动机通电时，是否需要连接中性线？为什么？

_____

_____

（4）若一台△形连接三相异步电动机铭牌上的额定电流为 8.8 A，那么正常通电运行时，电动机每相绕组上的电流是多少？

_____

_____

（5）有没有什么办法能在不通电的情况下检查Y形或者△形连接是否正确？

_____

_____

（6）冷却泵电动机是用什么控制的？

_____

_____

（7）冷却泵电动机电路中热继电器有什么作用？

_____

_____

2. 任务评价

任务评价表如表 3-5 所示。

表 3-5　任务评价表

评价项目	评价内容	配分	得分
职业素养	是否遵守纪律及规程，不旷课、不迟到、不早退？ 旷课扣 3 分/次；迟到、早退扣 2 分/次；上课做与任务无关的事情扣 2 分/次；不遵守安全操作规程扣 10 分/次	10	
	是否以严谨认真、精益求精的态度对待学习及工作？ 能认真积极参与任务得 10 分；能主动发现问题并积极解决得 5 分；课后作业完成度高得 5 分	15	
	是否在任务实施过程中造成仪表、仪器、器件的损坏？是否在检测工作结束后按 6S 要求清扫整理，物品归位？ 造成万用表烧表直接扣 10 分；造成器件损坏扣 3 分/个；造成仪器损坏扣 10 分；未做好归位清扫清理工作扣 10 分；该项扣完为止	10	
	是否能在学习及任务过程中始终保持安全行为，遵守安全操作规程	10	
	在列器件清单时是否考虑成本问题	5	
专业能力	任务完成情况：是否会识读三相异步电动机的铭牌信息；是否会根据铭牌和电路情况正确连接三相异步电动机绕组；是否会使用万用表检测电动机绕组的好坏；是否会使用万用表检测转换开关、热继电器的好坏。 正确识读三相异步电动机的铭牌信息得 5 分；正确连接三相异步电动机的 Y/△形得 5 分；正确使用万用表合适挡位规范检测电动机绕组好坏得 10 分；正确使用万用表合适挡位检测转换开关、热继电器质量，并根据检测结果正确判断元件的好坏得 10 分	30	
	任务问答： 【测试内容】是否能辨识三相电路线电流、相电流；是否能正确分析三相负载 Y 形连接和△形连接时电压、电流关系；是否能描述对称三相负载特点，区别对称三相负载和不对称三相负载；是否能清楚三相电路中线的作用；是否能知晓转换开关、热继电器的符号和作用；是否能根据负载情况正确选择合适的连接方式。 【评分标准】90% 以上问题回答准确专业，描述清楚有条理得 20 分；80% 以上问题回答准确专业，描述清楚有条理得 16 分；70% 以上问题回答准确专业，描述清楚有条理得 14 分；60% 以上问题回答准确专业，描述清楚有条理得 12 分；不到 50% 问题回答准确的不超过 10 分，酌情打分	20	
	总　分		

小结反思

（1）绘制本任务学习要点思维导图。

（2）在任务实施中出现了哪些错误？遇到了哪些问题？是否解决？如何解决？记录在表3－4中。

表3－6　错误记录

出现错误	遇到问题记录

任务3.3 车床冷却泵电动机电路安装与测试

任务描述

冷却泵电动机一般采用单独控制电路，因为有时工件加工不需要冷却液，如铸铁件加工。冷却泵电动机一般比较小，大都是 0.125 kW 的三相异步电动机。

本次任务：根据电路图 3 – 1，按工艺要求和操作规程完成冷却泵电路的重新安装，安装完毕后测试功能，保证车床能正常安全可靠工作。

任务提交：功能测试结果、任务问答、学习要点思维导图、任务评价表。

任务目标

本任务参考学习学时：4（课内）+2（课外）。通过本任务学习，可以获得以下收获：

专业知识：

（1）能正确分析对称三相电路中的电压、电流关系。

（2）能正确分析三相交流电路的功率情况。

专业技能：

（1）会按安装工艺规范正确安装电路。

（2）会按通断电规程正确测试电路功能。

（3）能正确检测电路故障并解决。

职业素养：

（1）时刻保持安全清醒的头脑，以认真的态度对待学习和工作。

（2）养成严格按规范要求操作，使用电工仪表和安全工具等安全用电习惯和意识。

（3）能进行学习资料的收集、整理与自学，培养良好的工作习惯。

任务导学

学习链接一 三相交流电路及其功率情况分析

1. 三相交流电路的功率

三相交流电路的功率与单相交流电路一样，分为有功功率、无功功率和视在功率。

对于三相不对称负载，总的有功功率等于各相有功功率之和。总的无功功率等于各相无功功率之和。但一般情况下，总的视在功率不等于各相视在功率之和。只有在三相负载对称时，三相视在功率才等于各相视在功率之和。

对于三相对称负载，无论是星形连接还是三角形连接，每相的有功功率、无功功率都相同，因此只需算出其中一相的情况，即可算出电路的功率情况。每相的有功功率、无功功率为

$$P_U = P_V = P_W = U_P I_P \cos\varphi \qquad\qquad (3-17)$$

$$Q_U = Q_V = Q_W = U_P I_P \sin\varphi \qquad\qquad (3-18)$$

三相总的有功功率为：$P = P_U + P_V + P_W = 3U_P I_P \cos\varphi$。

三相总的无功功率为：$Q = Q_U + Q_V + Q_W = 3U_P I_P \sin\varphi$。

由于对称负载星形连接时有：$U_L = \sqrt{3}\,U_P$，$I_L = I_P$；

对称负载三角形连接时有：$U_L = U_P$，$I_L = \sqrt{3}\,I_P$；

代入上述功率关系式有 $P = \sqrt{3}\,U_L I_L \cos\varphi$，$Q = \sqrt{3}\,U_L I_L \sin\varphi$

三相总视在功率为

$$S = \sqrt{P^2 + Q^2} = 3U_P I_P = \sqrt{3}\,U_L I_L \qquad\qquad (3-19)$$

式中，U_L、I_L 分别为电路的线电压、线电流；φ 为每相负载的阻抗角，即相电压与相电流的相位差；$\cos\varphi$ 为电路的功率因数。

另外，值得一提的是，在对称三相电路中，虽然每相的瞬时功率是随时间变化的，但是三相总瞬时功率等于有功功率，是一个常数，不随时间而变化，这也是三相电动机运转比单相电动机更平稳的原因所在。

2. 三相交流电路分析方法

在对三相交流电路进行分析时，可将三相电路看成是三个单相交流电路的组合。

对于对称负载三相电路，可根据单相负载计算一相相电流和相电压，再按照对称关系计算出另外两相相电流和相电压；根据负载连接方式计算出线电流和线电压。

对于不对称负载三相电路，则必须分相计算，再根据 KCL、KVL 及相量图示法求解线电流、线电压。功率问题参照前面的方法解决。

【例 3-2】有一三相电动机，每相的等效电阻 $R = 29\ \Omega$，等效感抗 $X_L = 21.8\ \Omega$，试求下列两种情况下电动机的相电流、线电流以及从电源输入的功率，并比较所得结果：

（1）绕组连成星形接于 $U_L = 380\ V$ 的三相电源上；

（2）绕组连成三角形接于 $U_L = 220\ V$ 的三相电源上。

解　三相电动机每相负载 $Z = (29 + 21.8j)\ \Omega$

（1）情况一：Y 形连接

当电源线电压为 $U_L = 380\ V$ 时，则相电压 $U_P = \dfrac{1}{\sqrt{3}} U_L = 220\ V$

又因为负载 Y 形连接，负载相电流 $I_P = \dfrac{U_P}{|Z|} = \dfrac{220}{\sqrt{29^2 + 21.8^2}} \approx 6.1\ (A)$

线电流 $I_L = I_P = 6.1\ A$，

所以 $P = \sqrt{3}\,U_L I_L \cos\varphi_P = \sqrt{3} \times 380 \times 6.1 \times \dfrac{29}{\sqrt{29^2 + 21.8^2}} \approx 3.2\ (kW)$

（2）情况二：△形连接

电源线电压为 $U_L = 220\ V$ 时，则相电压 $U_P = U_L = 220\ V$

每相电流 $I_P = \dfrac{U_P}{|Z|} = \dfrac{220}{\sqrt{29^2 + 21.8^2}} \approx 6.1\ (A)$

线电流 $I_L = \sqrt{3} I_P \approx 10.5$ A，

此时 $P = \sqrt{3} U_L I_L \cos \varphi_P = \sqrt{3} \times 220 \times 10.5 \times \dfrac{29}{\sqrt{29^2 + 21.8^2}} \approx 3.2$ （kW）

比较情况 1 和情况 2 的结果，可看出只要电动机每相绕组承受的电压不变，则电动机的有功功率就不变。在两种不同接法时，仅线电流在△形接法时比Y形接法时增大了 $\sqrt{3}$ 倍，而相电流、相电压及功率均未改变。

学习链接二　电路安装工艺及安全操作规程

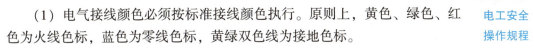

1. 电路安装工艺要求

（1）电气接线颜色必须按标准接线颜色执行。原则上，黄色、绿色、红色为火线色标，蓝色为零线色标，黄绿双色线为接地色标。

电工安全
操作规程

（2）按图正确接线。电气连接接线牢固、良好，配线应成排成束的垂直或水平有规律地敷设，要求整齐、美观、清晰、横平竖直，层次分明。导线的长度合适，端头压接牢固，端子压紧。

（3）一般一个接线端子（含端子排和元器件接线端）只连接一根导线，必要时允许连接两根导线。当需要连接两根以上导线时，应采取相应措施，以保证导线的可靠连接。两个端子间的连线不得有中间接头，导线芯线应无损伤。

（4）安装元器件的排列、摆放；布局一定要合理、美观，层次要分明，直观性要强。给人一种美的感觉，并要尽可能考虑维修及进出线的所需空间。

（5）在装配时，应考虑到元器件的电气间隙、爬电距离、干扰距离、电器散热距离。

2. 电工安全操作规程

（1）工作前必须检查工具、测量仪表和防护用具是否完好。必须戴好工作帽，穿好工作服、工作鞋等劳动防护用品，必要时应穿绝缘鞋和戴绝缘手套。

（2）任何电气设备内部未经验明无电时，一律视为有电，不准用手触及。

（3）裸露线头必须用绝缘胶布包扎好。

（4）所有接地或接零处，必须保证可靠电气连接。保护线 PE 必须采用绿/黄双色线，严格与相线、工作零线相区别，不得混用。

（5）试验运转前必须先检查有无误接、漏接，确认无误后，把线头周围的一切多余物件清除干净，才能试车。在试车时，必须一人操作一人监护。

（6）通电时应遵循由远及近、先总后分的顺序，断电时应遵循由近到远、先分后总的顺序操作。

（7）每次工作结束时，必须清点所带工具、零件，以防遗失和遗留在设备内而造成事故。

任务实施

（1）电工工具、线材准备，列出所需工具、线材清单，如表 3-7 所示。

表 3–7   电路安装所需工具、线材清单

序号	工具/线材名称	规格参数	数量	价格

（2）将元件合理固定在板上。

（3）根据图 3–1，按安装工艺要求进行接线。

（4）接线完毕后，进行通电前检查。

简述检查过程：

_____

_____

_____

（5）电路检查无误后，用万用表检查电源好坏（详见任务 3.1）。

（6）在持证电工监护下，按通电操作规范进行通电功能调试，观察冷却泵电动机是否能正常工作。

简述功能测试操作过程及结果：

_____

_____

_____

（7）调试完毕后，按断电规范操作断开电源，清理现场，清点工具，并将设备放回到指定区域。

检查评估

1. 任务问答

（1）在通电调试过程中应注意哪些问题？请至少写出 3~4 条。

_____

_____

（2）若原本应接成△形运行的电动机现接成 Y 形，通电后会出现什么现象？

_____

_____

2. 任务评价

任务评价表如表 3 – 8 所示。

表 3 – 8　任务评价表

评价项目	评价内容	配分	得分
职业素养	是否遵守纪律及规程，不旷课、不迟到、不早退？ 旷课扣 3 分/次；迟到、早退扣 2 分/次；上课做与任务无关的事情扣 2 分/次；不遵守安全操作规程扣 10 分/次	10	
	是否以严谨认真、精益求精的态度对待学习及工作？ 能主动发现问题并积极解决得 5 分；课后作业完成度高得 5 分	10	
	是否能按操作规程进行电路安装和测试？ 严格遵守通断电操作规程得 10 分	10	
	是否在安装过程中规范使用仪表、工具、器件？ 工具使用正确，仪表摆放整齐，器件安装符合要求得 5 分；节约使用原材料，没造成线材浪费得 5 分，视情况酌情扣分	10	
	是否在任务实施过程中造成仪表、仪器、器件的损坏？是否在安装测试工作结束后按 6S 要求清扫整理，物品归位？ 造成万用表烧表直接扣 10 分；造成器件损坏扣 3 分/个；造成仪器损坏扣 10 分；未做好归位清扫清理工作扣 10 分；该项扣完为止	10	
专业能力	任务完成情况：是否按安装工艺规范正确安装电路；是否按通断电规程正确测试电路功能；是否能正确检测电路故障并解决。 按工艺要求（布局合理，结构紧凑，排列整齐，元器件固定的可靠、牢固，走线横平竖直，转弯成直角，少交叉；接线正确、牢固，无漏铜、反圈、压胶，绝缘性能好，外形美观）正确安装电路得 10 分；会用万用表检查电路有无短路，是否连接正常得 5 分；通电测试操作符合规程，电路功能正常得 10 分；使用正确方法检查并排除电路问题得 5 分	30	
	任务问答： 【测试内容】是否能正确分析对称三相电路中的电压、电流关系；是否能正确分析三相交流电路的功率情况； 【评分标准】90% 以上问题回答准确专业，描述清楚有条理得 20 分；80% 以上问题回答准确专业，描述清楚有条理得 16 分；70% 以上问题回答准确专业，描述清楚有条理得 14 分；60% 以上问题回答准确专业，描述清楚有条理得 12 分；不到 50% 问题回答准确的不超过 10 分，酌情打分	20	
总　　分			

（1）绘制本任务学习要点思维导图。

（2）在任务实施中出现了哪些错误？遇到了哪些问题？是否解决？如何解决？记录在表 3–9 中。

表 3–9　错误记录

出现错误	遇到问题记录

拓展项目

数控车床冷却电路 PLC 控制改造

传统机床使用的是继电器控制方式，而继电器逻辑是一种硬接线系统，布线复杂，体积庞大，更改困难，一旦出现问题，很难维修，因此工作可靠性不高。现在已经用 PLC 控制技术替代了传统的继电控制，得到了目前普遍使用的数控机床，这是一种机电一体化的数字控制自动化设备。请了解 PLC 控制技术基本知识，试提出车床冷却电路 PLC 控制改造方案。

 巩固练习

一、填空题

1. 一对称三相电源中 $\dot{U}_U = 127\underline{/90°}$ V，则 $\dot{U}_V = $ _____ V，$\dot{U}_W = $ _____ V。

2. 三相四线制供电系统可输出两种电压供用户选择，即 _____ 和 _____。这两种电压的大小关系是 _____，相位关系是 _____。

3. 三相对称负载做三角形连接时，负载相电压等于 _____，线电流大小为相电流大小的 _____ 倍，相位上线电流比相应的相电流 _____。

4. 当Y形连接三相负载不对称时，中性线上的电流 _____，此时中性线要保证可靠连接，所以中性线上不允许 _____。若此时测得 $I_U = 2$ A，$I_V = 4$ A，$I_W = 4$ A，则中性线上电流大小为 _____。

5. 三相交流电路中，只要负载对称，无论做何连接，其有功功率为 _____。

二、判断题

1. 一个三相四线制供电线路中，若相电压为 220 V，则电路线电压为 311 V。　（　　）

2. 当负载做Y形连接时，必须有中性线。　（　　）

3. 对称三相电源的特点是三相电压的最大值相等，频率相同。　（　　）

4. 三相负载对称的条件是每相阻值相同。　（　　）

5. 在三相四线制供电线路中，三相负载越接近对称负载，中性线上的电流越小。　（　　）

6. 对称三相交流电路中，三相负载为△连接，当电源电压不变，而负载变为Y形连接时，对称三相负载的有功功率不变。　（　　）

7. 一台三相电动机，每个绕组的额定电压是 220 V，现三相电源的线电压是 380 V，则这台电动机的绕组应连成三角形。　（　　）

三、分析计算题

1. 已知对称三相电源中，U 相电压的瞬时值是 $u_U = 311\sin(314t + 30°)$ V，试写出其他各相电压的瞬时值表达式、相量表达式，并绘出相量图。

2. 有一三相对称负载，其每相的电阻 $R = 8$ Ω，感抗 $X_L = 6$ Ω。如果将负载连成星形接于线电压 $U_L = 380$ V 的三相电源上，试求相电压、相电流及线电流。

3. 三相对称负载星形连接，其电源线电压为 380 V，线电流 10 A，功率 5.7 kW。求负载的功率因数、电路的无功功率和视在功率。

4. 一个车间由三相四线制供电，电源线电压为 380 V，其中一相接有 220 V、100 W 的白炽灯 10 盏，另两相分别接有 220 V、100 W 的白炽灯 20 盏，试求各相电流、线电流和中性线电流。

5. 一台三相异步电动机三角形连接，电源为三相四线制，$U_L = 380$ V，$P = 5$ kW，功率因数 $\cos\varphi = 0.76$，求相电流和线电流。如果电动机改为星形连接，仍接在上述电源上，求此时的相电流、线电流和总功率。

6. 某建筑物有三层楼，每一层的照明分别由三相电源中的一相供电。电源电压为 380/220 V，每层楼装有 220 V、100 W 的电灯 15 只。（1）画出电灯接入电源的线路图；（2）当三个楼层的电灯全部亮时，求线电流和中性线电流；（3）若一层楼电灯全部亮，二层楼只

开 5 只灯，三层楼全灭，而电源中性线又断开，这时一、二层楼电灯两端的电压为多少？是否能正常工作？

7. 如图 3 – 20 所示，已知 $R_1 = R_2 = R_3$，若负载 R_1 断开，图中所接的两个电流表读数有无变化？为什么？

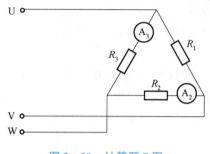

图 3 – 20   计算题 7 图

四、应用题

1. 将图 3 – 21 中三组三相负载分别按三相三线制星形、三相三线制三角形和三相四线制星形连接，接入供电线路。

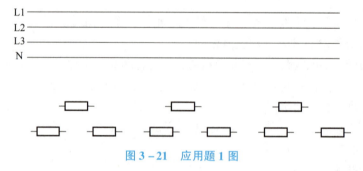

图 3 – 21   应用题 1 图

2. 在图 3 – 22 所示电路中，发电机每相电压为 220 V，每盏白炽灯的额定电压都是 220 V，指出本图连接中的错误，并说明错误的原因。

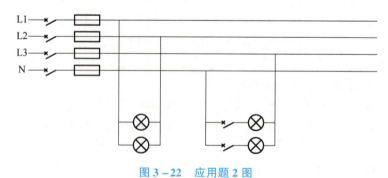

图 3 – 22   应用题 2 图

模块二
模拟电子电路模块

项目 4　简易直流稳压电源制作与测试

项目描述

在数控机床电气控制系统中，需要稳压直流电源给驱动器、控制单元、直流继电器、信号指标灯等提供直流电源。通常给数控机床设备提供稳定直流电能的电源就是开关电源，它是直流稳压电源的一种，可以将电网的 380 V/220 V 交流电通过电路转换方式来得到稳定的直流电压。现需要给数控机床信号灯制作一个输出 DC12 V、50 mA 的简易直流稳压电源如图 4-1 所示。

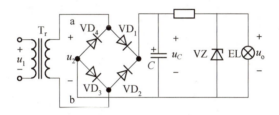

图 4-1　简易直流电源电路图

项目导航

要完成这项电路制作任务，可分三步走，具体如图 4-2 所示。

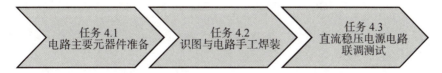

图 4-2　项目流程图

项目 4 专业知识、技能图谱如图 4-3 所示。

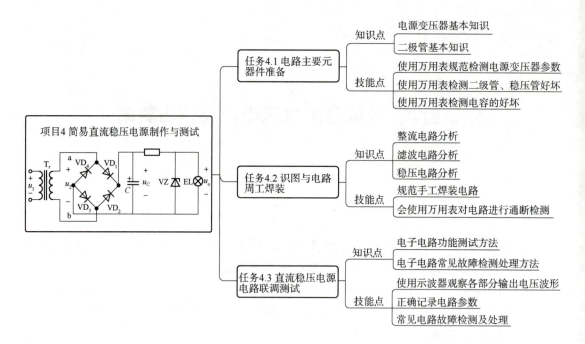

图 4-3　项目 4 专业知识、技能图谱

任务 4.1 电路主要元器件准备

任务描述

直流稳压电源主要由四部分组成：变压电路、整流电路、滤波电路和稳压电路。其中变压电路的核心器件是电源变压器，整流电路的核心器件是二极管，滤波电路的核心器件是电容，稳压电路的核心器件是稳压器。

本次任务：根据电路准备主要器件，列出元器件清单，并用万用表检测核心器件的好坏。

任务提交：元器件清单、任务问答、学习要点思维导图、任务评价表。

任务目标

本任务参考学习学时：4（课内）+1（课外）。通过本任务学习，可以获得以下收获：

专业知识：
(1) 能知晓半导体的基本知识。
(2) 能知晓二极管的单向导电性，分辨其工作状态及条件。
(3) 能知晓稳压二极管特性及工作方式。
(4) 能描述电源变压器的结构和工作原理。

专业技能：
(1) 能利用万用表正确规范检测二极管和稳压管。
(2) 能使用万用表规范检测电源变压器参数。
(3) 能使用万用表检测电容器的好坏。

职业素养：
(1) 时刻保持安全清醒的头脑，以认真的态度对待学习和工作。
(2) 养成严格按规范要求操作，使用电工仪表和安全工具等安全用电习惯和意识。
(3) 能进行学习资料的收集、整理与自学，培养良好的工作习惯。

任务导学

学习链接一 电源变压器基本知识

通常直流稳压电源使用电源变压器来改变输入到后级电路的电压。通俗地说，电源变压器是一种电→磁→电转换器件。变压器将交流电压升高或者降低，并且保持电压频率不变的静止电气设备。图4-4所示为一种小型变压器实物图和电路符号。

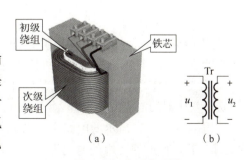

图4-4 小型变压器
(a) 实物图；(b) 电路符号

1. 变压器的组成

电源变压器由原边（初级）绕组、副边（次级）绕组和铁芯组成。

1）绕组

绕组是变压器的电路部分，原绕组吸取供电电源的能量，副绕组向负载提供电能。变压器的绕组由包有绝缘材料的扁导线或圆导线绕成，有铜导线和铝导线两种。对于降压变压器来说，其原边线圈细而匝数多，次级线圈粗而匝数少。

2）铁芯

铁芯作为变压器的闭合磁路和固定绕组及其他部件的骨架。为了减小磁阻、减小交变磁通在铁芯内产生的磁滞损耗和涡流损耗，变压器的铁芯大多采用薄硅钢片叠装而成。变压器的铁芯有心式和壳式两种基本形式。

2. 变压器的工作原理

1）变压器的电压变换

图 4-5（a）所示为变压器空载的情形，原绕组的匝数为 N_1，副绕组的匝数为 N_2。原绕组加上交流电压 u_1 时，便有空载电流 i_0 通过原绕组，副绕组便有交流电压 u_2 输出。经推导，可得到以下关系式

$$\frac{U_1}{U_2} \approx \frac{E_1}{E_2} = \frac{N_1}{N_2} = k \tag{4-1}$$

式中，U_1、U_2 分别为 u_1、u_2 的有效值；E_1、E_1 分别为原绕组和副绕组感应电动势的有效值。

❖ 电压变换：$\dfrac{U_1}{U_2} \approx \dfrac{E_1}{E_2} = \dfrac{N_1}{N_2} = k$

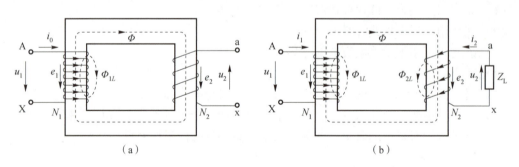

图 4-5 单相变压器的原理图

（a）空载运行；（b）负载运行

变压器空载运行时，原、副绕组上的电压与其匝数成正比。原、副绕组的匝数不同，通过变压器就可得到不同的电压值，即可完成电压的变换作用，k 称为变比。当 $k>1$ 时，即 $U_1>U_2$，这种变压器称为降压变压器；当 $k<1$ 时，即 $U_1<U_2$，这种变压器称为升压变压器。

2）变压器的电流变换

如图 4-5（b）所示的电路中，若副绕组接上负载 Z_L，形成闭合回路，则称为变压器的负载运行。此时原绕组的电流为 i_1，负载电阻的电流为 i_2，经推导，可得到以下关系式

$$\frac{I_1}{I_2} = \frac{N_2}{N_1} = \frac{1}{k} \tag{4-2}$$

式中，I_1、I_2分别为i_1、i_2的有效值。

❖ 电流变换：$\dfrac{I_1}{I_2}=\dfrac{N_2}{N_1}=\dfrac{1}{k}$

当变压器负载运行时，原、副绕组的电流与匝数成反比。改变原、副绕组的匝数就可以改变原、副绕组中电流的比值，这就是变压器的变流作用。

对于变压器，电压比与电流比互为倒数，因此匝数多的绕组电压高而电流小，绕组线径较细；而匝数少的绕组电压低而电流大，绕组线径较粗。

【例4-1】有一台降压变压器，原绕组电压为220 V，副绕组电压为24 V，原绕组为2 200匝，若副绕组接入10 Ω的阻抗，问变压器的变比，副绕组匝数，原、副绕组中电流各为多少？

解：变比为

$$k=\frac{U_1}{U_2}=\frac{220}{24}\approx9.17$$

副绕组匝数为

$$N_2=\frac{N_1U_2}{U_1}=\frac{2\,200\times24}{220}=240$$

副绕组电流为

$$I_2=\frac{U_2}{|Z|}=\frac{24}{10}=2.4\ （A）$$

原绕组电流

$$I_1=\frac{N_2}{N_1}I_2=\frac{240}{2\,200}\times2.4\approx0.26\ （A）$$

3）变压器的阻抗变换

变压器的原、副绕组虽然没有直接的电联系，但从以上分析可知，主绕组中的电流I_1随着副绕组的负载Z_L变化而变化。从变压器的主绕组看进去，用一个等效阻抗Z'_L来代替这种作用，如图4-6所示，则

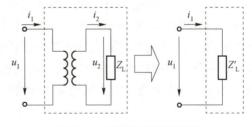

图4-6　变压器的阻抗变换

$$|Z'_L|\approx\frac{U_1}{I_1}=\frac{kU_2}{k^{-1}I_2}=k^2\,|Z_L|\qquad（4-3）$$

在电子电路和通信工程中，为了提高信号的传输功率，在功率输出端要求负载阻抗为一定的数值，即阻抗匹配。例如收音机的扬声器的阻抗一般较小，为几欧到十几欧。为了使负载扬声器获得最大的功率，则负载阻抗必须等于信号源（功率输出级）的内阻，在功率输出级要求负载阻抗为几十到几百欧，显然直接接上扬声器不合要求，得到的功率（功率绝大部分消耗在输出级的内阻上）不足以推动扬声器，为此可在功率输出级和负载之间接入一个输出变压器，提高负载的阻抗，实现阻抗匹配。

❖ 阻抗变换：$|Z'_L|\approx\dfrac{U_1}{I_1}=\dfrac{kU_2}{k^{-1}I_2}=k^2\,|Z_L|$

学习链接二 变压器识别及检测

1. 外观识别与检查

电源变压器常见的有两个绕组，即一个初级（原边）和一个次级（副边）绕组。有的电源变压器为防止交流声及其他干扰，初、次级绕组间往往加一屏蔽层，其屏蔽层是接地端。因此，电源变压器接线端子至少是4个。

通过观察变压器的外貌来检查其是否有明显异常现象。如线圈引线是否断裂、脱焊，绝缘材料是否有烧焦痕迹，铁芯紧固螺杆是否有松动，硅钢片有无锈蚀，绕组线圈是否有外露等。

2. 变压器好坏与极性检测

1）变压器好坏判别

首先使用万用表欧姆挡检测变压器线圈情况。将万用表置于 $R \times 10$ 挡，测试中，若某个绕组的电阻值为无穷大，则说明此绕组有断路性故障。

其次判别初、次级线圈。电源变压器原边绕组引脚和副边绕组引脚一般都是分别从两侧引出的，将万用表置于 $R \times 10$ 挡，分别检测原、副边绕组阻值，一般电阻大的电压大，电阻小的电压小。对于降压变压器来说，测得电阻大的为原边，即为电源端，电阻小的为副边，即为负载端。

2）变压器极性判别

变压器绕组极性是指原绕组和副绕组的相对极性，即当一个绕组的某一端瞬时电位为正时，另一绕组必然也有一个瞬时电位为正的对应端，这两个对应端叫作同名端。在图中两个绕组的同名端用小黑点表示，如图 4-7（a）所示。

以图 4-8 所示变压器为例，原绕组接 220 V 的交流电源，它有三个副绕组，其中 1-2 和 3-4 两个绕组规格相同。如果要求变压器有 20 V 的输出电压，正确的串联接法应该是把两个异名端 2、3 连接起来由另外两个异名端 1、4 输出，如图 4-7（b）所示。如果连接错误，则两绕组的磁通势方向相反而相互抵消，铁芯中不产生磁通，因而绕组中没有感应电动势，将流过很大电流，把绕组绝缘烧坏而烧损变压器。

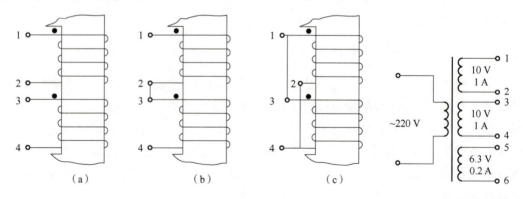

图 4-7 变压器绕组的正确连接　　　　　图 4-8 四个绕组的变压器
（a）绕组的同名端；（b）两绕组串联；（c）两绕组并联

另外，如果需要并联连接，正确的接法应该是分别把两个同名端 1、3 与 2、4 连接起来进行并联，如图 4 - 7 （c）所示。

为了正确连接两个绕组，必须事先判明两个绕组的极性。下面介绍两种判别方法。

（1）直流法。

接线如图 4 - 9 所示，当开关 S 合闸瞬间，若直流毫安表指针正偏，则接电源正极的端子 1 与接表头"正"接线柱的端子 3 为同名端；若指针反偏，则为异名端。

（2）交流法。

接线如图 4 - 10 所示，用导线将两线圈 1、2 和 3、4 中的任一端子（如 2 和 4）连在一起（成等电位点），将较低的电压加于任一线圈（如 1、2 线圈），然后用电压表分别测出 U_{12}、U_{34} 和 U_{13}，若满足 $U_{13} = U_{12} - U_{34}$，则不连导线的两端子 1 和 3 为同名端；若 $U_{13} = U_{12} + U_{34}$，则 1、4（或 2、3）端为同名端。

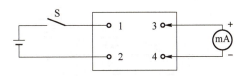

图 4 - 9　直流法测极性

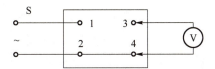

图 4 - 10　交流法测极性

学习链接三　二极管基本知识

二极管是最早诞生的半导体器件之一，其应用非常广泛。特别是在各种电子电路中，利用二极管和电阻、电容、电感等元器件进行合理的连接，构成不同功能的电路，可以实现对交流电整流、对调制信号检波、限幅和钳位以及对电源电压的稳压等多种功能。无论是在常见的收音机电路还是在其他的家用电器产品或工业控制电路中，都可以找到二极管的踪迹。

1. 半导体与 PN 结

半导体是导电能力介于导体和绝缘体之间的物质，如硅、锗、硒以及大多数金属氧化物就是半导体。纯净半导体称为本征半导体。本征半导体的导电性能和绝缘性能都不好，因此纯净半导体不适宜制作导体或绝缘体。在本征半导体硅或锗中掺入微量的五价元素磷，构成共价键后，多余的一个价电子很容易脱离原子核的束缚而成为自由电子，如图 4 - 11 （a）所示。于是，半导体中的自由电子数目大量增加，导电性能显著增强，这种半导体称为 N 型半导体。

在本征半导体硅或锗中掺入微量的三价元素硼，构成共价键缺少

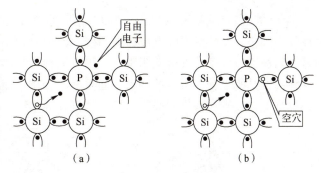

图 4 - 11　掺杂半导体

（a）N 型半导体；（b）P 型半导体

的一个价电子从而产生一个空穴，如图 4 - 11 （b）所示。于是，半导体中的空穴数目大量增加，导电性能显著增强，这种半导体称为 P 型半导体。

在一块半导体基片上通过适当的半导体工艺技术可以形成 P 型半导体和 N 型半导体的交接面，称为 PN 结。PN 结具有单向导电性。在 PN 结上加上正向电压，即外电源的正极、

负极分别与 P 区、N 区连接，如图 4-12（a）所示。那么，内电场被方向相反的外电场削弱，空间电荷区变窄，使多数载流子的扩散运动加强，形成较大的扩散电流。这个扩散电流在外电源不断提供电荷的情况下持续地从 P 区流向 N 区，我们称之为正向电流。此时，PN 结处于正向导通状态。

在 PN 结上加上反向电压，即外电源的负极、正极分别与 P 区、N 区连接，如图 4-12（b）所示。那么，内电场被方向相同的外电场加强，空间电荷区变宽，使多数载流子的扩散运动受到阻碍，同时却使少数载流子的漂移运动得到加强，形成一定的漂移电流。这个漂移电流持续地从 N 区流向 P 区，称之为反向电流。由于反向电流是由少数载流子的漂移运动产生的，其数值不大。此时，PN 结处于反向截止状态。温度越高时，载流子的数目越多，反向电流也越大。

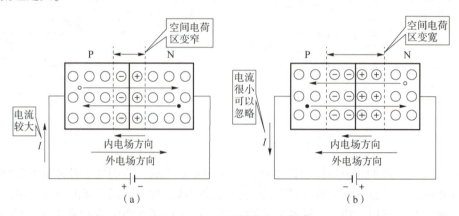

图 4-12　PN 结的单向导电性

（a）PN 结正向导通；（b）PN 结反向截止

❖ 结论：PN 结具有单向导电性，即 PN 结正向偏置时导通；反向偏置时截止。

2. 二极管的结构及特性

半导体二极管就是由一个 PN 结加上相应的电极引线及管壳封装而成的。由 P 区引出的电极称为阳极，N 区引出的电极称为阴极。因为 PN 结的单向导电性，二极管导通时电流方向是由阳极通过管子内部流向阴极。二极管的种类很多，按材料来分，最常用的有硅管和锗管两种；按结构来分，有点接触型、面接触型和硅平面型几种，如图 4-13 所示；按用途来分，有普通二极管、整流二极管、稳压二极管等多种。

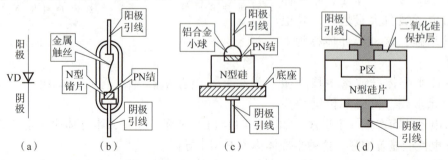

图 4-13　半导体二极管

（a）电路符号；（b）点接触型；（c）面拉触型；（d）平面型

二极管具有单向导电性，就是因为二极管内部有一个PN结，实际二极管的伏安特性如图 4 – 14 所示。

二极管的电流与电压的关系曲线 $I = f(U)$，称为二极管的伏安特性。二极管的核心是一个 PN 结，具有单向导电性，其实际伏安特性与理论伏安特性略有区别。由图 4 – 14 可见二极管的伏安特性曲线是非线性的，可分为三部分：正向特性、反向特性和反向击穿特性。

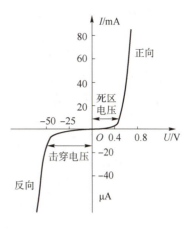

图 4 – 14　二极管伏安特性曲线

1）正向特性

当外加正向电压很低时，管子内多数载流子的扩散运动没形成，故正向电流几乎为零。当正向电压超过一定数值时，才有明显的正向电流，这个电压值称为死区电压，通常硅管的死区电压约为 0.5 V，锗管的死区电压约为 0.2 V。当二极管的外加正向电压超过死区电压后，正向电流随着正向电压的增大而快速增大，二极管处于正向导通状态。此时，二极管的电阻很小，其正向电压降也很小，硅管正向导通压降为 0.6 ~ 0.7 V，锗管的正向导通压降为 0.2 ~ 0.3 V。二极管的伏安特性对温度很敏感，温度升高时，正向特性曲线向左移，如图 4 – 14 所示，这说明，对应同样大小的正向电流，正向压降随温升而减小。研究表明，温度每升高 1 ℃，正向压降减小 2 mV。

2）反向特性

二极管加上反向电压时，形成很小的反向电流，且在一定温度下它的数量基本维持不变，因此，当反向电压在一定范围内增大时，反向电流的大小基本恒定，而与反向电压大小无关，故称为反向饱和电流，一般小功率锗管的反向电流可达几十 μA，而小功率硅管的反向电流要小得多，一般在 0.1 μA 以下，当温度升高时，少数载流子数目增加，使反向电流增大，特性曲线下移，研究表明，温度每升高 10 ℃，反向电流近似增大一倍。

3）反向击穿特性

当二极管的外加反向电压大于一定数值（反向击穿电压）时，反向电流突然急剧增加称为二极管反向击穿。反向击穿电压一般在几十伏以上。

❖ 当外加反向电压超过某一数值时，外电场的强大作用使 PN 结内的自由电子数目大量增加，反向电流迅速增大，这种现象称为反向击穿，此时的反向电压称为反向击穿电压。普通二极管被反向击穿后，PN 结就被烧坏了。

3. 二极管的主要参数

二极管的特性除用伏安特性曲线表示外，参数同样能反映出二极管的电性能，器件的参数是正确选择和使用器件的依据。各种器件的参数由厂家产品手册给出，由于制造工艺方面的原因，既使同一型号的管子，参数也存在一定的分散性，因此手册常给出某个参数的范围，半导体二极管的主要参数有以下几个：

1）最大整流电流 I_{FM}

最大整流电流是指二极管长时间通过正向电流时，允许通过的最大正向平均电流。因为过大的电流长时间通过二极管会使 PN 结发热甚至烧坏，所以通过二极管的正向平均电流不允许超过所规定的最大整流电流值。

2）最大反向电压 U_{RM}

最大反向电压指保证二极管不被击穿而外加的最高反向工作电压，通常是反向击穿电压的 1/2 或 2/3。若反向电压超过这个数值，管子将会有击穿的危险。

3）最大反向电流 I_{RM}

最大反向电流指二极管外加最大反向电压时的反向电流值。使用时要加以注意，反向电流值越小，二极管的单向导电性能越好。一般情况下，硅管的反向电流在几个微安以下，锗管的反向电流为硅管的几十到几百倍。

4）最高工作频率 f_M

二极管在外加高频交流电压时，由于 PN 结的电容效应，单向导电作用退化。f_M 指的是二极管单向导电作用开始明显退化的交流信号的频率。

4. 特殊二极管

除了上述普通二极管外，还有一些特殊二极管，如稳压二极管、发光二极管、光电二极管等。

1）稳压二极管

稳压二极管，英文名称 Zener diode，简称稳压管，又叫齐纳二极管。稳压二极管是利用 PN 结反向击穿电压基本上不随电流变化的现象制作的、起电压稳定作用的晶体二极管。稳压二极管在这临界击穿点上，反向电阻迅速减小，在这个低阻区中电流增加而电压则保持恒定，因为这种特性，稳压管主要被作为稳压器或电压基准元件使用。

图 4-15（a）所示为稳压管在电路中的正确连接方法；图 4-15（b）和图 4-15（c）所示为稳压管的伏安特性及图形符号。稳压管与普通二极管的主要区别在于，稳压管是工作在 PN 结的反向击穿状态。通过在制造过程中的工艺措施和使用时限制反向电流的大小，能保证稳压管在反向击穿状态下不会因过热而损坏。从稳压管的反向特性曲线可以看出，当反向电压较小时，反向电流几乎为零，当反向电压增高到击穿电压 U_Z（也是稳压管的工作电压）时，反向电流 I_Z（稳压管的工作电流）会急剧增加，稳压管反向击穿。在特性曲线 ab 段，当 I_Z 在较大范围内变化时，稳压管两端电压 U_Z 基本不变，具有恒压特性，利用这一特性可以起到稳定电压的作用。在这个项目中我们将使用稳压二极管进行稳压。

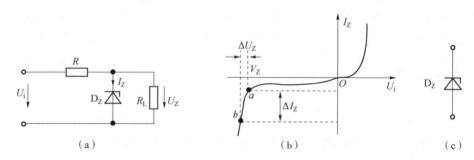

图 4-15　稳压二极管应用电路、特性曲线及电路符号

(a) 稳压管电路连接图；(b) 稳压管伏安特性曲线；(c) 稳压管电路符号

稳压管与一般二极管不一样，它的反向击穿是可逆的，只要不超过稳压管的允许值，PN 结就不会过热损坏，当外加反向电压去除后，稳压管恢复原性能，所以稳压管具有良好

的重复击穿特性。

稳压管的主要参数有：

（1）稳定电压 U_Z。指稳压管正常工作时，管子两端的电压，由于制造工艺的原因，稳压值也有一定的分散性，如2CW14型稳压值为 6.0 ~ 7.5 V。

（2）动态电阻 r_Z。动态电阻是指稳压管在正常工作范围内，端电压的变化量与相应电流的变化量的比值。稳压管的反向特性越陡，r_Z 越小，稳压性能就越好。

（3）稳定电流 I_Z。稳压管正常工作时的参考电流值，只有 $I \geqslant I_Z$，才能保证稳压管有较好的稳压性能。

（4）最大稳定电流 I_{Zmax}。允许通过的最大反向电流，$I > I_{Zmax}$ 管子会因过热而损坏。

（5）最大允许功耗 P_{ZM}。管子不致发生热击穿的最大功率损耗 $P_{ZM} = U_Z \cdot I_{Zmax}$。

（6）电压温度系数 α_U。温度变化 1 ℃ 时，稳定电压变化的百分数定义为电压温度系数。电压温度系数越小，温度稳定性越好，通常硅稳压管在 U_Z 低于 4 V 时具有负温度系数，高于 6 V 时具有正温度系数，U_Z 在 4 ~ 6 V，温度系数很小。

稳压管正常工作的条件有两条，一是工作在反向击穿状态，二是稳压管中的电流要在稳定电流和最大允许电流之间。当稳压管正偏时，它相当于一个普通二极管。图 4 - 15（a）为最常用的稳压电路，当 U_i 或 R_L 变化时，稳压管中的电流发生变化，但在一定范围内其端电压变化很小，因此起到稳定输出电压的作用。

2）发光二极管

发光二极管是一种将电能直接转换成光能的半导体固体显示器件，简称 LED（Light Emitting Diode），如图 4 - 16 所示。和普通二极管相似，发光二极管也是由一个 PN 结构成。发光二极管的 PN 结封装在透明塑料壳内，外形有方形、矩形和圆形等。发光二极管的驱动电压低、工作电流小，具有很强的抗振动和冲击能力、体积小、可靠性高、耗电省和寿命长等优点，广泛用于信号指示等电路中。在电子技术中常用的数码管，就是用发光二极管按一定的排列组成的。

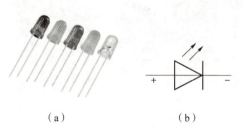

（a）   （b）

图 4 - 16　发光二极管外观图及电路符号

（a）LED 外观图；（b）LED 电路符号

发光二极管的原理与光电二极管相反。当这种管子正向偏置通过电流时会发出光来，这是由于电子与空穴直接复合时放出能量的结果。它的光谱范围比较窄，其波长由所使用的基本材料而定。不同半导体材料制造的发光二极管发出不同颜色的光，如磷砷化镓（GaAsP）材料发红光或黄光，磷化镓（GaP）材料发红光或绿光，氮化镓（GaN）材料发蓝光，碳化硅（SiC）材料发黄光，砷化镓（GaAs）材料发不可见的红外线。

发光二极管的符号如图 4 - 16（b）所示。它的伏安特性和普通二极管相似，死区电压为 0.9 ~ 1.1 V，其正向工作电压为 1.5 ~ 2.5 V，工作电流为 5 ~ 15 mA。反向击穿电压较低，一般小于 10 V。

3）光电二极管

光电二极管又称光敏二极管。它的管壳上备有一个玻璃窗口，以便于接受光照。其特点是，当光线照射于它的 PN 结时，可以成对地产生自由电子和空穴，使半导体中少数载流子的浓度提高。这些载流子在一定的反向偏置电压作用下可以产生漂移电流，使反向电流增加。因此它的反向电流随光照强度的增加而线性增加，这时光电二极管等效于一个恒流源。当无光照时，光电二极管的伏安特性与普通二极管一样。光电二极管的等效电路如图 4 – 17（a）所示，图 4 – 17（b）所示为光电二极管的符号。

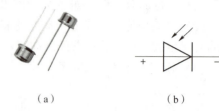

图 4 – 17　光电二极管外观图及电路符号
（a）外观图；（b）电路符号

学习链接四　二极管的识别与检测

1. 外观识别

在小功率二极管中，外表大多采用一种色环标出二极管的 N 极（负极）；有些二极管也采用符号标志 P、N 表示 P 极（正极）或 N 极（负极）；如果发光二极管的引脚没有剪过，正负极可从引脚长短来识别，长脚为正极，短脚为负极；发光二极管管内金属瓣片小的为正极，瓣片大的为负极，如图 4 – 18 所示。

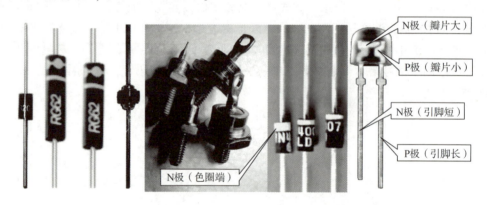

图 4 – 18　常见二极管实物图

2. 二极管极性与好坏检测

在二极管外观标识不清或引脚被剪过情况下，我们可以用万用表来判别二极管极性和好坏。

1）指针式万用表检测二极管极性方法

把指针式万用表拨到 $R \times 10$ 欧姆挡，测量二极管正、反向电阻。如测得为小电阻（几十至几百欧姆）则为正向电阻，黑表笔连接的是二极管正极，红表笔连接的是二极管负极，如图 4 – 19（a）所示。如测得为大电阻（几百千欧以上）则为反向电阻，极性与前次相反。注意：一般不用 $R \times 1$ 和 $R \times 10k$ 挡，因为 $R \times 1$ 挡电流太大，而 $R \times 10k$ 挡电压太大，对有些管子有损坏的危险。

若在测试过程中，交换表笔所测阻值都很大，甚至为∞，则表示二极管内部已经断路；若交换表笔测出的电阻均很小，甚至为0，则表示二极管内部已经短路。

2）数字式万用表检测二极管极性方法

测正向电阻时，红表笔接二极管的正极，黑表笔接二极管的负极，这与指针式万用表的表笔接法刚好相反，如图4-19（b）所示。对标志不清楚的稳压二极管，也可以用万用表判别其极性，测量的方法与普通二极管相同。

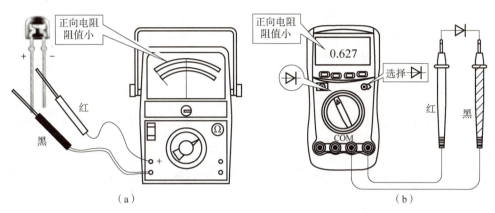

图4-19　万用表检测二极管极性操作示意图

（a）指针式万用表测二极管极性；（b）数字式万用表测二极管极性

学习链接五　固定电容器的检测

1. 固定电容器的检测

（1）因10 pF以下的固定电容器容量太小，用万用表进行测量，只能定性的检查其是否有漏电、内部短路或击穿现象。测量时，可选用万用表 $R \times 10k$ 挡，用两表笔分别任意接电容的两个引脚，阻值应为无穷大。若测出阻值（指针向右摆动）为零，则说明电容漏电损坏或内部击穿。

（2）检测10 pF~0.01 μF固定电容器是否有充电现象，进而判断其好坏。万用表选用 $R \times 1k$ 挡。两只三极管的 β 值均为100以上，且穿透电流要小。可选用3DG6等型号硅三极管组成复合管。万用表的红和黑表笔分别与复合管的发射极 E 和集电极 C 相接。由于复合三极管的放大作用，把被测电容的充放电过程予以放大，使万用表指针摆幅度加大，从而便于观察。应注意的是：在测试操作时，特别是在测较小容量的电容时，要反复调换被测电容引脚接触 A、B 两点，才能明显地看到万用表指针的摆动。

（3）对于0.01 μF以上的固定电容，可用万用表的 $R \times 10k$ 挡直接测试电容器有无充电过程以及有无内部短路或漏电，并可根据指针向右摆动的幅度大小估计出电容器的容量。

2. 电解电容器的检测

（1）因为电解电容的容量较一般固定电容大得多，所以，测量时，应针对不同容量选用合适的量程。根据经验，一般情况下，1~47 μF间的电容，可用 $R \times 1k$ 挡测量，大于47 μF的电容可用 $R \times 100$ 挡测量。

（2）将万用表红表笔接负极，黑表笔接正极，在刚接触的瞬间，万用表指针即向右偏转较大偏度（对于同一电阻挡，容量越大，摆幅越大），接着逐渐向左回转，直到停在某一位置。此时的阻值便是电解电容的正向漏电阻，此值略大于反向漏电阻。实际使用经验表明，电解电容的漏电阻一般应在几百 kΩ 以上，否则，将不能正常工作。在测试中，若正向、反向均无充电的现象，即表针不动，则说明容量消失或内部断路；如果所测阻值很小或为零，说明电容漏电大或已击穿损坏，不能再使用。

（3）对于正、负极标志不明的电解电容器，可利用上述测量漏电阻的方法加以判别。即先任意测一下漏电阻，记住其大小，然后交换表笔再测出一个阻值。两次测量中阻值大的那一次便是正向接法，即黑表笔接的是正极，红表笔接的是负极。

（4）使用万用表电阻挡，采用给电解电容进行正、反向充电的方法，根据指针向右摆动幅度的大小，可估测出电解电容的容量。

任务实施

（1）根据简易直流稳压电路图（图 4 – 3），列出所需元器件清单，如表 4 – 1 所示。

表 4 – 1　电路所需元器件清单

序号	元器件名称	电路符号	规格参数	数量	价格

2）把万用表调到适当挡位，检测二极管及稳压管好坏，将检测结果填入表 4 – 2。

表 4 – 2　普通二极管及稳压管检测记录表

编号	型号	$R_{正向}$		$R_{反向}$		二极管质量
		挡位	阻值	挡位	阻值	

（3）把万用表调到适当挡位，检测电容的好坏，将检测结果填入表4-3。

表4-3　电容检测记录表

编号	型号规格	检测记录		电容质量
		挡位	检测现象	

（4）按通电规范操作步骤，给电源变压器通电，用万用表适当挡位测试变压器输入、输出电压，记录在表4-4。

表4-4　变压器检测记录表

万用表选择挡位及检测数据 检测电压	挡位	检测结果
原边电压/V		
副边①-②/V		
副边②-③/V		
副边①-③/V		

说明：表中①②③为变压器的副边绕组，其中②为中心抽头。

（5）测量完毕后，将万用表的挡位调至 OFF 挡或交流电压最高挡位。
（6）清点整理元器件及仪表，按 6S 要求清理现场。

检查评估

1．任务问答

（1）什么是变压器的原边绕组和副边绕组？有什么区别？

_____

_____

（2）简述电源电压器的功能作用，并说明与绕组的关系。

_____

_____

（3）二极管有什么特性？正常工作时二极管处于什么状态？需要满足什么条件？

_____

_____

（4）如何用万用表来检测二极管的正负极，并应注意什么问题？

_____

_____

（5）为什么用不同的挡位测量二极管的正向电阻得到不同的阻值？

_____

_____

（6）如何用万用表来检验电容器的好坏？如何用万用表来判别电解电容的正负极？安装电解电容时应注意什么问题？

_____

_____

（7）稳压二极管与普通二极管有什么相同与不相同的地方？

_____

_____

（8）现有两个稳压管，它们的稳定电压分别是 4 V 和 6 V，正向导通压降为 0.7 V，请问：

① 将它们串联起来，则可以得到几种稳压值？各为多少？
② 将它们并联起来，则可以得到几种稳压值？各为多少？

_____

_____

2. 任务评价

任务评价表如表 4-5 所示。

表 4-5　任务评价表

评价项目	评价内容	配分	得分
职业素养	是否遵守纪律及规程，不旷课、不迟到、不早退？ 旷课扣 3 分/次；迟到、早退扣 2 分/次；上课做与任务无关的事情扣 2 分/次；不遵守安全操作规程扣 10 分/次	10	
	是否以严谨认真、精益求精的态度对待学习及工作？ 能认真积极参与任务得 10 分；能主动发现问题并积极解决得 5 分；课后作业完成度高得 5 分	15	
	是否在任务实施过程中造成仪表、仪器、器件的损坏？是否在检测工作结束后按 6S 要求清扫整理，物品归位？ 造成万用表烧表直接扣 10 分；造成器件损坏扣 3 分/个；造成仪器损坏扣 10 分；未做好归位清扫清理工作扣 10 分；该项扣完为止	10	
	是否能在学习及任务过程中始终保持安全行为，遵守安全操作规程	10	
	在列器件清单时是否考虑成本问题	5	

评价项目	评价内容	配分	得分
专业能力	任务完成情况：是否能正确选用合适的电路器件；利用万用表正确规范检测二极管和稳压管；是否能使用万用表规范检测电源变压器参数；是否能使用万用表检测电容器的好坏。 正确选用并写出电路主要元器件的规格得 10 分；正确使用万用表合适挡位检测二极管及稳压管，并根据数据判别好坏得 8 分；通电操作规范，使用万用表合适挡位检测变压器参数，并记录数据得 7 分；正确使用万用表合适挡位检测电容器，并根据检测结果正确判断其好坏得 5 分	30	
	任务问答： 【测试内容】是否能知晓二极管的单向导电性，分辨其工作状态及条件；是否能知晓稳压二极管特性及工作方式；是否能描述述电源变压器的结构和工作原理。 【评分标准】90% 以上问题回答准确专业，描述清楚有条理得 20 分；80% 以上问题回答准确专业，描述清楚有条理得 16 分；70% 以上问题回答准确专业，描述清楚有条理得 14 分；60% 以上问题回答准确专业，描述清楚有条理得 12 分；不到 50% 问题回答准确的不超过 10 分，酌情打分	20	
总　分			

小结反思

（1）绘制本任务学习要点思维导图。

（2）在任务实施中出现了哪些错误？遇到了哪些问题？是否解决？如何解决？记录在表 4-6 中。

表 4-6　错误记录

出现错误	遇到问题记录

任务 4.2　识图与电路手工焊装

任务描述

本次任务：识读简易直流稳压电路图（图 4-1），并根据电路图按手工焊接工艺要求完成电路制作。

任务提交：电源电路板、任务问答、学习要点思维导图、任务评价表。

任务目标

本任务参考学习学时：4（课内）+2（课外）。通过本任务学习，可以获得以下收获：

专业知识：

（1）能知晓直流稳压电源主要构成电路部分及其作用。

（2）能分析半波/桥式整流电路原理。

（3）能正确分析滤波电路。

（4）能正确分析稳压电路。

专业技能：

（1）会根据原理图进行实际电路安装。

（2）能规范使用相关工具，按手工焊接工艺要求完成电路安装。

（3）会使用万用表对电路进行回路进行通断检测。

职业素养：

（1）时刻保持安全清醒的头脑，以认真的态度对待学习和工作。

（2）养成严格按规范要求操作，使用电工仪表和安全工具等安全用电习惯和意识。

（3）能进行学习资料的收集、整理与自学，培养良好的工作习惯。

任务导学

直流稳压电源由电源变压器、整流电路、滤波电路和稳压电路四个部分组成。交流电经电源变压器降压后，得到合适的交流电压，经过整流电路变换成单向脉动电压，再通过滤波电路滤除交流成分，最后经稳压电路输出稳定的直流电压，如图 4-20 所示。

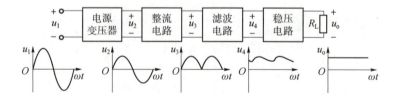

图 4-20　直流稳压电源主要构成部分图解

学习链接一　整流电路分析

在电子设备中，将交流电压（电流）变换为单向脉动直流电压（电流）的过程叫整流，通常称为 AC/DC 转换。这是利用二极管的单向导电特性进行转换的，简单方便。常见的整流电路按二极管接法分：半波整流、单相全波整流、桥式整流。

1. 单相半波整流电路分析

单相半波整流电路由电源变压器 Tr、整流二极管 VD 和负载 R_L 组成。图 4 - 21 所示为单相半波整流电路图和输入、输出电压波形。

1）工作原理分析

变压器副绕组的电压为 u_2，设 $u_2 = \sqrt{2} U_2 \sin \omega t$。

如图 4 - 21（a）所示，在 u_2 的正半周，电源 a 端为正，b 端为负，二极管 VD 因承受正向电压而导通，电流流通的途径为 $a \to \mathrm{VD} \to R_L \to b$。若忽略二极管的正向压降，则负载电压 u_o 与变压器副边电压 u_2 近似相等，即 $u_o \approx u_2$。

在 u_2 的负半周，电源 b 端为正，a 端为负，二极管因承受反向电压而截止，电路中没有电流，此时负载电压 $u_o = 0$。单相半波整流电路波形如图 4 - 22 所示。

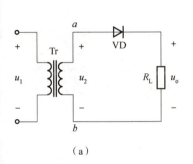

（a）

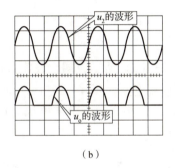

（b）

图 4 - 21　单相半波整流电路图及输入输出电压波形
（a）单相半波整流电路；（b）单相半波整流电路输入、输出电压波形

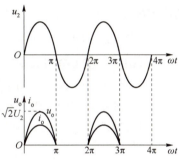

图 4 - 22　单相半波整流电路波形

❖ 由于整流输出电压仅为输入交流电压的半波，故称为半波整流。

2）计算电压、电流值

（1）单相半波整流电压的平均值为

$$U_o = \frac{\sqrt{2}}{\pi} U_2 \approx 0.45 U_2 \qquad (4 - 4)$$

（2）负载电流的平均值为

$$I_o = \frac{U_o}{R_L} = 0.45 \frac{U_2}{R_L} \qquad (4 - 5)$$

（3）流经二极管的电流平均值为

$$I_D = I_o = 0.45 \frac{U_2}{R_L} \qquad (4 - 6)$$

（4）二极管承受的最大反向电压为

$$U_{DRM} = \sqrt{2} U_2 \qquad (4 - 7)$$

3）单相整流变压器与二极管的选择

（1）变压器的选择：根据副绕组的电压 $U_2 = U_o/0.45$ 进行选择，变压器功率 P 应大于负载功率。

（2）二极管的选择：二极管的最大整流电流 $I_{OM} \geqslant I_D$；二极管的最高反向工作电压 $U_{RM} = (2 \sim 3)U_{DRM}$。

【例 4 - 1】 单相半波整流电路中的负载电阻 $R_L = 750\ \Omega$，变压器副绕组电压 $U_2 = 20\ \text{V}$，求 U_o、I_o，并选用二极管。

解：

$$U_o = 0.45U_2 = 0.45 \times 20 = 9\ (\text{V})$$

$$I_o = \frac{U_o}{R_L} = \frac{9}{750} = 0.012\ (\text{A}) = 12\ \text{mA}$$

$$I_D = I_o = 12\ \text{mA}$$

$$U_{DRM} = \sqrt{2}\,U_2 = \sqrt{2} \times 20 = 28.2\ (\text{V})$$

因此，可选用型号为 2AP5 的二极管 1 只，其最大整流电流为 16 mA，最高反向工作电压为 75 V。

2. 单相桥式整流电路分析

认识单相桥式整流电路

单相桥式整流电路如图 4 - 23（a）所示，四个整流二极管 $VD_1 \sim VD_4$ 接成电桥的形式，所以称为桥式整流电路。图 4 - 23（b）所示为桥式整流电路的简化画法，其中二极管符号的箭头指向为整流电源的正极。图 4 - 24 所示为用示波器观察 u_2 和 u_o 的波形。

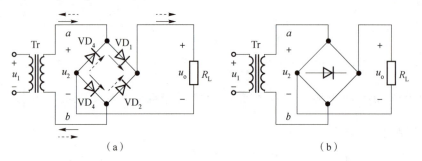

（a）　　　　　　　　　　　　　（b）

图 4 - 23　单相桥式整流电路
（a）原理电路图；（b）简化画法

1）电路工作原理分析

如图 4 - 23（a）所示，设 $u_2 = \sqrt{2}\,U_2 \sin \omega t$。

当 u_2 为正半周时，a 点电位高于 b 点电位，二极管 VD_1、VD_3 承受正向电压而导通，VD_2、VD_4 承受反向电压而截止。电流流通的途径为 $a \rightarrow VD_1 \rightarrow R_L \rightarrow VD_3 \rightarrow b$，如图 4 - 23（a）实线箭头所示。

当 u_2 为负半周时，b 点电位高于 a 点电位，二极管 VD_2、VD_4 承受正向电压而导通，VD_1、VD_3 承受反向电压而截止。电流流通的途径为 $a \rightarrow VD_2 \rightarrow R_L \rightarrow VD_4 \rightarrow b$，如图 4 - 23（a）虚线箭头所示。

单相桥式整流电路波形如图 4 - 25 所示。

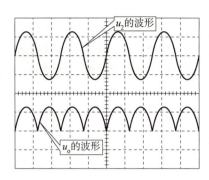

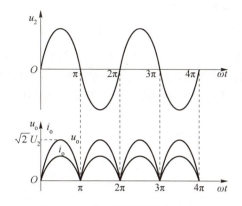

图 4 – 24　用示波器观察 u_2 和 u_o 的波形　　图 4 – 25　单相桥式整流电路波形

单相桥式整流电路输出的直流电压高、脉动小，整流二极管所承受的反向峰值电压低，变压器的利用率高，在整个周期内负载中均有电流通过。由于以上优点，单相桥式整流电路的应用最为广泛。

2）电路主要参考及其计算

（1）单相桥式整流电压的平均值为

$$U_o = 2 \times 0.45 U_2 = 0.9 U_2 \tag{4 – 8}$$

（2）负载电流的平均值为

$$I_o = \frac{U_o}{R_L} = 0.9 \frac{U_2}{R_L} \tag{4 – 9}$$

（3）流经二极管的电流平均值为

$$I_D = \frac{1}{2} I_o \tag{4 – 10}$$

（4）二极管承受的最大反向电压为

$$U_{DRM} = \sqrt{2} U_2 \tag{4 – 11}$$

【例 4 – 2】 单相桥式整流电路中的负载电阻 $R_L = 750\ \Omega$，变压器副绕组电压 $U_2 = 20\ V$，求 U_o、I_o 并选二极管。

解：

$$U_o = 0.9 U_2 = 0.9 \times 20 = 18\ （V）$$

$$I_o = \frac{U_o}{R_L} = \frac{18}{750} = 0.024（A）= 24\ mA$$

$$I_D = \frac{1}{2} I_o = 12\ mA$$

$$U_{DRM} = \sqrt{2} U_2 = \sqrt{2} \times 20 = 28.2\ （V）$$

因此，可选用型号为 2AP5 的二极管 4 只，其最大整流电流为 16 mA，最高反向工作电压为 75 V。

学习链接二　滤波电路分析

不管是半波整流，还是全波整流，通过波形会发现整出来的都是脉动波，这与我们要求的恒定直流是有差距的，不符合稳定直流电压输出要求，所以，才想通过滤波使波形更加的平滑，更加贴近于恒定直流。

1. 滤波电路的种类

滤波有多种方式，可以是电容滤波，也可以是电感滤波，还可以是它们的组合体。滤波电路常用于滤去整流输出电压中的纹波，一般由电抗元件组成，如在负载电阻两端并联电容器 C，或与负载串联电感器 L，以及由电容、电感组成的各种复式滤波电路，如图 4-26 所示。

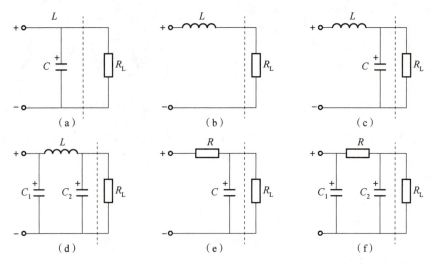

图 4-26　常用滤波电路形式

(a) 电容滤波；(b) 电感滤波；(c) 倒 L 型滤波；
(d) $LC\pi$ 型滤波；(e) RC 滤波；(f) $RC\pi$ 型滤波

> ❖ 常用的滤波电路有电容滤波、电感滤波和复式滤波（包括倒 L 型滤波、$LC\pi$ 型滤波、RC 滤波和 $RC\pi$ 型滤波等）。

2. 电容滤波电路分析

电容滤波电路

最常见、最常用的滤波方式是电容滤波。利用电容两端的电压不能突变的特点，在要求直流供电的负载两端并联容量较大的电容 C，就可以构成电容滤波电路，如图 4-27 所示。

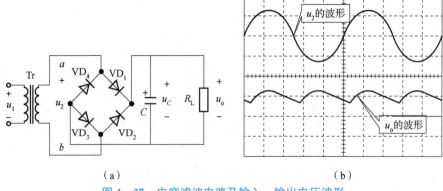

图 4-27　电容滤波电路及输入、输出电压波形

(a) 电路；(b) 输入输出波形

电路工作原理：如图 4 – 27（a）所示，设 $u_2 = \sqrt{2} U_2 \sin \omega t$，假定电容器事先未充电。$u_2$ 从正半周开始，当 $u_2 > u_C$，二极管 VD_1、VD_3 开始导通，u_2 向负载 R_L 供电的同时又对电容 C 充电。电容电压 u_C 紧随 u_2 按正弦规律上升至 u_2 的最大值。然后 u_2 继续按正弦规律下降，由于电容放电 u_C 的下降速度先快后慢，当 $u_2 < u_C$ 时，使二极管 VD_1、VD_3 截止，而电容 C 则继续对负载电阻 R_L 按指数规律放电。

在 u_2 的负半周，当 $|u_2| > u_C$ 时，二极管 VD_2、VD_4 开始导通，工作情况与正半周类似。这样，在输入正弦电压的一个周期内，电容器充电两次，放电两次，反复循环，如图 4 – 28 所示。

电容 C 放电的快慢取决于时间常数（$\tau = R_L C$）的大小，时间常数越大，电容 C 放电越慢，输出电压 u_o 就越平坦，平均值也越高。

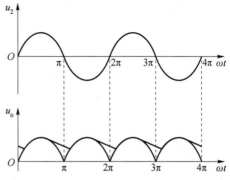

图 4 – 28　电容滤波波形图

> ❖ 电容滤波后的输出电压 $U_o = 1.2 U_2$，负载开路时 $U_o = \sqrt{2} U_2$。

3. 电容滤波电路特点

电容滤波输出特性比较软，空载输出电压会高到电源电压的 1.414 倍，重载输出时可能会降到电源电压的 0.9 倍，一般适合用在负载不重或对电压稳定度要求不太高的场合。

学习链接三　稳压电路分析

交流电经过整流滤波可得到平滑的直流电压，但当输入电网电压波动和负载变化时，输出电压也随之而变。因此，为了得到稳定的直流电压，必须在整流滤波电路之后采用稳压电路。直流稳压电路主要有二极管稳压电路、线性稳压电路和开关稳压电路三种。

本项目中我们采用的是稳压管稳压电路，如图 4 – 29 所示，由稳压二极管 VZ 和限流电阻 R 组成，稳压二极管在电路中反向连接，稳压电路的输入电压 U_i 来自整流滤波电路的输出电压。

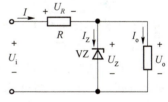

图 4 – 29　稳压管稳压电路

1. 稳压管稳压电路工作原理

（1）负载不变，电源电压波动的稳压情况。

当 U_i 升高将引起 $U_o = U_Z$ 升高，引起电流 I_Z 急剧增大，于是限流电阻的电流 I 增大，则在电阻 R 上的压降 U_R 增大，从而抵消了 U_o 的升高，使输出电压基本保持不变。上述稳压过程可表示如下：

$$U_i \uparrow \longrightarrow U_o \uparrow \longrightarrow U_Z \uparrow \longrightarrow I_Z \uparrow \longrightarrow I \uparrow \longrightarrow U_R \uparrow$$
$$U_o \downarrow \longleftarrow$$

当 U_i 下降时，稳压过程相反，读者可自行分析。

（2）电源电压不变，负载电流变化时的稳压情况。

当 I_o 增大时，I 和 U_R 也会随之增大，导致 $U_o = U_Z$ 下降，引起 I_Z 急剧减小，通过限流电阻 R 的电流 I 和压降 U_R 就减小，使 U_o 回升，而使 U_o 基本保持不变。上述稳压过程可表示如下：

$$I_Z\uparrow \longrightarrow I\uparrow \longrightarrow U_R\uparrow \longrightarrow U_o\downarrow \longrightarrow U_Z\downarrow \longrightarrow I_Z\downarrow \longrightarrow I\downarrow \longrightarrow U_R\downarrow$$
$$U_o\uparrow \longleftarrow$$

当 I_o 减小时，稳压过程相反，可自行分析。

2. 稳压管的选用

（1）稳压管能够稳压的最大电流 I_{zmax} 应大于负载电流最大值 I_{Lmax} 的 1.5～3 倍。

（2）稳压电路的输入电压 $U_i > U_o$，一般选取 2～3 倍的 U_o。输入电压不能太大，否则容易烧掉限流电阻和稳压管。

3. 其他类型稳压电路

（1）并联型稳压电路

并联型稳压电路又称稳压管稳压电路，是一种利用稳压二极管的稳压特性来稳定输出电压的简单稳压电路。由调压电阻 R 和稳压二极管 VZ 构成，如图 4-30（a）所示。电路稳压原理如图 4-30（b）所示。

（a）　　　　　　　　　　　（b）

图 4-30　并联稳压电路
（a）电路图；（b）稳压原理

电路特点：电路简单，但稳定性较差，输出电压不易调节，一般适用于输出电流较小、稳定性要求不高的场合。

2）串联型稳压电路

（1）简单串联型稳压电路。

图 4-31（a）所示为一个简单的串联型稳压电路，其中 VT 为三极管，利用其电流放大作用来调整电路的输出电压，又称电压调整管；VZ 为稳压二极管，与电阻 R 一起，稳定 VT 的基极（B 极）电压，并作为稳压电路的基准电压；R_L 为外接负载，还作为 VT 的发射极（E 极）电阻。

电路稳压原理如图 4-31（b）所示。

（a）　　　　　　　　　　　（b）

图 4-31　简单的串联型稳压电路
（a）原理图；（b）稳压原理

电路特点：电路简单，输出电流较大，但稳定性较差，输出电压不易调节。

（2）带放大环节串联型稳压电路。

图 4-32（b）所示为电路图。电路图中 VT_1 为电压调整管；VZ 为稳压二极管，与电阻

R_3一起为比较放大管 VT_2 的发射极提供基准电压 U_{REF}，R_1、R_P 和 R_2 组成取样电路，将输出电压的一部分 U'_o 送到比较放大管 VT_2 的基极进行比较；比较放大管 VT_2 将取样电压 U'_o 与基准电压 U_{REF} 的差值进行放大后，控制调整管 VT_1 的工作状态，使输出电压 U_o 保持不变。

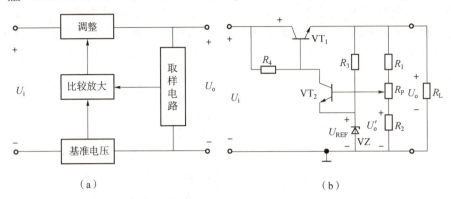

图 4 – 32　带放大环节的串联型稳压电路

（a）组成框图；（b）电路图

电路稳压原理如下：

$$U_i（或R_L）\uparrow \rightarrow U_o \uparrow \rightarrow U'_o \uparrow \xrightarrow{U_{E2}=U_{REF}} U_{BE2} \uparrow \rightarrow U_{C2} \downarrow$$

$$U_o稳定 \leftarrow \downarrow\Delta U_o \leftarrow U_o \downarrow \xleftarrow{U_o=U_i-U_{CE1}} U_{CE1} \uparrow \leftarrow U_{B1} \downarrow$$

电路特点：带放大环节串联型稳压电路输出电压便于调节，稳定性较好，输出电流较大，是一些中、小功率的电源电路中常采用的电路形式。但是该类型的稳压电路中调整管 C、E 极间电压较大，消耗大量的输入功率，因而电路的效率较低。

3）开关式稳压电路

前面所讲的线性稳压电路具有结构简单、调节方便、输出电压稳定性强、纹波电压小等优点。但是，调整管始终工作在放大状态，自身功耗较大，故效率低，甚至仅为 30% ~ 40%。而且，为了解决调整管散热问题，必须安装散热器，这就必然增大整个电源设备的体积、质量和成本。

如果调整管工作在开关状态，那么当其截止时，因电流很小（为穿透电流）而管耗很小；当其饱和时，因管压降很小（为饱和管压降）而管耗也很小；这将可以大大提高电路的效率。开关型稳压电路中的调整管正是工作在开关状态，并因此而得名，其效率可达 70% ~ 95%。

随着开关电源技术的不断突破，其应用范围也越来越广，在微型计算机、通信设备和音像设备中得到广泛应用。其种类也越来越多：按照调整管与负载的连接方式可分为串联型和并联型；按稳压的控制方式可分为脉冲宽度调制型（PWM）、脉冲频率调制型（PFM）和混合调制（即脉宽－频率调制）型；按调制管是否参与振荡可分为自激式和他激式；按使用开关管的类型可分为晶体管、VMOS 管和晶闸管型。下面以串联型开关式稳压电路来介绍开关稳压电路的稳压原理。

串联型开关式稳压电路的组成框图如图 4 – 33 所示。其工作原理为：调整管 VT_1 受脉冲信号控制工作在开关状态，当 VT_1 的基极为高电平时，C、E 极之间的电压压降约为零，相当于开关闭合，输入电压 U_i 通过 VT_1 对储能元件 L、C 和负载 R_L 提供电能。当 VT_1 的基极为低电平时，C、E 极之间的电流为零，相当于开关断开，L 中存储的电能通过续流二极管 VD 提供给电容 C 和负载 R_L，同时电容 C 也向负载提供电能。由于调整管 VT_1 工作在高频开关状态，使负载 R_L 两端电压 U_o 较为稳定。另一方面，取样电路产生的取样电压和基准电压电路产生的基准电压相比较，其差值经比较放大器放大后，控制开关脉冲发生器产生的脉冲宽度或频率，即改变存储在 L、C 上电能的多少，达到使输出的电压 U_o 保持稳定的目的。

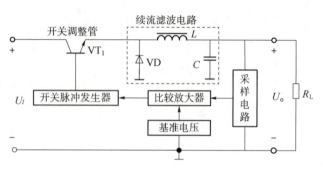

图 4－33　串联型开关式稳压电路组成框图

学习链接四　学会手工锡焊

电子电路的焊接、组装与调试在电子工程技术中占有重要位置。任何一个电子产品都是由设计→焊接→组装→调试形成的，焊接是保证电子产品质量和可靠性的最基本环节。

1. 焊接的基础知识

锡焊是焊接的一种，它是将焊件和熔点比焊件低的焊料共同加热到锡焊温度，在焊件不熔化的情况下，焊料熔化并浸润焊接面，依靠二者原子的扩散形成焊件的连接。

采用锡焊时必须要具备几个条件：焊件必须具有良好的可焊性；焊件表面必须保持清洁；要使用合适的助焊剂；焊件要加热到适当的温度；合适的焊接时间。

焊点的质量是决定电路功能是否正常的重要因数。图 4－34 所示为几种合格焊点。判断焊点是否合格的具体标准有几点：焊点有足够的机械强度；焊接可靠，保证导电性能；焊点表面整齐、美观；焊点的外观应光滑、清洁、均匀、对称、整齐、美观、充满整个焊盘并与焊盘大小比例合适。满足上述三个条件的焊点，才算是合格的焊点。

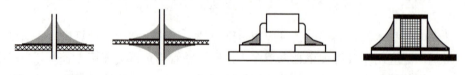

图 4－34　几种合格焊点

2. 焊接工具

常用的手工焊接工具是电烙铁，其作用是加热焊料和被焊金属，使熔融的焊料润湿被焊金属表面并生成合金。常见的电烙铁有直热式、感应式、恒温式，还有吸锡式电烙铁。这里主要介绍直热式电烙铁。

1）直热式电烙铁的结构及选用

直热式电烙铁可分为内热式和外热式两种，如图4-35所示。主要由以下几部分组成：

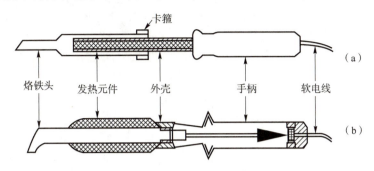

图4-35　直热式电烙铁结构示意图

(a) 内热式；(b) 外热式

（1）发热元件：俗称烙铁芯。它是将镍铬发热电阻丝缠在云母、陶瓷等耐热、绝缘材料上构成的。内热式与外热式主要区别在于外热式发热元件在传热体的外部，而内热式的发热元件在传热体的内部。

（2）烙铁头：作为热量存储和传递的烙铁头，一般用紫铜制成。

（3）手柄：一般用实木或胶木制成，手柄设计要合理，否则因温升过高而影响操作。

（4）接线柱：是发热元件同电源线的连接处。必须注意：一般烙铁有三个接线柱，其中一个是接金属外壳的，接线时应用三芯线将外壳接保护零线。

电烙铁的选用如表4-7所示。

表4-7　电烙铁的选用

焊件及工作性质	选用烙铁	烙铁头温度（室温220 V电压）/℃
一般印刷电路板，安装导线	20 W内热式、30 W外热式、恒温式	300～400
集成电路	20 W内热式、恒温式、储能式	
焊片、电位器、2～8 W电阻、大电解电容	35～50 W内热式、恒温式、50～75 W外热式	350～450
8 W以上大电阻、ϕ2 mm以上导线等较大元器件	100 W内热式、150～200 W外热式	400～500
汇流排、金属板等	300 W外热式	500～600
维修，调试电子产品	20 W内热式、恒温式、感应式、储能式、两用式	300～400

2）电烙铁的接触及加热方法

（1）电烙铁的接触方法：用电烙铁加热被焊工件时，烙铁头上一定要粘有适量的焊锡，为使电烙铁传热迅速，要用烙铁的侧平面接触被焊工件表面。

（2）电烙铁的加热方法：首先要在烙铁头表面挂有一层焊锡，然后用烙铁头的斜面加热待焊工件，同时应尽量使烙铁头同时接触印制板上焊盘和元器件引线，如图4-36所示。

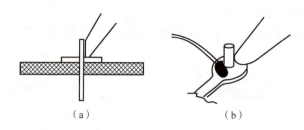

图 4 - 36　电烙铁的加热方法

(a) 小焊盘加热；(b) 大焊盘加热

3. 焊接材料

常用的焊料是焊锡，焊锡是一种锡铅合金。锡的熔点为 232 ℃，铅为 327 ℃，锡铅比例为 60∶40 的焊锡，其熔点只有 190 ℃ 左右，低于被焊金属，焊接起来很方便。机械强度是锡铅本身的 2 ~ 3 倍；而且降低了表面张力及黏度；提高了抗氧化能力。

焊锡丝有两种，一种是将焊锡做成管状，管内填有松香，称松香焊锡丝，使用这种焊锡丝焊接时可不加助焊剂；另一种是无松香的焊锡丝，焊接时要加助焊剂。

由于金属表面同空气接触后都会生成一层氧化膜，这层氧化膜阻止焊锡对金属的润湿作用，焊剂就是用于清除氧化膜的一种专用材料。我们通常使用的有松香和松香酒精溶液。另有一种焊剂是焊油膏，在电子电路的焊接中，一般不使用它，因为它是酸性焊剂，对金属有腐蚀作用。

4. 元件安装要求与焊接准备

1）常用元器件的安装要求

（1）晶体管的安装：在安装前一定要分清集电极、基极、发射极。元件比较密集的地方应分别套上不同彩色的塑料套管，防止碰极短路。对于一些大功率晶体管，应先固定散热片，后插大功率晶体管再焊接。

（2）集成电路的安装：集成电路在安装时一定要弄清其方向和引线脚的排列顺序，不能插错。现在多采用集成电路插座，先焊好插座再安装集成块。

（3）变压器、电解电容器、磁棒的安装：对于较大的电源变压器，就要采用弹簧垫圈和螺钉固定；中小型变压器，将固定脚插入印制电路板的孔位，然后将屏蔽层的引线压倒再进行焊接；磁棒的安装，先将塑料支架插到印制电路板的支架孔位上，然后将支架固定，再将磁棒插入。

❖ **安装应注意**：安装的元器件字符标记方向一致，并符合阅读习惯，以便今后的检查和维修。穿过焊盘的引线待全部焊接完后再剪断，如图 4 - 37 所示。

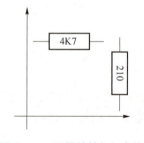

图 4 - 37　元器件的标记朝向

2）元器件焊接前的准备

（1）选择合适功率的电烙铁。

合理地选用电烙铁，对提高焊接质量和效率有直接的关系。如果使用的电烙铁功率较小，则焊接温度过低，焊点不光滑、不牢固，甚至焊料不能熔化，使焊接无法进行。如果电烙铁的功率太大，使元器件的焊点过热，造成元器件的损坏，致使印制电路板的铜箔脱落。

（2）镀锡。

镀锡要点：镀件表面应清洁，如镀件表面带有锈迹或氧化物，可用酒精擦洗或用刀刮、用砂纸打磨。

（3）元器件引线加工成型。

元器件在印制板上的排列和安装有两种方式，一种是立式，另一种是卧式。元器件引线弯成的形状应根据焊盘孔的距离不同而加工成型。加工时，注意不要将引线齐根弯折，一般应留 1.5 mm 以上，弯曲不要成死角，圆弧半径应大于引线直径的 1～2 倍，并用工具保护好引线的根部，以免损坏元器件。同类元件要保持高度一致。各元器件的符号标志向上（卧式）或向外（立式），以便于检查，如图 4－38 所示。

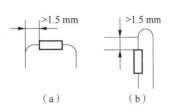

图 4－38　元器件引线加工成型

（a）卧式；（b）立式

（4）元器件的插装。

①卧式插装：卧式插装是将元器件紧贴印制电路板插装，元器件与印制电路板的间距应大于 1 mm。卧式插装法元件的稳定性好、比较牢固、受振动时不易脱落，如图 5－39（a）所示。

②立式插装：立式插装的特点是密度较大、占用印制板的面积少、拆卸方便。电容、三极管、DIP 系列集成电路多采用这种方法，如图 5－39（b）所示。

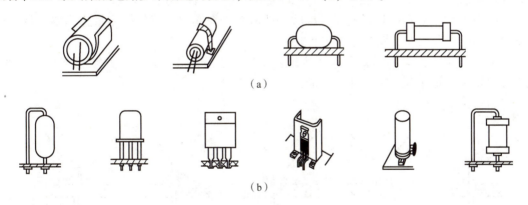

（a）

（b）

图 5－39　元器件的插装

（a）卧式；（b）立式

5. 手工焊接技术

1）电烙铁的握法

为了人体安全一般烙铁离开鼻子的距离通常以 30 cm 为宜。电烙铁拿法有三种，如图 4－40 所示，反握法动作稳定，长时间操作不宜疲劳，适合于大功率烙铁的操作。正握法适合于中等功率烙铁或带弯头电烙铁的操作。一般在工作台上焊印制板等焊件时，多采用握笔法。

2）焊锡丝的基本拿法

焊锡丝一般有两种拿法，如图 4－41 所示。焊接时，一般左手拿焊锡丝，右手拿电烙铁。进行连续焊接时采用图 4－41（a）所示的拿法，这种拿法可以连续向前送焊锡丝。

图 4 – 41 （b）所示的拿法在只焊接几个焊点或断续焊接时适用，不适合连续焊接。

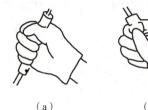

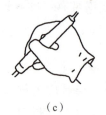
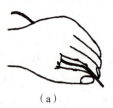
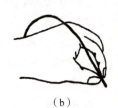

（a）　　　　　　（b）　　　　　　（c）　　　　　　　（a）　　　　　　（b）

图 4 – 40　电烙铁的握法　　　　　　　　图 4 – 41　焊锡丝的基本拿法

（a）反握法；（b）正握法；（c）握笔法　　　　（a）连续焊接时；（b）只焊几个焊点时

3）五步手工焊接法

手工焊接一般采用五步焊接法，如图 4 – 42 所示。

（1）准备施焊：烙铁头和焊锡靠近被焊工件并认准位置，处于随时可以焊接的状态，此时保持烙铁头干净可沾上焊锡。

（2）加热焊件：将烙铁头放在工件上进行加热，烙铁头接触热容量较大的焊件。

（3）熔化焊锡丝：将焊锡丝放在工件上，熔化适量的焊锡丝，在送焊锡丝过程中，可以先将焊锡丝接触烙铁头，然后移动焊锡丝至与烙铁头相对的位置，这样做有利于焊锡丝的熔化和热量的传导。此时注意焊锡一定要润湿被焊工件表面和整个焊盘。

（4）移开焊锡丝：待焊锡充满焊盘后，迅速拿开焊锡丝，待焊锡用量达到要求后，应立即将焊锡丝沿着元件引线的方向向上提起焊锡丝。

（5）移开烙铁：焊锡的扩展范围达到要求后，拿开烙铁，注意撤烙铁丝的速度要快，撤离方向要沿着元件引线的方向向上提起。

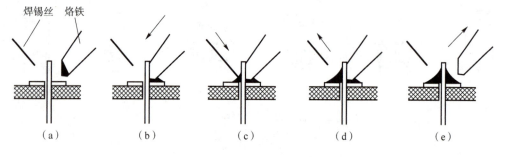

（a）　　　　　　（b）　　　　　　（c）　　　　　　（d）　　　　　　（e）

图 4 – 42　手工焊接五步焊接法

（a）准备；（b）加热焊件；（c）熔化焊锡丝；（d）移开焊锡丝；（e）移开烙铁

6. 手工焊接注意事项

一般焊接的顺序是：先小后大、先轻后重、先里后外、先低后高、先普通后特殊的次序焊装。即先焊分立元件，后焊集成块，对外连线要最后焊接。

（1）电烙铁，一般应选内热式 20～35 W 恒温 230 ℃的烙铁，但温度不要超过 300 ℃的为宜。接地线应保证接触良好。

（2）焊接时间在保证润湿的前提下，尽可能短，一般不超过 3 s。

（3）耐热性差的元器件应使用工具辅助散热。如微型开关、CMOS 集成电路、瓷片电容、发光二极管等元件，焊接前一定要处理好焊点，施焊时注意控制加热时间，焊接一定要快。还要适当采用辅助散热措施，以避免过热失效。

（4）如果元件的引线镀金处理的，其引线没有被氧化可以直接焊接，不需要对元器件的引线做处理。

（5）焊接时不要用烙铁头摩擦焊盘。

（6）集成电路若不使用插座，直接焊到印制板上，安全焊接顺序为：地端→输出端→电源端→输入端。

（7）焊接时应防止邻近元器件、印制板等受到过热影响，对热敏元器件要采取必要的散热措施。

（8）焊接时绝缘材料不允许出现烫伤、烧焦、变形、裂痕等现象。

（9）在焊料冷却和凝固前，被焊部位必须可靠固定，可采用散热措施以加快冷却。

（10）焊接完毕，必须及时对板面进行彻底清洗，以便去除残留的焊剂、油污和灰尘等脏物。

7. 焊接质量的检查

首先可以从外观上目视检查焊接质量是否合格。有条件的情况下，建议用 3～10 倍放大镜进行目检，目视检查的主要内容有：

（1）是否有错焊、漏焊、虚焊。

（2）有没有连焊、焊点是否有拉尖现象。

（3）焊盘有没有脱落、焊点有没有裂纹。

（4）焊点外形润湿应良好，焊点表面是不是光亮、圆润。

（5）焊点周围是否有残留的焊剂。

（6）焊接部位有无热损伤和机械损伤现象。

在外观检查中发现有可疑现象时，采用手触检查。主要是用手指触摸元器件有无松动、焊接不牢的现象，用镊子轻轻拨动焊接部或夹住元器件引线，轻轻拉动观察有无松动现象。

任务实施

（1）工具材料仪表准备：MF47 指针式万用表 1 个，电烙铁 1 个，镊子 1 把，吸锡器 1 个，焊锡若干，导线若干，万能板 1 块。

（2）准备好元器材，并将元器件按安装要求固定在万能板上，将布局图画在下框中。

（3）确保元器件安装牢固后，按工艺要求连接电路。

（4）电路安装完毕后，使用万用表检查电路连接通断情况。

简述检查过程：

_____

_____

（5）检查完毕后，清点整理元器件及仪表，按 6S 要求清理现场。

检查评估

1. 任务问答

（1）直流稳压电源主要由哪几个部分构成？

_____

_____

（2）常用的整流电路有哪几种？各有什么特点？

_____

_____

（3）叙述桥式整流电路的工作原理，并写出桥式整流电路输入电压和输出电压之间的关系。

_____

_____

（4）滤波电路有哪几种类型？分别有什么特点？

_____

_____

（5）为何经过滤波电路后，输出的直流电压变得较为平滑？

_____

_____

（6）常用稳压电路有哪几种类型？分别有什么特点？

_____

_____

（7）叙述稳压管稳压电路工作原理。

_____

_____

2. 任务评价

任务评价表如表 4-8 所示。

表 4 - 8   任务评价表

评价项目	评价内容	配分	得分
职业素养	是否遵守纪律及规程，不旷课、不迟到、不早退？ 旷课扣 3 分/次；迟到、早退扣 2 分/次；上课做与任务无关的事情扣 2 分/次；不遵守安全操作规程扣 10 分/次	10	
	是否以严谨认真、精益求精的态度对待学习及工作？ 能主动发现问题并积极解决得 5 分；课后作业完成度高得 5 分	10	
	是否能按手工焊接规范进行电路安装？是否能规范固定元件？有无造成元件的损坏？ 严格按手工焊接规范操作，焊点质量符合工艺要求得 10 分；元件布局合理，安装符合工艺要求得 10 分；造成元件损坏扣 3 分/个	20	
	是否在安装工作结束后按 6S 要求清扫整理，物品归位	10	
专业能力	任务完成情况：是否能根据原理图进行电路安装？是否能规范使用相关工具按手工焊接工艺要求完成电路安装；是否能正确使用万用表对电路连接情况进行检测。 会按图接线得 5 分；正确使用电烙铁、吸锡器等工具，操作符合手工焊接规范得 5 分；焊点质量符合工艺要求得 5 分；电路安装正确，布局走线合理得 10 分；正确检测电路回路情况得 5 分	30	
	任务问答： 【测试内容】是否知晓直流稳压电源主要构成电路部分及其作用；是否正确分析半波/桥式整流电路原理；是否能正确分析滤波、稳压电路原理。 【评分标准】90% 以上问题回答准确专业，描述清楚有条理得 20 分；80% 以上问题回答准确专业，描述清楚有条理得 16 分；70% 以上问题回答准确专业，描述清楚有条理得 14 分；60% 以上问题回答准确专业，描述清楚有条理得 12 分；不到 50% 问题回答准确的不超过 10 分，酌情打分	20	
总 分			

 小结反思

（1）绘制本任务学习要点思维导图。

（2）在任务实施中出现了哪些错误？遇到了哪些问题？是否解决？如何解决？记录在表 4 – 9 中。

表 4 – 9　错误记录

出现错误	遇到问题记录

任务4.3 直流稳压电源电路联调测试

任务描述

本次任务：使用示波器测试电路功能，记录相关电路参数，并处理出现的电路故障。

任务提交：测试结果及记录、任务问答、学习要点思维导图、任务评价表。

任务目标

本任务参考学习学时：4（课内）+2（课外）。通过本任务学习，可以获得以下收获：

专业知识：

能正确分析整流滤波稳压电路功能及存在问题。

专业技能：

（1）会规范使用万用表和示波器检测电路功能，并正确记录数据及波形。

（2）能根据检测数据及波形判断是否存在故障，并能排除存在电路问题。

职业素养：

（1）时刻保持安全清醒的头脑，以认真的态度对待学习和工作。

（2）养成严格按规范要求操作，使用电工仪表和安全工具等安全用电习惯和意识。

（3）能进行学习资料的收集、整理与自学，培养良好的工作习惯。

任务导学

学习链接一　电子电路调试方法

1. 通电观察

把经过准确测量的电源接入电路。观察有无异常现象，包括有无冒烟，是否有异常气味，手摸元器件是否发烫，电源是否有短路现象等。如果出现异常，应立即切断电源，待排除故障后才能再通电。然后测量各路总电源电压和各器件的引脚的电源电压，以保证元器件正常工作。

通过通电观察，认为电路初步工作正常，就可转入正常调试。

2. 分块调试

调试包括测试和调整两个方面。测试是在安装后对电路的参数及工作状态进行测量，调整是指在测试的基础上对电路的参数进行修正，使之满足设计要求。为了使测试顺利进行，设计的电路图上应标出各点的电位值、相应的波形以及其他数据。测试方法有两种：第一种是采用边安装边调试的方法，也就是把复杂的电路按原理图上的功能分成块进行安装调试，在分块调试的基础上逐步扩大安装调试的范围，最后完成整机调试，这种方法即为分块调试。采用这种方法能及时发现问题，因此是常用的方法，对于新设计的电路更是如此。另一种方法是整理电路安装完毕后，实行一次性调试。这种方法适用于简单电路或定型产品。对于新手而言，建议采用分块调试方法。分块调试包括静态调试和动态调试。

1）静态调试

交流、直流并存是电子电路工作的一个重要特点。一般情况下，直流为交流服务，直流是电路工作的基础。因此，电子电路的调试有静态调试和动态调试之分。静态调试一般是指在没有外加信号的条件下所进行的直流测试和调整过程。例如，通过静态测试模拟电路的静态的工作点，数字电路的各输入端和输出端的高、低电平值及逻辑关系等，可以及时发现已经损坏的元器件，判断电路工作情况，并及时调整电路参数，使电路工作状态符合设计要求。

2）动态调试

动态调试是在静态调试的基础上进行的。调试的方法是在电路的输入端接入适当频率和幅值的信号，并循着信号的流向逐级检测各有关点的波形、参数和性能指标。发现故障现象，应采取不同的方法缩小故障范围，最后设法排除故障。

测试过程中不能凭感觉和印象，要始终借助仪器观察。使用示波器时，最好把示波器的信号输入方式置于"DC"挡，通过直流耦合方式，可同时观察被测信号的交、直流成分。

通过调试，最后检查功能块和整机的各种指标（如信号的幅值、波形形状、相位关系、增益、输入阻抗和输出阻抗等）是否满足设计要求，如必要，再进一步对电路参数提出合理的修正。

3. 整机联调

在分块调试的过程中，由于是逐步扩大调试范围，故实际上已完成了某些局部联调工作。下面主要做好各功能块之间接口电路的调试工作，再把全部电路接通，就可以实现整机联调。整机联调只需要观察动态结果，即把各种测量仪器及系统本身显示部分提供信息与设计指标逐一比较，找出问题，然后进一步修改电路参数，直到完全符合要求为止。

调试过程中不能单凭感觉和印象，要始终借助仪器仪表观察。使用示波器时，最好把示波器的信号输入方式置于"DC"挡，它是直流耦合方式，同时可以观察被测信号的交直流成分。

学习链接二　示波器的使用

示波器是一种用来测量交流电或脉冲电流波的形状的仪器，由电子管放大器、扫描振荡器、阴极射线管等组成。除观测电流的波形外，还可以测定频率、电压强度等。示波器可以分为模拟示波器和数字示波器，对于大多数的电子应用，无论模拟示波器还是数字示波器都是可以胜任的，只是对于一些特定的应用，由于模拟示波器和数字示波器所具备的不同特性，才会出现适合和不适合的地方。

下面以 UTD2025CL 数字示波器为例介绍示波器的简单使用。图 4-43 所示为 UTD2025CL 型数字示波器，图 4-44 所示为该示波器的控制面板。

数字示波器具有自动波形检测的功能。根据输入的信号，可自动调整电压倍率、时基、以及触发方式至最好状态显示。应用自动波形检测功能要求被测信号的频率大于或等于 50 Hz，占空比大于 1%。

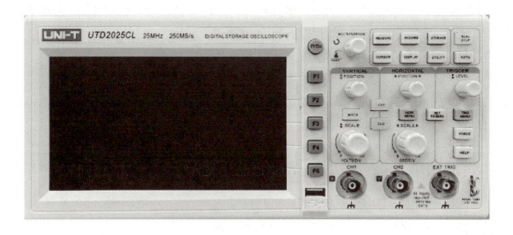

图 4 - 43　UTD2025CL 型数字示波器

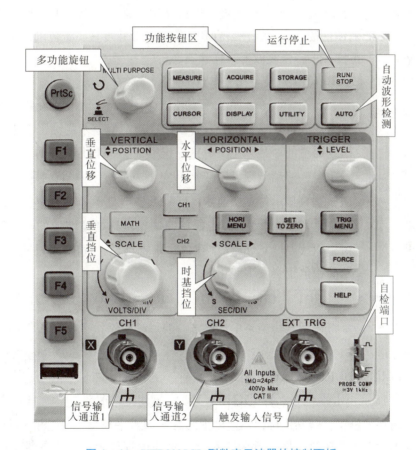

图 4 - 44　UTD2025CL 型数字示波器的控制面板

1. UTD2025CL 型数字示波器操作面板

1) 常用菜单区与功能菜单区

按图 4 - 45 中任一按键，屏幕右侧会出现相应的功能菜单。

通过功能菜单操作区的 6 个按键可选定功能菜单的选项。功能菜单选项中有 "◁" 符号的，标明该选项有下拉菜单。下拉菜单打开后，可转动多功能旋钮（）选择相应的项目并按下予以确认。功能菜单上、下有"⬆"
"⬇"符号，表明功能菜单一页未显示完，可操作按键上、下翻页。功能菜单中有↺，表明该项参数可转动多功能旋钮进行设置调整。按下取消功能菜单按钮，显示屏上的功能菜单立即消失。

2）执行按键区（RUN CONTROL）

有 $\boxed{\text{AUTO}}$（自动设置）和 $\boxed{\text{RUN/STOP}}$（运行/停止）2个按键。按下 $\boxed{\text{AUTO}}$ 按键，示波器将根据输入的信号，自动设置和调整垂直、水平及触发方式等各项控制值，使波形显示达到最佳适宜观察状态，如需要，还可进行手动调整。

RUN/STOP 键为运行/停止波形采样按键。运行（波形采样）状态时，按键为黄色；按一下按键，停止波形采样且按键变为红色，有利于绘制波形并可在一定范围内调整波形的垂直衰减和水平时基，再按一下，恢复波形采样状态。

3）垂直控制区（VERTICAL）

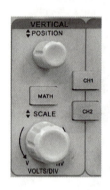

图4-46 垂直控制面板

如图4-46所示，垂直位置 POSITION 旋钮可设置所选通道波形的垂直显示位置。转动该旋钮不但显示的波形会上下移动，且所选通道的"地"（GND）标识也会随波形上下移动并显示于屏幕左状态栏，移动值则显示于屏幕左下方；按下垂直 POSITION 旋钮，垂直显示位置快速恢复到零点（即显示屏水平中心位置）处。

垂直衰减 SCALE 旋钮调整所选通道波形的显示幅度。转动该旋钮改变"V/div（伏/格）"垂直挡位，同时下状态栏对应通道显示的幅值也会发生变化。

$\boxed{\text{CH1}}$、$\boxed{\text{CH2}}$、$\boxed{\text{MATH}}$、$\boxed{\text{REF}}$ 为通道或方式按键，按下某按键屏幕将显示其功能菜单、标志、波形和挡位状态等信息。$\boxed{\text{OFF}}$ 键用于关闭当前选择的通道。

4）水平控制区（HORIZONTAL）

如图4-47所示，水平位置 POSITION 旋钮调整信号波形在显示屏上的水平位置，转动该旋钮不但波形随旋钮而水平移动，且触发位移标志"T"也在显示屏上部随之移动，移动值则显示在屏幕左下角；按下此旋钮触发位移恢复到水平零点（即显示屏垂直中心线置）处。

水平衰减 SCALE 旋钮改变水平时基挡位设置，转动该旋钮改变"s/div（秒/格）"水平挡位，下状态栏 Time 后显示的主时基值也会发生相应的变化。水平扫描速度从 20 ns ~ 50 s，以 1 - 2 - 5 的形

图4-47 水平控制面板

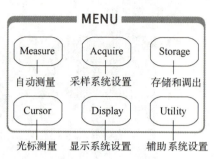

MENU

Measure	Acquire	Storage
自动测量	采样系统设置	存储和调出
Cursor	Display	Utility
光标测量	显示系统设置	辅助系统设置

图4-45 常用菜单

式步进。按动水平 SCALE 旋钮可快速打开或关闭延迟扫描功能。

按水平功能菜单 MENU 键，显示 TIME 功能菜单，在此菜单下，可开启/关闭延迟扫描，切换 Y（电压）– T（时间）、X（电压）– Y（电压）和 ROLL（滚动）模式，设置水平触发位移复位等。

5）触发控制区（TRIGGER）

如图 4–48 所示，使用 LEVEL 电平旋钮改变触发电平设置。转动 LEVEL 旋钮，可以发现屏幕上出现一条橘红色的触发线以及触发标志，随旋钮而上下移动。停止转动旋钮，此触发线和触发标志会在 5 s 后消失。在移动触发线的同时，可以观察在屏幕上触发电平的数值发生了变化。

使用 TRIG MENU 调出触发操作菜单，可以改变触发的设置。

按 F1 号菜单操作按键，选择"边沿"触发。

按 F2 号菜单操作按键，选择"触发源"为 CH1。

按 F3 号菜单操作按键，设置边沿类型"斜率"为上升沿。

按 F4 号菜单操作按键，设置"触发方式"为自动。

按 F5 号菜单操作按键，进入"触发耦合"为交流。

按 SET TO ZERO 的按钮，设置触发电平在触发信号幅值的垂直中点。

按 FORCE 按钮；强制产生一触发信号，主要应用于触发方式中的"正常"的"单次"模式。

图 4–48　触发控制面板

6）信号输入/输出区

如图 4–49 所示，"CH1"和"CH2"为信号输入通道，EXT TREIG 为外触发信号输入端，最右侧为示波器校正信号输出端（输出频率 1 kHz、幅值 3 V 的方波信号）。

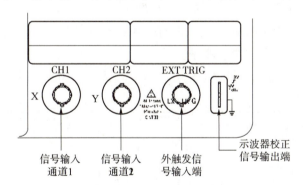

图 4–49　信号输入/输出区

2. 信号的测量

该示波器 CH1 和 CH2 通道的垂直菜单是独立的，每个项目都要按不同的通道进行单独设置，但 2 个通道功能菜单的项目及操作方法则完全相同。

在常用 MENU 控制区按 MEASURE （自动测量）键，弹出自动测量功能菜单，如图 4–49 所示。其中电压测量参数有：峰峰值（波形最高点至最低点的电压值）、最大值（波形最高点至 GND 的电压值）、最小值（波形最低点至 GND 的电压值）、幅值（波形顶端至底端的电压值）、顶端值（波形平顶至 GND 的电压值）、底端值（波形平底至 GND 的电压值）、过冲（波形最高点与顶端值之差与幅值的比值）、预冲（波形最低点与底端值之差与幅值的比值）、平均值（1 个周期内信号的平均幅值）、均方根值（有效值）共 10 种。测量界面功能菜单如图 4 − 50 所示。

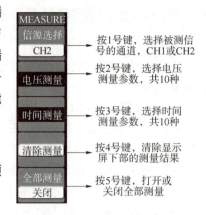

图 4 − 50　测量界面功能菜单

3. 数字示波器简单测量示例

观测电路中一未知信号，迅速显示和测量信号的频率和峰峰值。

（1）欲迅速显示该信号，请按如下步骤操作：

①将探头菜单衰减系数设定为 10 ×，并将探头上的开关设定为 10 ×。

②将 CH1 的探头连接到电路被测点。

③按下 AUTO 按钮。数字存储示波器将自动设置使波形显示达到最佳，也可进一步调节垂直、水平挡位，直至波形的显示符合要求。

（2）进行自动测量信号的电压和时间参数。

数字存储示波器可对大多数显示信号进行自动测量，欲测量信号频率和峰峰值，可按下面步骤操作：

①按 MEASURE 按键，以显示自动测量菜单。

②按下 F1，进入测量菜单种类选择。

③按下 F3，选择电压类。

④按下 F5 翻至 2/4 页，再按 F3 选择测量类型：峰峰值。

⑤按下 F2，进入测量菜单种类选择，再按 F4 选择时间类。

⑥按下 F2 即可选择测量类型：频率。

此时，峰峰值和频率值分别显示在 F1 和 F2 的位置。图 4 − 51 所示为简单信号波形显示。

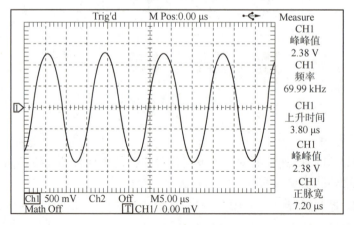

图 4 − 51　简单信号波形显示

学习链接三　直流稳压电路常见故障及处理

在电路测试过程中不可避免地会出现各种各样的故障，所以检查和排除故障是电子工程人员必备的技能。面对一个电路，要从大量的元器件和线路中迅速、准确地找出故障，要求掌握正确方法。一般来说，故障诊断过程是：从故障现象出发，通过不同的方法找到故障点，根据所掌握的知识做出分析判断，最终找出故障原因并解决。

1. 检查排除故障常用的基本方法

（1）观测法：通电前检查元器件引脚接线，有无错接、短路、接反、断线等情况，通电后观察元器件有无发烫、冒烟，有焦糊味等情况。

（2）信号跟踪法：在调试电路的输入端接入适当幅度与频率的信号，利用示波器或万用表按信号的流向，从前至后逐步观察电压波形及幅值变化情况。

（3）对比法：怀疑某一电路存在问题，可将此电路参数和工作状态与相同的正常电路进行对比，从中分析故障原因。

（4）部件替换法：用同类型的电路部件、元器件来替换故障电路被怀疑的部分，问题改善即可确认故障点。

2. 典型故障分析与排除

（1）整流输出电压不正常。

桥式整流后输出电压的平均值为 $U_o = 0.9U_2$，测量值应与理论值相差不大。如果出现较大差距，可从以下几个方面排查。首先，检查当前输出的波形是否为全波波形，如果是半波波形则输出电压的平均值 $U_o = 0.45U_2$；其次，公式中 U_2 是有效值而不是最大值，用数字万用表交流挡测量变压器的输出 U_2 即是有效值，检查测量电压时挡位选择是否正确，测量 U_2 时选择的是交流电压挡，测量 U_o 时选择的是直流电压挡。

（2）滤波后观察不到电容充放电过程的波形。

①检查示波器设置，为了便于直观地观察到电容的充放电过程，需将通道耦合方式设置为"交流"，同时需要设置坐标轴合理的挡位，通常幅度设为 200 mV 挡，时间设为 5 ms 挡。

②用示波器观察整流桥之间的输出波形是否为全波输出。如果正常，则检查电解电容的极性是否安装正确；如果正确，则检查负载电阻是否可靠连接，不接负载不能观察到电容的充放电过程。

（3）滤波后输出波形脉动成分依然很大。

由于滤波电路的主要作用是减小交流成分，保留直流成分。因此出现输出波形脉动成分与滤波电路的参数有关。首先检查电解电容焊接是否可靠，如果电容没有连接则起不到滤波作用；然后检查电解电容、电阻的值是否与要求的一致，如果放电时间常数 R_C 较小的话，脉动仍会很大，则需要调整电容 C_1 或负载电阻 R_L 的值。

（4）稳压后示波器观察不到输出波形

即当前观察到的输出电压为零。请首先测量稳压器的输入电压（即 1 号引脚处）是否为零，如果为零则说明前面的整流或滤波电路存在问题，按照前面任务的调试方法进行调试；如果稳压器输入电压不为 0，则检查稳压电路部分，先检查集成稳压器的引脚是否错误，然后检查焊接的线路是否存在断路。

（1）工具材料仪表准备：安装好的电路板 1 块，MF47 指针式万用表 1 个，数字式示波器 1 台。

（2）电路功能测试：按图 4－52 接好测试仪器。上电后，先远距离观察一下是否有电容爆裂、冒烟等异常现象，如果出现异常现象，立刻断电，并查找问题原因，解决后重新上电。

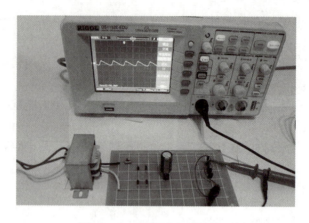

图 4－52　电路测试连接图示

通电观察电路是否有异常情况？如有请记录现象，并写出存在问题原因。

_____

_____

（3）用示波器观察图 4－53 所示电路中 u_2、u_C、u_o 的电压波形，用万用表分别测量各段电压有效值，将检测数据及波形记录在表 4－10 中。

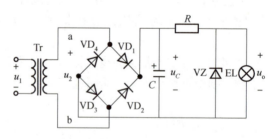

图 4－53　电路原理图

表 4－10　电路各段电压检测数据及波形

测量项目	有效值	万用表挡位	测量值	波形
变压器二次侧电压 u_2	U_2			（u_2-ωt 坐标图）

测量项目	有效值	万用表挡位	测量值	波形
滤波部分输出电压 u_C	U_C			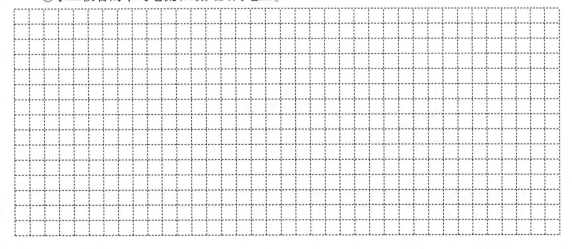
负载电阻电压 u_o	U_o			

电路测试结论：

_____

_____

（4）调试完毕后，按断电规范操作断开电源，清理现场，清点工具，并将设备放回到指定区域。

 检查评估

1. 任务问答

（1）单相桥式整流电路，设二极管为理想器件，变压器的原、副边绕组匝数比 $n = N_1/N_2 = 11$，变压器损耗不计，$u_1 = 220\sqrt{2}\sin100\pi t$ V。试回答下列问题：

①画出 U_2 和 U_o 的波形。

②求负载 R_L 上的直流电压和直流电流。

③求二极管的平均电流和最大反向电压。

_____

_____

（2）试分析桥式整流电路中的二极管 VD_2 或 VD_4 断开时负载电压的波形。如果 VD_2 或 VD_4 接反，后果如何？

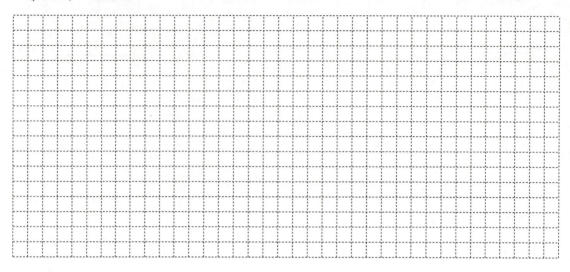

（3）在桥式整流滤波电路图 4-54 中，$U_2 = 20$ V，负载 $R_L = 100$ Ω。

① 求输出电压平均值 U_o。

② 根据图 4-55 所给的二极管参数，确定电路中二极管的型号。

③ 当用万用表测得负载电压 U_L 分别为 $U_L = 18$ V 和 $U_L = 20$ V 时，试分析电路工作是否正常。如有故障，故障可能出在什么地方。

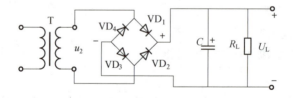

图 4-54　桥式整流滤波电路

型号＼参数	I_F/mA	U_{RM}/V
2AP9	100	35
2CZ50A	300	25
2CZ50B	300	50

图 4-55　二极管参数

2. 任务评价

任务评价表如表 4-11 所示。

表 4 – 11　任务评价表

评价项目	评价内容	配分	得分
职业素养	是否遵守纪律及规程，不旷课、不迟到、不早退？ 旷课扣 3 分/次；迟到、早退扣 2 分/次；上课做与任务无关的事情扣 2 分/次；不遵守安全操作规程扣 10 分/次	10	
	是否以严谨认真、精益求精的态度对待学习及工作？ 能主动发现问题并积极解决得 5 分；课后作业完成度高得 5 分	10	
	是否能按操作规程进行电路测试？ 遵守电路通电测试操作规程得 10 分	10	
	是否在任务实施过程中造成仪表、仪器、器件的损坏？ 造成万用表烧表直接扣 10 分；造成器件损坏扣 3 分/个；造成示波器及探针损坏扣 10 分；该项扣完为止	10	
	是否在安装测试工作结束后按 6S 要求清扫整理，物品归位	10	
专业能力	任务完成情况：是否能规范使用万用表和示波器检测电路功能，并正确记录数据及波形；是否能根据检测数据及波形判断是否存在故障，并能排除存在电路问题。 正确使用万用表测电压有效值并记录得 5 分；正确使用示波器观察电压波形并规范绘制波形，标注参数得 10 分；电路功能测试正常得 10 分；利用有效方法检测电路故障并排除得 5 分	30	
	任务问答： 【测试内容】是否能正确分析整流滤波稳压电路功能及存在问题。 【评分标准】90% 以上问题回答准确专业，描述清楚有条理得 20 分；80% 以上问题回答准确专业，描述清楚有条理得 16 分；70% 以上问题回答准确专业，描述清楚有条理得 14 分；60% 以上问题回答准确专业，描述清楚有条理得 12 分；不到 50% 问题回答准确的不超过 10 分，酌情打分	20	
总　分			

小结反思

（1）绘制本任务学习要点思维导图。

（2）在任务实施中出现了哪些错误？遇到了哪些问题？是否解决？如何解决？记录在表 4 – 12 中。

表 4 – 12　错误记录

出现错误	遇到问题记录

直流稳压电源稳压功能优化

　　本项目电路使用的是稳压管稳压，而实际应用中稳压二极管功率有限，使电路的电流受限制，即使是功率较大的，也会因为电流变化大而使压降产生变化，而致稳压效果差。为了获得稳定性好的直流电压，在实际中通常使用集成稳压器。集成稳压器的体积小、质量轻，而且大大提高了电路的可靠性，减少了组装和调试的工作量。集成稳压器种类很多，以三端式集成稳压器应用最为普遍。请提出选择合适的三端稳压器替换稳压管的电路优化方案，实现稳压性能的提高。

巩固练习

一、填空题

1. 纯净的半导体称为_____，在纯净的半导体中掺入微量的磷形成的半导体称为_____，在纯净的半导体中掺入微量的硼形成的半导体称为_____。

2. 在 N 型半导体中_____为多数载流子，_____为少数载流子。

3. 二极管具有单向导电性，即加正向电压_____，加反向电压_____。

4. 普通半导体二极管按结构可分为_____型、_____型和_____型。

5. 采用二极管做整流元件是因为二极管具有_____特性。

6. 常用的直流稳压电源由_____、_____、_____和_____四个部分组成。

7. 变压器由_____和_____组成。

8. 在单相桥式整流电路中，变压器二次电压为 10 V，则二极管的最高反向工作电压不小于_____V，若负载电流为 1 000 mA，则每只二极管的平均电流应大于_____mA。

9. 在整流与负载之间接入滤波电路，若接电容滤波电路，要将滤波电容与负载_____联；若接电感滤波电路，要将滤波电感与负载_____联。

10. 稳压二极管工作在_____状态。

二、选择题

1. 本征半导体又叫（　　）。

A. 普通半导体　　　B. P 型半导体　　　C. 掺杂半导体　　　D. 纯净半导体

2. 将 PN 结加适当的正向电压，则空间电荷区将（　　）。

A. 变宽　　　　　　B. 变窄　　　　　　C. 不变　　　　　　D. 消失

3. 锗二极管的死区电压为（　　）。

A. 0.3 V　　　　　B. 0.5 V　　　　　C. 1 V　　　　　　D. 0.7 V

4. 用 $R \times 1$ k 电子挡测量某一个二极管时，发现其正、反电阻均接近 1 000 kΩ，这说明该二极管（　　）。

A. 短路　　　　　　B. 完好　　　　　　C. 开路　　　　　　D. 无法判断

5. 在一个单相桥式整流中，有一个整流二极管击穿短路，则（　　）。

A. U_o 会升高　　　B. U_o 会下降　　　C. 不能正常工作　　D. 仍可工作

6. 在一个单相桥式整流中，有一个整流二极管断路，则（　　）。

A. U_o 会升高　　　B. U_o 会下降　　　C. 不能正常工作　　D. 仍可工作

7. 稳压电路的位置一般在（　　）的后面。

A. 信号源　　　　　B. 电源变压器　　　C. 整流电路　　　　D. 滤波电路

8. 用万用表测量一只接在稳压电路中的稳压二极管 2CW15 两端的电压，发现读数为 0.7 V，这种情况是（　　）。

A. 稳压二极管接反了　　　　　　　　B. 稳压二极管击穿了

C. 稳压二极管烧坏了　　　　　　　　D. 电压表读数不准

9. 在有电容滤波的单相半波整流电路中，若要使输出的直流电压平均值为 60 V，则变压器的次级电压应为（　　　）。

A. 50 V B. 60 V C. 72 V D. 27 V

三、判断题

1. PN 结两端加正向电压时，参与导电的是多数载流子。 （　　）

2. PN 结两端加反向电压时，参与导电的是少数载流子。 （　　）

3. 降压变压器的次级线圈细而匝数多，初级线圈粗而匝数少。 （　　）

4. 桥式整流电路也是一种全波整流电路。 （　　）

5. 滤波电容的容量越大，输出电压 u_o 越平坦，平均值也越高。 （　　）

6. 在半波整流电路中，接入滤波电容时的输出电压平均值 $U_o = U_2$。 （　　）

四、分析题

1. 什么是死区电压？硅管和锗管的死区电压约为多少？

2. 如何利用稳压管实现稳压？

3. 有一个单相半波整流电路，负载电阻为 2 kΩ。当整流变压器副边的电压有效值为 60 V 时，试求：整流电路的输出电压；负载电流及二极管的电流。

4. 有一个单相桥式整流电路，负载电阻为 350 Ω，若要求负载电压为 20 V。试求：整流变压器副边的电压有效值；二极管的电流及最高反向工作电压。

项目 5　简易助听器制作与测试

项目描述

助听器是针对耳聋患者或上了年纪的老人设计的一种提高声音强度的装置，它可以帮助听力障碍患者充分利用残余听力，进而补偿听力损失。重阳节快到了，为了让家里的爷爷、奶奶听得更清楚，我们决定制作一款体积小、性能稳定、灵敏度高、频响宽且失真小的简易助听器，如图 5-1 所示。

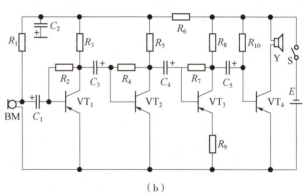

（a）　　　　　　　　　　　　　　　　（b）

图 5-1　简易助听器电路

（a）实物图；（b）电路图

项目导航

要完成这项电路制作任务，可分三步走，具体如图 5-2 所示。

图 5-2　项目流程图

项目 5 专业知识、技能图谱如图 5-3 所示。

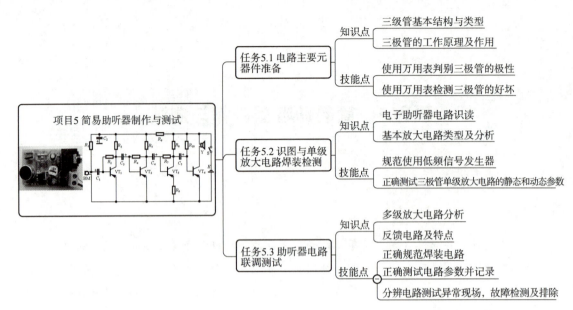

图 5−3　项目 5 专业知识、技能图谱

任务 5.1 电路主要元器件准备

任务描述

电子助听器电路实现信号放大作用的核心元件是三极管。

本次任务：在充分了解三极管的特性后，根据电路准备主要器件，列出元器件清单，并用万用表检测核心器件三极管的好坏。

任务提交：检测结论、任务问答、学习要点思维导图、任务评价表。

任务目标

本任务参考学习学时：4（课内）+2（课外）。通过本任务学习，可以获得以下收获：

专业知识：

(1) 能描述三极管结构特点、类型，正确画出三极管的电路符号。

(2) 能正确分析三极管的三种工作状态。

(3) 能正确分析三极管的电流分配关系及电流放大作用。

(4) 能表述三极管主要参数含义。

专业技能：

(1) 学习查阅三极管的产品手册。

(2) 学习使用万用表判别三极管极性。

(3) 能根据检测结果判断三极管的好坏。

职业素养：

(1) 时刻保持安全清醒的头脑，以认真的态度对待学习和工作。

(2) 养成严格按规范要求操作，使用电工仪表和安全工具等安全用电习惯和意识。

(3) 能进行学习资料的收集、整理与自学，培养良好的工作习惯。

任务导学

三极管基本
结构与类型

学习链接一　三极管基本结构与类型

三极管，又称为双极型晶体管或晶体三极管，是一种控制电流的半导体器件。其作用是把微弱信号放大成幅值较大的电信号，也用作无触点开关。常见的三极管实物如图 5-4 所示。

半导体三极管由两个背靠背的 PN 结构成，其结构特点如图 5-5 所示。

三极管是半导体基本元器件之一，具有电流放大作用，是电子电路的核心元件。三极管是在一块半导体基片上制作两个相距很近的 PN 结，两个 PN 结把整块半导体分成三个区域，中间区域是基区，两侧区域是发射区和集电区，排列方式有 PNP 和 NPN 两种。

三极管按材料分有两种：锗管和硅管。而每一种又有 NPN 和 PNP 两种结构形式，但使用最多的是硅 NPN 和锗 PNP 两种三极管。图 5-5 所示为两种三极管的结构和电路符号。

图 5 - 4 常见三极管实物

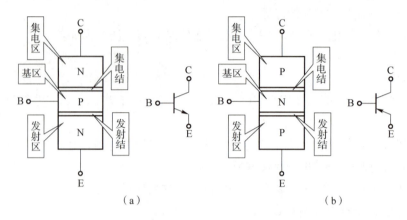

（a）　　　　　　　　　　　　　　　（b）

图 5 - 5　两种三极管的结构及电路符号

（a）NPN 型三极管；（b）PNP 型三极管

发射区和基区之间的 PN 结叫发射结，集电区和基区之间的 PN 结叫集电结。基区很薄，而发射区较厚，杂质浓度大，PNP 型三极管发射区"发射"的是空穴，其移动方向与电流方向一致，故发射极箭头向里；NPN 型三极管发射区"发射"的是自由电子，其移动方向与电流方向相反，故发射极箭头向外。发射极箭头指向也是 PN 结在正向电压下的电流方向。

国产半导体器件的型号的命名方法如图 5 - 6 所示。

图 5 - 6　国产半导体器件的型号的命名方式

其中第二和第三部分汉语拼音字母符号表示的意义如表 5 - 1 所示。

表 5 - 1　三极管型号中的汉语拼音字母表示的意义

第二部分的符号与意义		第三部分的符号与意义			
符号	意义	符号	意义	符号	意义
A	PNP 型锗材料	P	普通管	U	光电管
B	NPN 型锗材料	V	微波	K	开关管

第二部分的符号与意义		第三部分的符号与意义			
符号	意义	符号	意义	符号	意义
C	PNP 型硅材料	W	稳压管	X	低频小功率管 截止频率 < 3 MHz, 耗散功率 < 1 W
D	NPN 型硅材料	C	参量管	G	高频小功率管 截止频率 ≥ 3 MHz, 耗散功率 < 1 W
		Z	整流管	D	低频大功率管 截止频率 < 3 MHz, 耗散功率 ≥ 1 W
		L	整流堆	A	高频大功率管 截止频率 ≥ 3 MHz, 耗散功率 ≥ 1 W
		S	隧道管	T	可控整流器

学习链接二　三极管的工作原理及作用

1. 三极管的电流分配与电流放大作用

将 NPN 型三极管接成如图 5 – 7 所示电路。此电路有两个回路：左边回路为基极回路；右边回路为集电极回路。因为两个回路中都含有发射极，故称此电路为共发射极接法的电路。

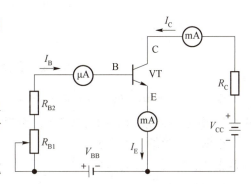

图 5 – 7　三极管共发射极接法的电路

在该电路中，改变集电极 R_B，则基极电流 I_B、集电极电流 I_C 及发射极电流 I_E 都将发生变化，各极所测数据如表 5 – 2 所示。

表 5 – 2　三极管各极电流测量值

$I_B/\mu A$	0	20	40	60	80	100
I_C/mA	< 0.001	0.70	1.50	2.30	3.10	3.95
I_E/mA	< 0.001	0.72	1.54	2.36	3.18	4.05

由表 5 – 2 中的数据可得出如下结论

（1）每一列的电流有 $I_E = I_B + I_C$，三个电流之间的关系符合基尔霍夫定律。

（2）I_C、I_E 比 I_B 大得多。I_C（输出）与 I_B（输入）的比值反映了晶体管的电流放大作用，也就是三极管的基极电流微弱变化时，会引起集电极电流的极大变化，即

$$\overline{\beta} = \frac{I_C}{I_B}, \quad \beta = \frac{\Delta I_C}{\Delta I_B} \qquad (5 – 1)$$

式中，$\overline{\beta}$ 为直流放大系数；β 为交流放大系数；$\overline{\beta}$ 与 β 相差很小，一般可不加以区别，统一用 β 或 h_{FE} 表示，称为电流放大倍数。

要使三极管有电流放大作用，发射结必须正向偏置，集电结必须反向偏置。在实际应用中，判断三极管是否处在放大状态，往往就是根据这一原则进行判断的。

2. 三极管的特性曲线

三极管的特性曲线

在共发射极电路中，输入特性是指当集射极间电压 U_{CE} 为常数时，输入电压 U_{BE} 与输入电流 I_B 间的关系曲线；输出特性是指当基极电流 I_B 为常数时，集射极间电压 U_{CE} 与集电极电流 I_C 间的关系曲线。三极管的输入、输出特性统称为三极管的工作特性，其特性曲线如图 5 – 8 所示。

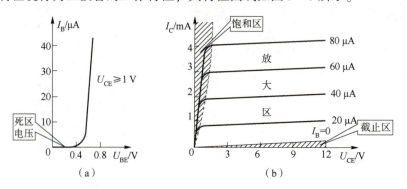

图 5 – 8 三极管的特性曲线图

(a) 输入特性曲线；(b) 输出特性曲线

图 5 – 8 (a) 中，输入特性曲线存在一段死区电压（硅管约为 0.5 V，锗管约为 0.2 V），正常导通时，硅管的 U_{BE} 约为 0.7 V，锗管的 U_{BE} 约为 0.2 V。

根据三极管的工作状态不同，图 5 – 8 (b) 所示输出特性曲线可划分为三个工作区域，即截止区、放大区、饱和区。

1) 截止区

$I_B = 0$ 曲线以下的区域称为截止区。当 $I_B = 0$ 时，这时基极开路或发射结反偏，集 – 射极之间近似于断路状态，相当于开关断开。在截止区，发射结和集电结都处于反向偏置。

2) 放大区

当发射结正偏，集电结反偏时，晶体管处于放大状态，处于特性曲线放大区。U_{CE} 大于一定值后曲线平坦，I_C 与 U_{CE} 几乎无关，呈恒流特性，$I_C = \beta I_B$ 只受 I_B 控制，因此放大区又称线性区。

3) 饱和区

当 $U_{CE} < U_{BE}$ 时，集电结处于正向偏置。晶体管工作于饱和区时，对应的 U_{CES} 称为饱和电压，小功率硅管 $U_{CES} \leqslant 0.3$ V，锗管 $U_{CES} \leqslant 0$ V。晶体管进入饱和状态后，$I_C = \beta I_B$ 不再成立，集 – 射极之间呈低阻态。三极管工作在饱和状态下，相当于开关接通。在饱和区，发射结和集电结都处于正向偏置。

3. 三极管的极限参数

1) 集电极最大允许电流 I_{CM}

集电极电流超过一定值时，晶体管的 β 值要下降。当 β 值下降到正常值的三分之二时的集电极电流，称为集电极最大允许电流 I_{CM}。当电流超过此值时甚至会烧坏管子。

2) 集 – 射极反向击穿电压 $U_{(BR)CEO}$

基极开路时，加在集电极与发射极之间的最大允许电压称为集 – 射极反向击穿电压

$U_{(BR)CEO}$。当晶体管的 $U_{CE} > U_{(BR)CEO}$ 时，I_{CEO} 突然大幅上升，说明晶体管已被击穿。

3）集电极最大允许耗散功率 P_{CM}

由于集电极电流在流过集电结时将产生热量，使结温升高，从而引起晶体管参数改变。当晶体管因受热而引起的参数变化不超过允许值时，集电极所消耗的最大功率称为耗散功率 P_{CM}。根据上述极限参数，可作出晶体管的安全工作区域，如图 5-9 所示。

4. 复合三极管

复合三极管是将两个和更多个晶体管的集电极连在一起，而将第一只晶体管的发射极直接耦合到第二只晶体管的基极，依次连接而成，最后引出 E、B、C 三个电极。

复合三极管也叫达林顿管，其电流放大系数 β 近似的等于两个管子的电流放大系数的乘积，典型结构如图 5-10 所示。一般应用于功率放大器、稳压电源电路中。

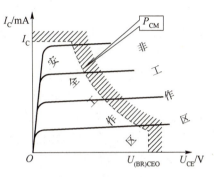

图 5-9　三极管的安全工作区

$$\beta = \beta_1 \cdot \beta_2 \qquad (5-2)$$

另外由于在复合三极管中还存在 $I_{CEO} = I_{CEO2} + \beta_2 I_{CEO1}$ 的关系，所以复合管具有穿透电流大的缺点。

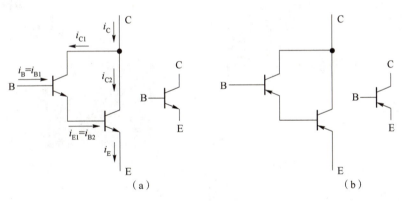

图 5-10　复合三极管及符号

(a) NPN 型复合三极管；(b) PNP 型复合 三极管

学习链接三　三极管的判别

1. 三极管管型及引脚判别

不同封装结构的三极管的形态不一，引脚排列也不相同。三极管的管型及引脚的判别是学习电子电路的一项基本功。为了能迅速掌握测判方法，总结了四句口诀："三颠倒，找基极；PN 结，定管型；顺箭头，偏转大；测不准，动嘴巴。"下面针对具体操作进行讲解。

（1）三颠倒，找基极。

测试的第一步是判断哪个管脚是基极。这时，选择万用表 $R \times 100$ 或 $R \times 1\text{k}$ 挡位，把红表笔接在假设基极的引脚上，用黑表笔分别接另外两个引脚，如图 5-11 所示，测得两个阻值，如果阻值一大一小，则所假设的不是基极，应重新假设另一引脚，直到所测两个阻值同大（或同小）为止。如果两个阻值同大，则红表笔接的是 NPN 型三极管的基极；如果两个阻值同小，则红表笔接的是 PNP 型三极管的基极。

（2）PN 结，定管型。

找出三极管的基极后，就可以根据基极与另外两个电极之间 PN 结的方向来确定管子的导电类型。将万用表的黑表笔接触基极，红表笔接触另外两个电极中的任一电极，若表头指针偏转角度很大，则说明电阻很小，被测三极管为 NPN 型管；若表头指针偏转角度很小，则说明电阻很大，则被测管即为 PNP 型。

（3）顺箭头，偏转大

找出了基极 B，另外两个电极哪个是集电极 C，哪个是发射极 E 呢？这时我们可以用测穿透电流 I_{CEO} 的方法确定集电极 C 和发射极 E。若为 NPN 型管，用手指捏住基极和假设的集电极（两极间加入人体电阻），黑表笔接在假设的集电极上，红表笔接另一引脚，测得一个阻值。假设另外一个极为集电极，再用同样的方法测出一个阻值。阻值小（偏转大）的那次假设的集电极是正确的。图 5-12 所示为判别发射极和集电极的方法。若为 PNP 型，则应调换表笔后再用同样的方法判别。

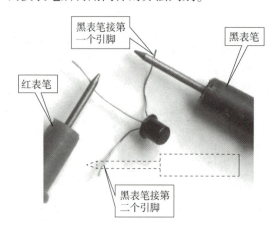

图 5-11　用万用表判断三极管 B 极及管型　　图 5-12　用万用表判断三极管 C 极和 E 极

（4）测不出，动嘴巴。

若在"顺箭头，偏转大"的测量过程中，由于颠倒前后的两次测量指针偏转均太小难以区分时，就要"动嘴巴"了。具体方法是：在"顺箭头，偏转大"的两次测量中，用两只手分别捏住两表笔与管脚的结合部，用嘴巴含住（或用舌头抵住）基电极 B，仍用"顺箭头，偏转大"的判别方法即可区分开集电极 C 与发射极 E。其中人体起到直流偏置电阻的作用，目的是使效果更加明显。

2. 三极管好坏判别

以 NPN 型三极管为例，把黑表笔接基极不动，红表笔分别接另外两个极，测得的阻值应小，把表笔对调再测一次，阻值应大，说明三极管的 PN 结是好的。否则，PN 结是坏的。需要说明的是两个阻值相差越大，性能越好。测试 PNP 型三极管的方法与上述方法相同，只是表笔应反接。

1）测量穿透电流 I_{CEO}

以 NPN 型三极管为例，选择万用表 $R \times 1\,\text{k}$ 挡，黑表笔接集电极，红表笔接发射极，测出阻值，此值应为 100 kΩ 以上，并且越大越好。如果阻值小，表明穿透电流 I_{CEO} 太大，这种三极管的性能差，不可用。测试 PNP 型三极管的方法与上述方法相同，只是表笔应反接。

2）β 值的检测

首先选择万用表 ADJ 挡并进行调零，再拨到 h_{EF} 挡，将三极管的 E、B、C 三个引脚分别插入各测试孔中，即可从万用表中直接读出三极管的放大倍数 β。

3）热稳定性的检测

在测量三极管 E、C 极间电阻值的同时，用手捏住管壳约一分钟，观察万用表指针向右摆动情况。如果指针向右摆动越快，则三极管的热稳定性越差。

 任务实施

（1）根据简易电子助听器电路（图 5-13），列出所需元器件清单，如表 5-3 所示。

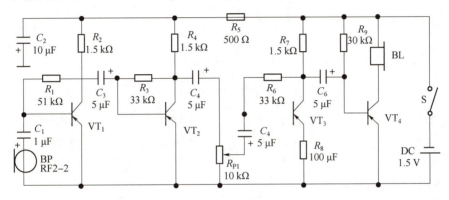

图 5-13　简易电子助听器电路

表 5-3　电路所需元器件清单

序号	元器件名称	电路符号	规格参数	数量	价格

（2）根据三极管的型号查半导体器件手册，记录三极管的主要参数指标，填入表 5-4 中。

表 5 – 4　晶体三极管主要参数

序号	I_{CM}/mA	P_{CM}/mA	U_{CEO}/V	$I_{CEO}/\mu A$	h_{FE}

（3）将万用表调至欧姆挡 $R \times 100$ 挡位，调零后检测三极管的类型及引脚（图 5 – 14），并进行记录。

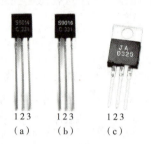

１２３　　１２３　　１２３
（a）　　（b）　　（c）

图 5 – 14　三极管
（a）S9014；（b）S9015；（c）D325

S9014 管型：_____，1 脚为_____，2 脚为_____，3 脚为_____。
S9015 管型：_____，1 脚为_____，2 脚为_____，3 脚为_____。
D325 管型：_____，1 脚为_____，2 脚为_____，3 脚为_____。
（4）检测三极管好坏，并进行记录。
S9014 检测情况：_____，检测结果：_____。
S9015 检测情况：_____，检测结果：_____。
D325 检测情况：_____，检测结果：_____。
（5）把万用表调到适当挡位，检测电容及电阻好坏，记录检测结果。
各电容检测结果：

_____

_____

各电阻检测结果：

_____

_____

（6）测量完毕后，将万用表的挡位调至 OFF 挡或交流电压最高挡位。
（7）清点整理元器件及仪表，按 6S 要求清理现场。

检查评估

1. 任务问答

（1）为什么数字式万用表和指针式万用表检测三极管时有区别？

_____

_____

（2）请画出不同类型三极管的电路符号，并描述要使三极管处在放大状态应满足什么工作条件？此时集电极电流与基极电流的关系如何。

_____

_____

（3）如何从外观上判别三极管的引脚极性，如图 5 – 15 所示。请简要写出用万用表检测三极管的极性以及管子类型。

_____

_____

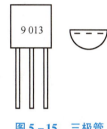

图 5 – 15　三极管

（4）请分辨图 5 – 16 中三极管的类型，并分析其工作状态。

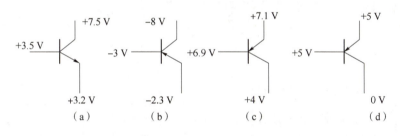

图 5 – 16　三极管

_____

_____

（5）用万用表测的放大电路中某个三极管两个电极的电流值如图 5 – 17 所示。试判断该管是 PNP 还是 NPN 管，在图中标出管子的 E、B、C 极。

9.6 mA　　0.04 mA

图 5 – 17　三极管

_____

_____

（6）应如何根据电路需要选择合适的三极管？需要关注哪些重要参数指标？

_____

_____

2. 任务评价

任务评价表如表 5 - 5 所示。

表 5 - 5　任务评价表

评价项目	评价内容	配分	得分
职业素养	是否遵守纪律及规程，不旷课、不迟到、不早退？ 　旷课扣 3 分/次；迟到、早退扣 2 分/次；上课做与任务无关的事情扣 2 分/次；不遵守安全操作规程扣 10 分/次	10	
	是否以严谨认真、精益求精的态度对待学习及工作？ 　能认真积极参与任务得 10 分；能主动发现问题并积极解决得 5 分；课后作业完成度高得 5 分	15	
	是否在任务实施过程中造成仪表、仪器、器件的损坏？是否在检测工作结束后按 6S 要求清扫整理，物品归位？ 　造成万用表烧表直接扣 10 分；造成器件损坏扣 3 分/个；造成仪器损坏扣 10 分；未做好归位清扫清理工作扣 10 分；该项扣完为止	10	
	是否能在学习及任务过程中始终保持安全行为，遵守安全操作规程	10	
	在列器件清单时是否考虑成本问题	5	
专业能力	任务完成情况：是否会正确使用万用表判别三极管极性；是否能根据检测结果判断三极管的好坏；是否能查阅三极管产品手册。 　选择万用表合适挡位判别出三极管极性，操作规范得 10 分；正确使用万用表检测三极管好坏，并根据检测结果判断出三极管的质量得 10 分；会查阅三极管产品手册，知晓主要参数情况得 10 分	30	
	任务问答： 【测试内容】是否能描述三极管结构特点、类型，画出三极管的电路符号；是否能分析三极管的不同工作状态；是否能正确分析三极管的电流分配关系及电流放大作用；是否知晓三极管主要参数含义。 【评分标准】90% 以上问题回答准确专业，描述清楚有条理得 20 分；80% 以上问题回答准确专业，描述清楚有条理得 16 分；70% 以上问题回答准确专业，描述清楚有条理得 14 分；60% 以上问题回答准确专业，描述清楚有条理得 12 分；不到 50% 问题回答准确的不超过 10 分，酌情打分	20	
总分			

1. 绘制本任务学习要点思维导图。

2. 在任务实施中出现了哪些错误？遇到了哪些问题？是否解决？如何解决？记录在表 5 – 6 中。

表 5 – 6　错误记录

出现错误	遇到问题记录

任务描述

电子助听器里的关键部分就是一个多级放大电路。要想实现微弱电信号放大，必须确保三极管放大电路正常工作并处在放大状态。

本次任务：请充分了解三极管基本放大电路特点后，完成三极管共发射极放大电路的制作与检测。三极管共发射极放大电路如图 5 – 18 所示。

任务提交：检测结论、任务问答、学习要点思维导图、任务评估表。

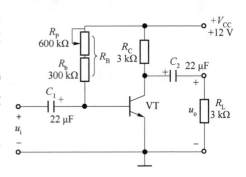

图 5 – 18　三极管共发射极放大电路

任务目标

本任务参考学习学时：4（课内）+2（课外）。通过本任务学习，你可以获得以下收获：

专业知识：

（1）能知晓三极管三种结构放大电路的特点。

（2）能正确分析三极管共发射极放大电路静态和动态情况下的参数关系。

（3）会画出放大电路对应的直流通路和交流通路。

（4）能正确分析共发射极放大电路参数变化对静态工作点、放大倍数及输出波形的影响。

专业技能：

（1）能正确测量和调整放大电路静态工作点。

（2）会正确使用信号发生器。

（3）能正确测试三极管单级放大电路的动态参数，并记录波形及数据。

（4）能判断信号失真产生原因并消除失真。

职业素养：

（1）时刻保持安全清醒的头脑，以认真的态度对待学习和工作。

（2）养成严格按规范要求操作，使用电工仪表和安全工具等安全用电习惯和意识。

（3）能进行学习资料的收集、整理与自学，培养良好的工作习惯。

学习链接一　电子助听器电路图识读

图 5 – 19 所示为语音放大电路框图，该电路能将微弱的声音信号放大，并通过扬声器发出悦耳的声音，稍加改动还可作助听器使用。

电子助听器的实物示意图和电路原理图如图 5-20 所示。助听器实质上是一种低频放大器，可用耳机进行放音，当使用者用上耳机后，可提高听者的听觉。本电路由话筒、前置低放、功率放大电路和耳机等部分组成。

图 5-19　语音放大电路框图

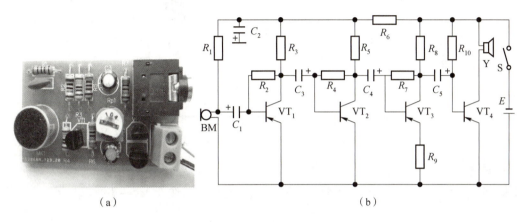

(a)　　　　　　　　　　　　　　　(b)

图 5-20　电子助听器电路

(a) 实物图；(b) 电路图

1. 结构及元件作用

电路由三极管 VT_1、VT_2、VT_3、VT_4 组成四级放大电路，各级之间采用阻容耦合，C_1、C_3、C_4、C_5 为耦合电容，R_2、R_4、R_7、R_{10} 分别为各级晶体管基极的偏置电阻，扬声器 Y 是 VT_4 的负载，BM 是电路的信号源（把声音信号变为电压电流信号）。

2. 电路的工作原理

当 BM 有电信号输出加到 C_1 的正极上，经过 C_1 耦合到 VT_1 的基极上，经过 VT_1 放大输出到 R_3 上，此时第一级放大结束。第一级放大后的信号通过 C_3 耦合加到 VT_2 的基极上，因为偏置电阻 R_4 比 R_2 小，VT_2 的基极电流比 VT_1 的基极电流大，因此 VT_2 的放大能力比 VT_1 大。电信号经过 VT_2 放大后加到 R_5 上，此时第二级放大结束。第二级放大后的电信号经过 C_4 耦合送到 VT_3 的基极，因为偏置电阻 R_7 比 R_4 小，VT_3 的基极电流比 VT_2 的基极电流大，因此 VT_3 的放大能力比 VT_2 大。经过 C_4 耦合后的信号经过 VT_3 再次放大后送到 R_8 上，经过 C_5 耦合加到 VT_4 的基极上，经过 VT_4 放大后输出给扬声器 Y，扬声器就发出声音。

学习链接二　基本放大电路类型及分析

放大电路的作用是把微弱的电信号进行放大，得到所需的较大的信号。在生产过程中，常常需要检测和控制一些与设备有关的非电量（温度、声音、光、力和位移）。这些非电量的变化可以用传感器转换成微弱的电信号，这些微弱的电信号必须经过放大电路的放大后，才能驱动继电器、显示仪表等执行机构动作。放大电路广泛应用于自动控制系统、仪器仪表、音响设备、通信设备、电视机和计算机等电子设备中。

图 5-21 所示为由晶体三极管、电容、电阻和电容构成的基本放大电路。

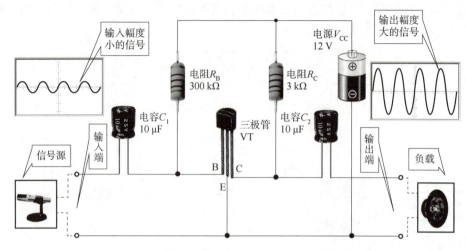

图 5-21　由晶体三极管、电容、电阻组成的基本放大电路

根据输入回路和输出回路公共端的不同，基本放大电路有三种结构，即：共发射极、共集电极和共基极。三种基本放大电路的电路形式、特点及用途如表 5-7 所示。

表 5-7　三种基本放大电路特点一览表

分类	共发射极放大电路	共集电极放大电路	共基极放大电路
电路形式			
特点	有电流放大作用，有电压反相放大作用；输入电阻适中，输出电阻较大；频率放大特性较差，无法放大高频信号	电压放大倍数小于等于 1，又称为电压跟随器；有电流放大作用；输入阻抗高；输出阻抗低；频率特性好	无电流放大作用；有电压正向放大作用；输入电阻不大；输出电阻与共射相同，较高；高频性好
用途	多级放大电路的中间级	输入、输出级或缓冲级	高频电路或恒流源电路

如图 5-21 所示电路中，当有交流信号输入时，交流信号与直流量叠加在一起，为了区分交流量和直流量，用 I_B、I_C、U_{BE}、U_{CE} 表示直流量，用 i_B、i_C、u_{BE}、u_{CE} 表示交流量。

由于发射极既是输入端也是输出端，所以此放大电路也称为共发射极放大电路。

1. 共发射极放大电路

共发射极放大电路是放大电路中应用最广泛的三极管接法，信号由三极管基极和发射极输入，从集电极和发射极输出。因为发射极为共同接地端，故命名共发射极放大电路，如图 5-22 所示。

1）固定式共发射极放大电路分析

在固定式共发射极放大电路中，输入信号u_i通过电容 C_1 加到三极管的基极，引起基极电流i_B的变化，i_B的变化又使集电极电流i_C发生变化，且i_C的变化量是i_B变化量的 β 倍。由于有集电极电压，$u_{CE} = U_{CC} - i_C R_C$，$u_{CE}$中的变化量经耦合电容 C_2 传送到输出端，从而得到输出电压u_o。当电路中的参数选择恰当时，便可得到比输入信号大得多的输出电压，以达到放大的目的。固定式共发射极放大电路中各元件的作用如图 5-23 所示。

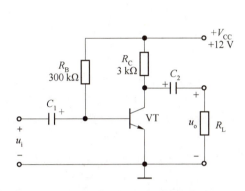

图 5-22　共发射极基本放大电路　　　图 5-23　固定式共发射极放大电路中各元件的作用

（1）静态分析。

交流放大电路处于静态（$u_i = 0$）时，电路中的电压、电流都是直流量，可以用把电容支路断开后的直流通路来分析计算，如图 5-24 所示。

放大电路静态时，I_B、I_C 和 U_{CE}对应于三极管输出特性曲线上的一个点，称之为静态工作点，用符号 Q 表示。静态工作点由下列式子进行估算：

$$I_{BQ} = \frac{V_{CC} - U_{BEQ}}{R_B} \approx \frac{V_{CC}}{R_B} \qquad (5-3)$$

式中，管压降 U_{BEQ}很小，硅管取 0.7 V，锗管取 0.3 V，常常可以忽略不计。

$$I_{CQ} = \beta I_{BQ} \qquad (5-4)$$

$$U_{CEQ} = V_{CC} - I_{CQ} R_C \qquad (5-5)$$

静态工作点设置合适，就能使三极管处于放大工作状态。

（2）动态分析。

在动态时，放大电路在直流量与交流量的共同作用下工作。动态分析就是在静态工作点确定后分析信号的传输情况，主要是确定放大电路的电压放大倍数、输入电阻和输出电阻等。放大电路进行动态分析时要用到交流通路。将电容视为短路即可得到交流通路，如图 5-25 所示。

①图解法。

以图 5-22 所示电路图为例说明图解法分析的过程，已知 $\beta = 50$，$R_L = 3$ kΩ。

静态工作点的估算。

$$I_{BQ} \approx \frac{V_{CC}}{R_B} = \frac{12}{300} = 40 \ (\mu A)$$

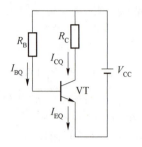

图 5 – 24   静态直流通路

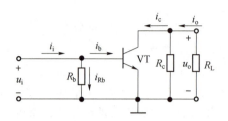

图 5 – 25   交流通路

$$I_{CQ} = \beta I_{BQ} = 50 \times 40 = 2\,000 \text{（} \mu A \text{）} = 2 \text{ mA}$$

$$U_{CEQ} = V_{CC} - I_{CQ} R_C = 12 - 2 \times 3 = 6 \text{（V）}$$

在晶体管的输出特性曲线中画出直流负载线和交流负载线。

直流负载线反映静态时电流 I_C 和电压 U_{CE} 的关系。式子 $U_{CE} = V_{CC} - I_C R_C$ 中，分别取 $V_{CC} = 0$、$I_C = 0$，则分别可得坐标轴上的特殊点为 $U_{CE} = 12$ V、$I_C = 4$ mA，连接这两点就为直流负载线，直流负载线的斜率为 $\tan\alpha = -1/R_C$。直流负载线与 $I_B = 40 \ \mu A$ 的输出特性曲线的交点则为静态工作点 Q，如图 5 – 26 所示。

交流负载线反映动态时电流 i_C 和电压 u_{CE} 的关系。由于对交流信号，C_2 可视为短路，R_L 与 R_C 是并联关系，则 $R'_L = R_L /\!/ R_C = 3 /\!/ 3 = 1.5$（$k\Omega$），过 Q 点作斜率为 $\tan = -\dfrac{1}{R'_L} = -0.66$ 的直线，即为交流负载线，如图 5 – 26 所示。

在输出特性曲线左边和下边分别作 $i_C = f(t)$ 和 $u_{CE} = f(t)$ 两个坐标系；在输入特性曲线左边和下边分别作 $i_B = f(t)$ 和 $u_{BE} = f(t)$ 两个坐标系。

在输入特性曲线上找到工作点 Q，自工作点向 $u_{BE} = f(t)$ 坐标系作垂线，以此垂线为零点画出输入信号的波形图，由输入信号的两峰点向输入特性曲线作垂线分别交于 Q_1、Q_2 两点。

由 Q、Q_1、Q_2 三点向 $i_B = f(t)$ 坐标系作三条水平线，与纵轴的交点分别为 I_B、I_{B1} 和 I_{B2}。以 I_{B1} 和 I_{B2} 为最大值和最小值，根据 u_{CE} 的周期画出 i_B 一个周期的波形图。

在输出特性曲线上找到 I_B、I_{B1} 和 I_{B2} 所对应的曲线与交流负载线的交点 Q、Q_1、Q_2。

由 Q、Q_1、Q_2 向 $i_C = f(t)$ 和 $u_{CE} = f(t)$ 两个坐标系分别作三条垂线和三条水平线，与电压和电流轴的交点分别为 U_{BE}、U_{BE1}、U_{BE2}、I_C、I_{C1}、I_{C2}，以 U_{BE1}、U_{BE2} 为最小值和最大值在 $u_{CE} = f(t)$ 坐标系画出电压 u_{CE} 的波形图，以 I_{C1}、I_{C2} 为最大值和最小值在 $i_C = f(t)$ 坐标系画出电流 i_C 的波形图。

由图 5 – 26 的波形可知，由于 Q 点设置合适，i_C 与 u_{CE} 的波形没有失真，但是 u_{CE} 与 u_{BE} 的波形相位相反。

若静态工作点设置不当，输出信号波形与输入信号波形就会存在差异，这就是放大电路的失真，如图 5 – 27 所示。当 Q 点设置过低时，晶体管在正弦电压的负半周处于截止状态，i_C 的负半周和 u_{CE} 的正半周被削平，这种失真称为截止失真；当 Q 点设置过高时，晶体管在正弦电压的正半周处于饱和状态，i_C 的正半周和 u_{CE} 的负半周被削平，该失真称为饱和失真。

②微变等效电路法。

用图解法分析放大电路虽然简单直观，但是不够精确。对于小信号情况下放大电路的定量分析，往往采用微变等效电路分析法。

三极管可以用微变等效电路表示，如图 5 – 28 所示。晶体管输入电阻 r_{BE} 的估算公式为：

$$r_{BE} = 300 + (1 + \beta)\frac{26(\mathrm{mV})}{I_{EQ}(\mathrm{mA})} \tag{5-6}$$

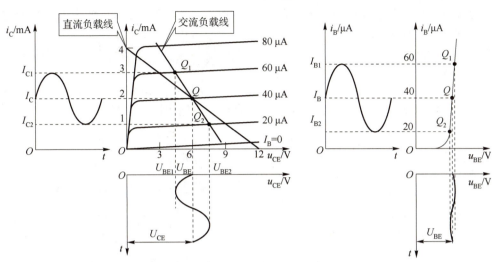

图 5 – 26　放大电路的动态图解分析法

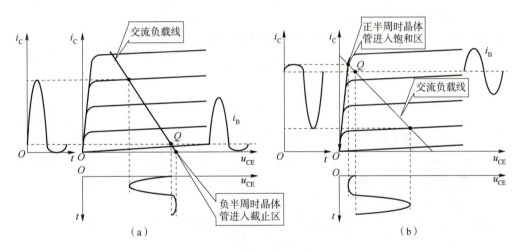

图 5 – 27　截止失真和饱和失真

（a）截止失真；（b）饱和失真

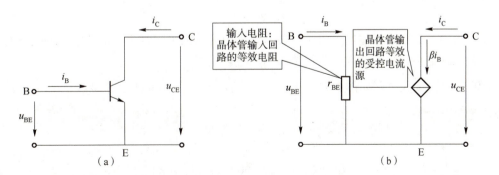

图 5 – 28　三极管微变等效电路

（a）三极管；（b）微变等效电路模型

三极管输出回路是一个等效受控电流源βi_B，其大小和方向均受基极电流i_B的控制，因此，输出回路可以看成受控电流源电路$i_C = \beta i_B$。

用晶体管微变等效电路代替交流通路中的三极管，就得到共发射极放大电路的微变等效电路，如图5-29所示。

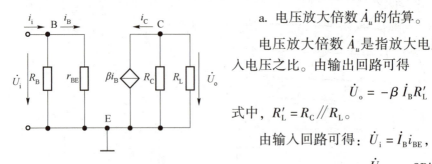

图5-29 共发射极放大
电路微变等效电路

a. 电压放大倍数$\dot{A}_u$的估算。

电压放大倍数$\dot{A}_u$是指放大电路的输出电压与输入电压之比。由输出回路可得

$$\dot{U}_o = -\beta \dot{I}_B R'_L \qquad (5-7)$$

式中，$R'_L = R_C /\!/ R_L$。

由输入回路可得：$\dot{U}_i = \dot{I}_B r_{BE}$，故有

$$\dot{A}_u = \frac{\dot{U}_o}{\dot{U}_i} = -\frac{\beta R'_L}{r_{BE}} \qquad (5-8)$$

注意：放大倍数为负值，表示输出电压与输入电压的相位相反。

b. 放大电路的输入电阻R_i。

放大电路的输入电阻R_i就是从输入端看进去的等效电阻。由图5-29可得：

$$R_i = \frac{U_i}{I_i} = R_B /\!/ r_{BE} \qquad (5-9)$$

通常$R_B \gg r_{BE}$，故

$$R_i \approx r_{BE} \qquad (5-10)$$

在应用中，总是希望输入电阻大一些。这是因为输入电阻越大，放大电路从信号源吸取的电流就越小，就可以减轻信号源的负担。另外，输入电阻越大，信号源内阻的压降就越小，放大电路获得的输入电压就越高。

c. 放大电路的输出电阻R_o。

放大电路的输出电阻R_o就是从输出端（不含负载电阻）看进去的等效电阻。

$$R_o = \frac{U_o}{I_o} = R_C /\!/ r_{CE} \qquad (5-11)$$

通常$r_{CE} \gg R_C$，故

$$R_o \approx R_C \qquad (5-12)$$

在应用中，总是希望输出电阻小一些。这是因为输出电阻越小，负载电阻的变化对输出电压的影响就越小，表明放大电路带负载的能力就越强。

【例5-1】放大电路如图5-22所示，其中$\beta = 50$，$R_L = 3\ k\Omega$，求放大倍数$\dot{A}_u$、输入电阻R_i和输出电阻R_o。

解：
$$I_{BQ} \approx \frac{V_{CC}}{R_B} = \frac{12}{300} = 40\ (\mu A)$$

$$I_{EQ} \approx I_{CQ} = \beta I_{BQ} = 50 \times 40 = 2\ (mA)$$

$$r_{BE} = 300 + (1+\beta)\frac{26}{I_{EQ}} = 300 + (1+50)\frac{26}{2} = 963\ (\Omega)\ \approx 1\ k\Omega$$

$$R'_L = R_C /\!/ R_L = (3 \times 3)/(3 + 3) = 1.5 \ (\text{k}\Omega)$$

$$\dot{A}_u = -\beta R'_L/r_{BE} = -50 \times 1.5/1 = -75$$

$$R_i = R_B /\!/ r_{BE} = (300 \times 1)/(300 + 1) \approx 1 \ (\text{k}\Omega), \ R_o \approx R_C \approx 3 \ \text{k}\Omega$$

2）共发射极分压式偏置放大电路分析

为了使放大信号不失真，需要设置一个合适的静态工作点，并且要保持这个静态工作点的稳定。但是在很多情况下，放大电路的静态工作点并不稳定。如电源电压发生变化、电路参数发生变化、晶体管老化等，最主要的原因是晶体管温度的变化引起静态工作点的变化。

因此，在设计电路时通常采用静态工作点更为稳定，分压式偏置共发射放大电路。

图5-30所示为分压式偏置放大电路，R_{B1}、R_{B2}分别为上、下偏置电阻，V_{CC}经其分压后得到固定的基极电压U_{BQ}；R_E为发射极电阻；C_E为发射极旁路电容。R_E和C_E的作用如图5-30所示。

由图5-31（a）所示，$I_1 = I_2 + I_{BQ}$，若使$I_2 \gg I_{BQ}$，则$I_1 \approx I_2$，可得

$$U_{BQ} = \frac{R_{B2}}{R_{B2} + R_{B2}} V_{CC} = U_{BEQ} + U_{EQ} \tag{5-13}$$

故可认为U_{BQ}为常数。电路的静态工作点稳定过程如下：

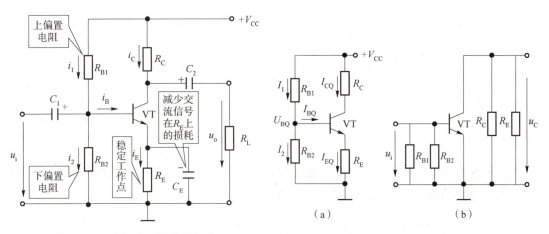

图5-30　分压式偏置放大电路 　　　　图5-31　分压式偏置放大电路交、直流通道
　　　　　　　　　　　　　　　　　　　　（a）直流路；（b）交流通路

图5-32所示为分压式偏置放大电路的工作原理。

（1）静态工作点估算。

$$U_{BQ} = \frac{R_{B2}}{R_{B2} + R_{B2}} V_{CC} \tag{5-14}$$

$$I_{CQ} \approx I_{EQ} = \frac{U_{BQ} - U_{BEQ}}{R_E} \tag{5-15}$$

$$I_{BQ} \approx \frac{I_{CQ}}{\beta} \tag{5-16}$$

$$U_{CEQ} = U_{CC} - I_{CQ}(R_C + R_E) \qquad (5-17)$$

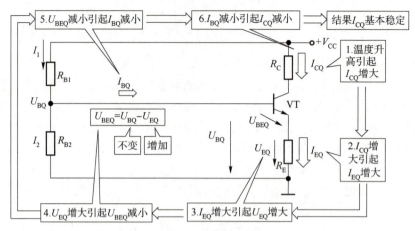

图 5-32　分压式偏置放大电路的工作原理

（2）交流参数估算。

由图 5-31（b）可得分压式偏置放大电路的微变等效电路，如图 5-33 所示。

由此可以估算分压式偏置放大电路的交流参数如下：

$$r_{BE} = 300 + (1+\beta)\frac{26(\mathrm{mV})}{I_{EQ}(\mathrm{mA})} \qquad (5-18)$$

$$\dot{A}_u = -\frac{\beta(R_C /\!/ R_L)}{r_{BE}} = -\frac{\beta R_L'}{r_{BE}} \qquad (5-19)$$

$$R_i = R_{B1} /\!/ R_{B2} /\!/ r_{BE} \qquad (5-20)$$

$$R_o \approx R_C \qquad (5-21)$$

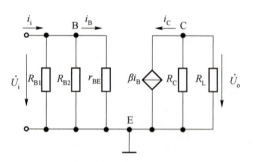

图 5-33　分压式偏置放大电路的微变等效电路

2. 共集电极放大电路

共集电极放大电路由于是从发射极输出信号，所以也称射极输出器。图 5-34 所示为共集电极放大电路的电路图、直流通路和交流通路。

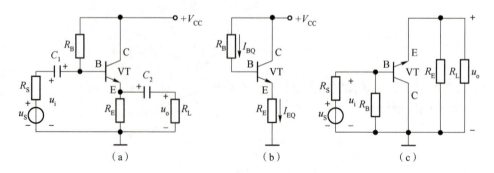

（a）　　　　　　（b）　　　　　　（c）

图 5-34　共集电极放大电路

（a）电路图；（b）直流通路；（c）交流通路

1）射极输出器的工作原理

电源 V_{CC} 给晶体管 VT 的集电极提供反偏电压，通过基极偏置电阻 R_B 给发射极提供正偏电压，使晶体管 VT 工作在放大状态。输入信号 u_i 通过耦合电容 C_1 加到晶体管的基极，经过晶体管的放大，输出信号电压 u_o 从发射极通过输出耦合电容 C_2 送到负载 R_L 上。

2）射极输出器的静态工作点

由图 5 – 27（b）经分析可得

$$I_{BQ} = \frac{V_{CC} - U_{BEQ}}{R_B + (1 + \beta) R_E} \tag{5 – 22}$$

$$I_{EQ} = (1 + \beta) I_{BQ} \tag{5 – 23}$$

$$U_{CEQ} = V_{CC} - I_{EQ} R_C \tag{5 – 24}$$

3）射极输出器的特点

（1）电压放大倍数小于1，而接近1。输出电压与输入电压同相，输出电压随着输入电压的变化而变化，所以该电路也称射极跟随器。电路虽然没有电压放大作用，但有电流放大和功率放大作用。

（2）输入电阻高。射极输出器的输入电阻为

$$R_i = R_B // \left[r_{BE} + (1 + \beta) R_L' \right] \tag{5 – 25}$$

式中，$R_L' = R_E // R_L$，射极输出器的输入电阻要比共发射极电路的大很多，可达几十至几百千欧。

（3）输出电阻低。射极输出器的输出电阻为

$$R_o = R_E // \frac{r_{BE} + R_S'}{1 + \beta} \approx \frac{r_{BE} + R_S'}{1 + \beta} \approx \frac{r_{BE} + R_S'}{\beta} \tag{5 – 26}$$

式中，$R_S' = R_S // R_B$，所以射极输出器的输出电阻较小，一般仅为几欧姆至几十欧姆。

3. 共基极放大电路

图 5 – 35 所示为共基极放大电路的电路图、直流通路和交流通路。

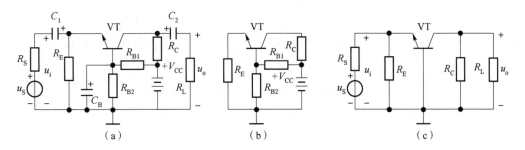

图 5 – 35 共基极放大电路

（a）电路图；（b）直流通路；（c）交流通路

1）共基极放大电路的工作原理

在图 5 – 35（a）的共基极放大电路中，R_C 为集电极电阻，R_{B1}、R_{B2} 为基极分压电阻，大电容 C_B 保证基极对地交流短路。共基极放大电路中，输入信号是由三极管的发射极与基极两端输入的，再由三极管的集电极与基极两端获得输出信号，因为基极是共同接地端，所以称为共基极放大电路，如图 5 – 35（c）所示。

2）共基极放大电路的静态工作点

如图5-35（b）所示，共基极放大电路的直流通路与分压式偏置电路的直流通路完全相同，静态工作点的求法也相同。

3）共基极放大电路的特点

（1）输出电压与输入电压同相，电压放大倍数与共发射极放大电路一样。共基极放大电路的输入电流大于输出电流，没有电流放大作用。

（2）输入电阻低。

（3）输出电阻与共发射极放大电路的相同。

学习链接三　学会使用低频信号发生器

信号发生器又称信号源或振荡器，是一种能提供各种频率、波形和输出电平电信号的设备，如图5-36所示。在生产实践和科技领域中测量各种电信系统或电信设备的振幅特性、频率特性、传输特性及其他电参数以及测量元器件的特性与参数时，用作测试的信号源或激励源。

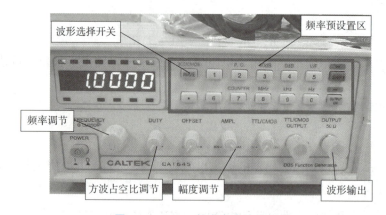

图5-36　DDS数字合成信号仪

信号发生器可分为低频信号发生器、高频信号发生器、微波信号发生器、频率合成式信号发生器等。这里主要学习如何使用低频信号发生器。DDS数字合成信号仪输出波形设置操作步骤如表5-8所示。

表5-8　DDS数字合成信号仪输出波形设置操作步骤

序号	操作步骤	具体操作
1	选择波形（三角波/正弦波/矩形波）	波形选择开关

序号	操作步骤	具体操作
2	设置波形信号频率	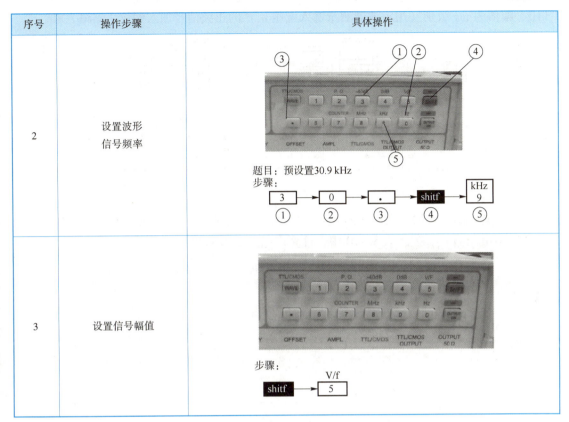 题目：预设置30.9 kHz 步骤： 3 ① → 0 ② → . ③ → shitf ④ → kHz 9 ⑤
3	设置信号幅值	步骤： shitf → V/f 5

任务实施

（1）器件及材料准备：信号发生器1台、数字示波器1台、万能板1块、MF47万用表1个，导线若干。

（2）检测好相关电子元器件，并按图5-18完成电路焊装。

（3）放大电路静态工作点测试。

检查接线无误后，将放大器输入端与地端短接，接通直流12 V电源，用万用表测量静态工作点（U_{BE}，U_{EC}），万用表挡位调至直流10 V量程测量 $U_{CE} = 6$ V 左右，如果偏差太大可调节静态工作点（电位器 R_P），然后测量 U_{BE}、U_{CE} 并记录数据到表5-9中。

若三极管的 $\beta = 80$，则根据理论公式计算出静态工作点，记入表5-9中。

表5-9 测量数据记录表

测量值				计算值	
U_{BE}/V	U_{CE}/V	$R_C/k\Omega$	$R_B/k\Omega$	I_B/mA	I_C/mA

（4）放大电路动态参数测试

暂时关掉电源，各电子仪器可按图5-37连接，为防止干扰，各仪器的公共端必须连在一起后接在公共接地端上。检查线路无误后，接通电源。从信号发生器输出一个频率为 1 kHz、幅值为 mv 级别（用示波器测量输入电压 u_i）的正弦信号加入到放大器输入端。

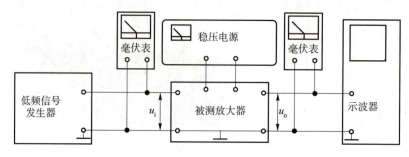

图 5 – 37　各仪器与放大器之间的连接图

用示波器观察放大器输出电压的波形，在波形不失真的条件下用测量表 5 – 10 中三种情况下的输出电压值 u_o，记入表 5 – 10 中，计算出电压放大倍数 A_u。

表 5 – 10　测量数据记录表

$R_C/k\Omega$	$R_L/k\Omega$	u_i/V	u_o/V	A_u
2.4	∞			
1.2	∞			
2.4	2.4			

绘制电路输入和输出电压波形波形图。

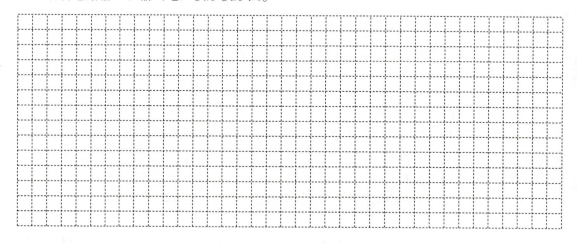

检测结论：

_____

_____

（5）测量完毕后，将万用表的挡位调至 OFF 挡或交流电压最高挡位。

（6）清点整理元器件及仪表，按 6S 要求清理现场。

1. 任务问答

（1）正常情况下，用万用表检测放大电路，当 U_{CE} 基本为 0，则此时三极管趋向于什么工作状态？当 U_{CE} 基本为直流电源 V_{CC}，则此时三极管趋向于什么工作状态？

_____

_____

（2）三极管放大电路如果静态工作点设置不当会引起信号什么后果？

_____

_____

（3）正常情况下，用万用表检测放大电路，当 U_{CE} 大小基本为直流电源 V_{CC} 的一半，则此时三极管趋向于什么工作状态？

_____

_____

（4）放大电路的动态分析下，主要有哪几个性能指标可以衡量放大电路的性能？

_____

_____

（5）共射极放大电路与其他两种基本放大电路的区别是什么？输入与输出波形的相位关系是什么关系？

_____

_____

（6）若波形出现失真问题，请说明是什么失真？则怎么消除该失真现象？

_____

_____

（7）若要用三极管做电子开关控制蜂鸣器做报警电路，则三极管应处于什么工作状态？

_____

_____

2. 任务评价

任务评价表如表 5-11 所示。

表 5-11　任务评价表

评价项目	评价内容	配分	得分
职业素养	是否遵守纪律及规程，不旷课、不迟到、不早退？旷课扣 3 分/次；迟到、早退扣 2 分/次；上课做与任务无关的事情扣 2 分/次；不遵守安全操作规程扣 10 分/次	10	

评价项目	评价内容	配分	得分
职业素养	是否以严谨认真，精益求精的态度对待学习及工作？ 能主动发现问题并积极解决得 5 分；课后作业完成度高得 5 分	10	
	是否能按手工焊接规范进行电路安装？是否在规范固定元件？有无造成元件的损坏？ 严格按手工焊接规范操作，焊点质量符合工艺要求得 10 分；元件布局合理，安装符合工艺要求得 10 分；造成元件损坏扣 3 分/个	20	
	是否在安装工作结束后按 6S 要求清扫整理，物品归位	10	
专业能力	任务完成情况：是否能正确测量和调整放大电路静态工作点；是否会正确使用信号发生器；是否能正确测试三极管单级放大电路的动态参数，并记录波形及数据；是否能判断信号失真产生原因并消除失真。 正确测试并调整静态工作点 5 分；会使用信号发生器产生正弦信号 5 分；正确测试放大电路输入、输出电压，记录波形，分析放大倍数 10 分；根据测试波形正确判断失真类型，并进行有效调整消除失真 10 分	30	
	任务问答： 【测试内容】是否能知晓三极管三种结构放大电路的特点；是否能正确分析三极管共射放大电路静态和动态情况下的参数关系；是否会画出放大电路对应的直流通路和交流通路；是否能正确分析共射极放大电路参数变化对静态工作点、放大倍数及输出波形的影响。 【评分标准】90% 以上问题回答准确专业，描述清楚有条理得 20 分；80% 以上问题回答准确专业，描述清楚有条理得 16 分；70% 以上问题回答准确专业，描述清楚有条理得 14 分；60% 以上问题回答准确专业，描述清楚有条理得 12 分；不到 50% 问题回答准确的不超过 10 分，酌情打分	20	
总分			

小结反思

1. 绘制本任务学习要点思维导图。

2. 在任务实施中出现了哪些错误？遇到了哪些问题？是否解决？如何解决？记录在表 5 – 12 中。

表 5 – 12　错误记录

出现错误	遇到问题记录

任务 5.3 助听器电路联调测试

任务描述

本次任务：完成完整电子助听器电路的焊装和整机功能调试，并处理出现的电路故障。

任务提交：测试结果及记录、任务问答、学习要点思维导图、任务评价表。

任务目标

本任务参考学习学时：4（课内）+2（课外）。通过本任务学习，可以获得以下收获：

专业知识：

（1）能正确对多级放大电路进行分析。

（2）能知晓负反馈类型及特点。

（3）能知晓电路功能测试方法和步骤。

（4）能知晓电子电路故障检测的常用方法。

专业技能：

（1）会按安装工艺规范正确焊接电路。

（2）会正确记录电路测试参数数据，根据检测数据判断电路功能是否正常。

（3）会根据测试异常现象检测电路问题，并进行故障排除。

职业素养：

（1）时刻保持安全清醒的头脑，以认真的态度对待学习和工作。

（2）养成严格按规范要求操作，使用电工仪表和安全工具等安全用电习惯和意识。

（3）能进行学习资料的收集、整理与自学，培养良好的工作习惯。

任务导学

学习链接一　多级放大电路分析

在实际应用中，单级放大电路往往不能将微弱的输入电信号放大为电压、功率都满足需要的电信号，因此常常把多个单级放大电路串联起来使用，构成多级放大电路。多级放大电路中，前、后相邻两级之间的连接方式称为耦合，常用的级间连接方式有直接耦合、变压器耦合、阻容耦合和光电耦合四种，如图 5-38 所示。

多级放大电路的
类型及特点

1. 多级放大电路的类型及特点

几种耦合方式多级放大电路特点比较如表 5-13 所示。

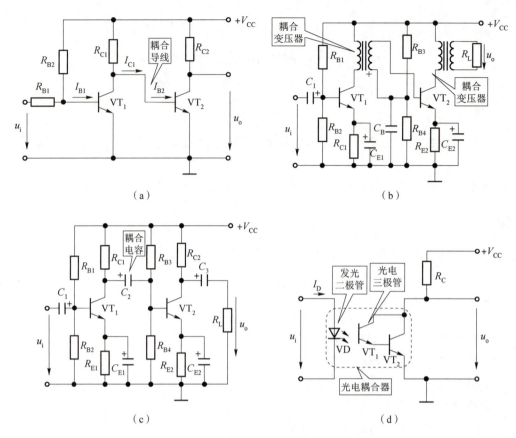

图 5-38 几种耦合方式的多级放大电路

(a) 直接耦合；(b) 变压器耦合；(c) 阻容耦合；(d) 光电耦合

表 5-13 几种耦合方式多级放大电路特点比较

耦合类型	定义	优点	缺点	应用
直接耦合	前一级的输出端直接连接到后一级的输入端的连接方式	低频特性良好，放大变化缓慢的信号，没有大容量电容，易于集成	各级间的静态工作点互相影响，有零点漂移现象	广泛应用于集成电路中
变压器耦合	前一级的输出端通过变压器连接到后一级的输入端或者负载电阻上的连接方式	各级间的静态工作点相互独立，可以实现阻抗变换	低频特性差，不能放大变化缓慢的信号，体积大而且笨重，不能集成化	广泛应用于分立元件功率放大电路
阻容耦合	前一级的输出端通过电容连接到后一级的输入端的连接方式	各级间的静态工作点相互独立，便于分析和调整电路	低频特性差，不能放大变化缓慢的信号，有大容量的电容，不易集成化	广泛应用于分立元件功率放大电路
光电耦合	前一级的输出端通过光电耦合器连接到后一级的输入端的连接方式。光电耦合器就是将发光二极管和光电三极管组合在一起的器件	可单向传输交、直流信号，级间的抗干扰能力强，体积小，易于集成化	响应较慢，LED 易于老化	广泛应用于电子技术领域和自动控制领域中

2. 多级放大电路的分析计算

进行多级放大电路的分析计算时，各级静态工作点的计算方法与单级放大电路的计算方法相同，在此不再重复介绍。分析交流特性时，放大电路的各级是相互联系的，可画出交流通路或者微变等效电路进行分析计算，如图 5 – 39 所示，此图是图 5 – 38（c）阻容耦合两级放大电路的微变等效电路。

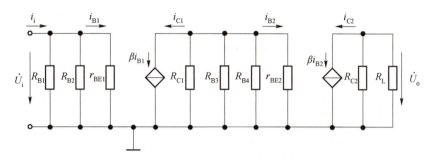

图 5 – 39　图 5 – 38（c）的微变等效电路

此处电压放大倍数和输入输出电阻的计算以图 5 – 38（c）为例进行计算。

1）电压放大倍数

由于多级放大电路的各级是互相串联起来的，前一级的输出就是后一级的输入，所以总的电压放大倍数等于各级电压放大倍数的乘积，即

$$\dot{A}_u = \dot{A}_{u1} \cdot \dot{A}_{u2} \cdot \cdots \cdot \dot{A}_{un} \tag{5-27}$$

2）输入和输出电阻

（1）输入电阻。

在多级放大电路中，每一级输入电阻就是前一级的负载，多级放大电路总的输入电阻就是第一级的输入电阻，因此

$$R_{2i} = R_{B3} /\!/ R_{B4} /\!/ r_{BE2} \approx r_{BE2} \tag{5-28}$$

$$R_i = R_{1i} = R_{B1} /\!/ R_{B2} /\!/ r_{BE1} \approx r_{BE1} \tag{5-29}$$

为了不使放大倍数降得太低，一般希望输入电阻越大越好。

（2）输出电阻。

从放大电路的输出端看进去的交流等效电阻，就是多级放大电路的输出电阻，因此

$$R_o \approx R_{C2} \tag{5-30}$$

为了使放大电路带负载能力强，一般希望输出电阻小一些。

【例 5 – 2】 如图 5 – 38（c）所示，已知 $R_{B1} = 43\ \mathrm{k\Omega}$，$R_{B2} = 20\ \mathrm{k\Omega}$，$R_{B3} = 30\ \mathrm{k\Omega}$，$R_{B4} = 15\ \mathrm{k\Omega}$，$R_{C1} = 12\ \mathrm{k\Omega}$，$R_{C2} = 3.6\ \mathrm{k\Omega}$，$r_{BE1} = 1\ \mathrm{k\Omega}$，$r_{BE2} = 1.5\ \mathrm{k\Omega}$，$\beta_1 = \beta_2 = 45$，$R_L = 120\ \mathrm{k\Omega}$，求放大倍数 $\dot{A}_u$、输入电阻 R_i 和输出电阻 R_o。

解：根据图 5 – 33 的微变等效电路可知，第二级的输入电阻就为第一级的负载电阻，即

第二级的输入电阻：$R_{i2} = R_{B3} /\!/ R_{B4} /\!/ r_{BE2} = 30 /\!/ 15 /\!/ 1.5 \approx 1.5\ (\mathrm{k\Omega})$

$$R'_{L1} = R_{C1} /\!/ R_{i2} = (12 \times 1.5)/(12 + 1.5) \approx 1.3\ (\mathrm{k\Omega})$$

第一级的放大倍数：$\dot{A}_{u1} = -\beta_1 R'_{L1}/r_{BE1} = -45 \times 1.3/1 = -58.5$

$$R'_{L2} = R_{C2} /\!/ R_L = (3.6 \times 120)/(3.6 + 120) \approx 3.5\ (\mathrm{k\Omega})$$

第二级的放大倍数：$\dot{A}_{u2} = -\beta_2 R'_{L2}/r_{BE2} = -45 \times 3.5/1.5 = -105$

总的电压放大倍数：$\dot{A}_u = \dot{A}_{u1} \cdot \dot{A}_{u2} = -58.5 \times (-105) = 6\ 142.5$

放大电路的输入电阻：$R_i = R_{B1} /\!/ R_{B2} /\!/ r_{BE1} \approx r_{BE1} = 1\ k\Omega$

放大电路的输出电阻：$R_o \approx R_{C2} = 3.6\ k\Omega$

3. 频率特性及通频带

1）阻容耦合多级放大电路的频率特性

在阻容耦合放大电路中，除级间耦合电容、隔直耦合电容之外，还存在三极管结电容、分布电容等，这些电容的容抗因输入电信号的频率不同而不同，放大电路输出电信号的相位及大小会受此影响而发生变化。因此，放大电路的电压放大倍数与输入电信号的频率有关，两者之间的关系曲线称为幅频特性，如图 5-40 所示。

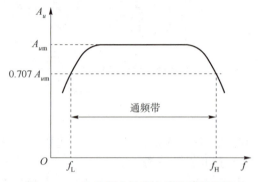

图 5-40　阻容耦合放大电路的幅频特性

2）阻容耦合多级放大电路的通频带

当输入电信号的频率在一定范围内，放大电路的电压放大倍数下降到 0.707 倍，这个频率范围称为通频带。如图 5-40 所示，f_L 和 f_H 分别称为上限频率和下限频率。输入电信号的频率过低时，级间耦合电容和隔直耦合电容的容抗较大，在放大电路中产生较大的压降而降低输出电压，使放大倍数降低。输入电信号的频率过高时，与输出电阻并联的三极管结电容及分布电容较小，使输出阻抗降低较多从而降低输出电压，使放大倍数降低。多级放大电路比单级放大电路存在更多的电容，其电压放大倍数受频率变化的影响程度增加，即通频带变窄，使用时应注意。

学习链接二　反馈电路及特点

放大器的信号传输都是从放大器的输入端传输到放大器输出端，但是反馈过程则不同，它是从放大器输出端取出一部分输出信号作为反馈信号，再加到放大器的输入端，与原放大器输入信号进行混合，这一过程称为反馈。反馈电路构成方框图如图 5-41 所示。

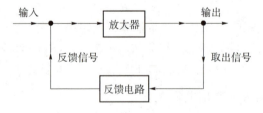

图 5-41　反馈电路构成方框图

1. 反馈电路类型及特点

反馈电路有两种：正反馈电路和负反馈电路，这两种反馈的结果（指对输出信号的影响）完全相反。若反馈量与输入量的相位相同，使放大倍数增大的反馈称为正反馈；若反馈量与输入量的相位相反，使放大倍数减小的反馈称为负反馈。由于正反馈用于电路产生振荡，负反馈用于提高放大器的工作性能，所以放大电路主要采用负反馈。

在放大器中采用负反馈电路，其目的是为了改善放大器的工作性能，提高放大器的输出信号质量。在引入负反馈电路之后，放大器的增益要比没有负反馈时的增益小，但是可以改善放大器的许多性能，主要有四项：减小放大器的非线性失真、扩宽放大器的频带、降低放大器的噪声和稳定放大器的工作状态。

2. 负反馈电路类型及特点

放大器采用的负反馈电路有并联电流负反馈、并联电压负反馈、串联电流负反馈和串联电压负反馈 4 种。若负反馈量与输出电压成正比，能使输出电压稳定，输出电阻减小，称为电压负反馈；如果负反馈量与输出电流成正比，能使输出电流稳定，输出电阻增加，则称为电流负反馈。串联负反馈的反馈量以串联形式串接入输入回路，并联负反馈的反馈量以并联形式接入输入回路。串联负反馈能增大输入阻抗，而并联负反馈却减小输入阻抗和输出阻抗。

另外，还可以根据反馈信号的性质分为交流负反馈、直流负反馈和交/直流负反馈 3 种负反馈电路。顾名思义，反馈信号仅有交流成分，则属于交流负反馈；若反馈信号仅有直流成分，则属于直流负反馈；若反馈信号不仅有交流成分，而且有直流成分，则属于交、直流负反馈。几种类型负反馈的特点及电路结构如表 5 – 14 所示。

表 5 – 14　几种类型负反馈的特点及电路结构

负反馈类型	负反馈特点	电路结构
电压负反馈	电压负反馈是指从放大器输出端取出输出信号的电压来作为负反馈信号，而不是取出输出信号的电流来作为负反馈信号，这样的负反馈称为电压负反馈。如右图通过电阻 R_2 取出输出电压作为电压反馈信号。 　（1）电压负反馈能够稳定放大器的输出信号电压。 　（2）由于电压负反馈元件是并联在放大器输出端与地之间的，所以能够降低放大器的输出电阻	负载电阻 放大器　U_0　R_1 R_2 反馈电阻取出电压反馈信号
电流负反馈	电流负反馈是指从放大器输出端取出输出信号的电流来作为负反馈信号，而不是取出输出信号的电压来作为负反馈信号，这样的负反馈称为电流负反馈。如右图所示，R_3 取出输出信号电流作为电流反馈信号。 　（1）电流负反馈能够稳定放大器的输出信号电流。 　（2）由于电流负反馈元件是串联在放大器输出回路中的，所以提高了放大器的输出电阻	负载电阻 放大器　U_0　R_1 I　R_2 R_3 反馈电阻取出电压反馈信号

负反馈类型	负反馈特点	电路结构
串联负反馈	电压和电流负反馈都是针对放大器输出端而言的，指负反馈信号从放大器输出端的取出方式。串联和并联负反馈则是针对放大器输入端而言的，指负反馈信号加到放大器输入端的方式。 　　串联负反馈是指，负反馈电路取出的负反馈信号，同放大器的输入信号以串联形式加到放大器的输入回路中，这样的负反馈称为串联负反馈。如右图所示，放大器输入阻抗与负反馈电阻串联，这样输入信号与负反馈信号以串联形式加入到放大器中。 　　（1）串联负反馈可以降低放大器的电压放大倍数，稳定放大器的电压增益。 　　（2）由于串联负反馈元件是串联在放大器输入回路中的，所以这种负反馈可以提高放大器的输入阻抗	
并联负反馈	并联负反馈是指负反馈电路取出的负反馈信号，同放大器的输入信号以并联形式加到放大器的输入回路中，这样的负反馈称为并联负反馈。如右图所示，放大器输入阻抗与负反馈电阻并联，这样输入信号和负反馈信号以并联形式输入到放大器中。 　　（1）并联负反馈降低放大器的电流放大倍数，稳定放大器的电流增益。 　　（2）由于并联负反馈元件是与放大器输入电阻相并联的，所以这种负反馈降低了放大器的输入阻抗	

学习链接三　电子电路常见故障检测方法

　　要想准确地判定电子电路故障发生位置，进而采取有效措施进行排除，首先应对故障产生的原因有基本的认识，只有这样才能避免"盲人骑瞎马"，做到有的放矢、"对症治疗"，提高电子电路故障排除的工作效率。

　　电子电路故障处理的重点工作应是准确定位故障发生的位置，下面介绍几种常用故障检测方法：

1. 直接观察法

　　直接观察法又称观察感知法或感官判断法，指不借助其他检测设备，而是通过人的触觉、嗅觉、听觉、视觉等多种感官对电子电路出现的故障进行判断分析，进而定位故障发生位置，然后采取相应的维修措施，使电子元件恢复到正常的工作状态。

　　直接观察法包括通电前与通电后观察，其中通电前主要观察电子电路中使用的元件是否正确，接线有无错接、接反现象等。通电后观察指观察判断元件有无出现烧焦异味、电路中有无冒烟现象、颜色有无变得焦黄或焦黑等。

直接观察法操作方便、简单易行，而且判断比较准确，可以将其作为处理复杂电子电路故障的基础环节，以提高排除复杂故障的工作效率。

2. 电压、电流测量法

在进行电子设备检修时，常常测量电路的电压、电流等参数。

当电路电压不太高时，比较适合测量电子仪器设备各部分的相关电压值，并和正常工作电压值进行比较，判断故障情况。当电路工作呈现不稳定状态时，我们可以采用电流测量法判断电路故障部位。这种情况比较复杂，需要我们灵活运用相关知识判断故障情况。也可电压测量和电流测量相结合判断故障部位。例如，电流表示数正常表明主电路为通路，电压表示数为零，则故障原因可能是与电压表并联的用电器短路。既无电压也无电流表明无电流通过两表，故障可能是主电路断路。

3. 参数测试法

参数测试法需要借助专门的检测仪器，结合较强的理论知识判断电子电路中出现的故障。例如利用万用表检测某个线路的电流或检测某个元件的电阻值等，当检测数值与设计电流或元件的标准参数相差较大时，则故障可能出现在该位置，然后采用更换线路或电子元件的方法将故障排除。另外，检查电子电路静态工作点时，可以运用示波器进行测定，这是因为示波器拥有较高的输入阻抗，检测过程中给原电路带来的影响较小，而且通过示波器还能观察到被测位置处的干扰电压或信号，能够帮助技术人员迅速找出故障发生的原因。

4. 跟踪信号法

跟踪信号法就是将合适频率的信号接入可能出现故障的电子电路中，然后将示波器接入电路中，监测信号的变化和流向，并按照信号在电路的传播方向逐一进行监测，当监测到信号变化比较大时，可初步判定故障发生的大致位置，然后再进行仔细监测。该方法排除故障的工作效率比较高，因此是监测电子电路的常用方法，尤其在动态调试过程中应用更为广泛。

5. 对比法

对比法即比照法。运用对比法的前提是拥有与故障电路相似且正常工作的电路，通过检测正常电路的性能参数，与发生故障的电路的性能参数进行对比、加以比照，进而判断故障发生的位置，分析故障发生的原因，该种方法比较适合排除简单的电子电路故障。

6. 替换法

替换法全称元件替换法。电子电路故障排除方法中，元件替换法能够对故障位置进行准确的定位，即利用正常的元件逐一替换可能发生故障的电子元件，元件更换后如果电子电路恢复到正常的工作状态，则说明正是被替换元件发生了损坏并导致了故障的发生。这种方法比较适合在已初步判定故障发生范围的情况下使用。如果还未判定故障的大致范围，那么更换元件的工作量就会比较大，犹如漫天撒网，又似满田找瓜，费时费力，因此不宜采用该方法。

7. 补偿法

补偿法是一种常用的较为精密的检测方法。如果电子电路中出现寄生振荡现象，则可通过选择合适容量的电容器定位振荡位置，即在电子电路的合适位置利用电容器与地进行短路，如果发现电子电路中振荡现象消失，则说明振荡就发生在该段或上段电路中。使用这种方法关键在于选择合适容量的电容器，即保证电容器能够抵消干扰信号。

8. 断路法

采用断路法能够有效地检测电子电路中短路故障，即通过断路不断缩小故障发生范围，最终确定故障所在。例如，如果电子电路中运用稳压电源供电，当将某一线路与其连接时电路电流突然增大，则接入的电路中存在短路故障，此时可通过切断支路方法锁定短路位置，若切断某支路线路时电流恢复正常，则说明该支路短路。

电子电路故障判定的方法很多，有的对设备有一定的要求，应用时会受到限制，有的虽然对设备要求较低，但工效也相对较低。实际应用中我们需要灵活运用、联合运用各种方法判断故障部位，高效快捷地、针对性地处理故障。

任务实施

（1）工具材料仪表准备：MF47 指针式万用表 1 个，数字式示波器 1 台，电路板、电烙铁、焊锡丝、镊子、导线若干。

（2）将检测好的元器件布局固定在电路板上，按焊接工艺标准安装及焊接。利用电烙铁按图 5 - 1 焊接好电路，元器件焊接焊点光滑、圆润、无毛刺、大小适中，无漏焊、虚焊、连焊；导线长度、剥头长度符合工艺要求。

（3）焊装完毕后检查电路连接情况，不允许有短路，确保元件安装接线正确。

（4）电路调试与检测。

装上电池，用万用表电流挡分别串在三极管 VT1、VT2、VT3、VT4 的集电极，从后级开始逐渐向前级调整偏置电阻 R_{10}、R_7、R_4、R_2 的阻值，使其电流分别为 5 mA、0.5 mA、0.45 mA、0.4 mA 左右。调整好偏置电阻后，检测晶体管各极的电位，判断晶体管的工作状态，把测量和判断结果记录在表 5 - 15 中。

表 5 - 15　电子助记器电路检测记录表

检测点	偏置电阻的阻值	晶体管	V_E/V	V_B/V	V_C/V	晶体管工作状态
I_{C4} = 5 mA 时	R_{10} =	VT$_4$				
I_{C3} = 0.5 mA 时	R_7 =	VT$_3$				
I_{C2} = 0.45 mA 时	R_4 =	VT$_2$				
I_{C1} = 0.4 mA 时	R_2 =	VT$_1$				

（5）在保证三极管处于放大工作状态时，给电路输入 1 kHz、50 mV 的正弦波电压信号时，测量输出信号 u_o 波形，调节输入信号大小，使输出波形最大且不失真，并将波形及数据记录在图 5 - 42 中。

测试结果：输入信号有效值：_____；输出信号有效值：_____；电压放大倍数：_____。

（6）测试完毕后，整理工位，按 6S 要求清理打扫，设备、元件归位。

输入波形绘制	示波器		
	幅度挡位	上下几格	峰峰值	最大值（峰值）
	时间挡位	左右几格	周期	有效值

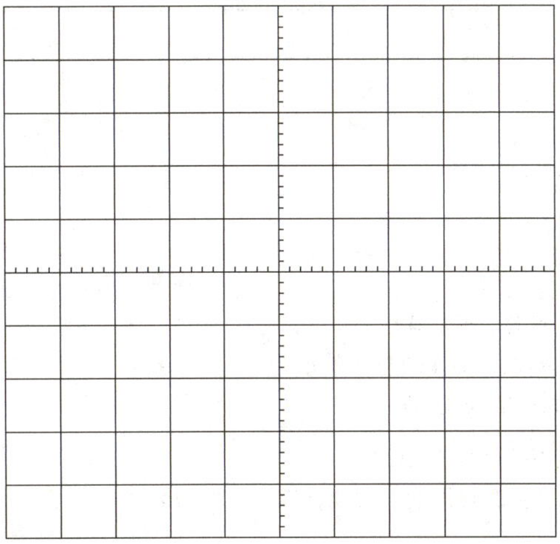

图 5 − 42　输入波形

检查评估

1. 任务问答

（1）什么情况下需要使用多级放大电路？常用的级间连接方式有哪几种？分别有什么特点？

_____

_____

（2）什么情况下需要引入正反馈电路？什么情况下需要引入负反馈电路？

_____

_____

（3）常用负反馈电路有几种类型？分别有什么特点？

_____

_____

（4）在不通电情况下如何检查电路连接是否正确？

_____

_____

（5）在通电调试过程中应注意哪些问题？请至少写出 3 ~ 4 条。

_____

_____

（6）若输出信号波形发生失真时，除了调节输入信号还可以如何进行调整？

_____

_____

(7) 简述简易助听器电路的工作原理。

_____

_____

2. 任务评价

任务评价表如表 5 – 16 所示。

表 5 – 16　任务评价表

评价项目	评价内容	配分	得分
职业素养	是否遵守纪律及规程，不旷课、不迟到、不早退？ 旷课扣 3 分/次；迟到、早退扣 2 分/次；上课做与任务无关的事情扣 2 分/次；不遵守安全操作规程扣 10 分/次	10	
	是否以严谨认真，精益求精的态度对待学习及工作？ 能主动发现问题并积极解决得 5 分；课后作业完成度高得 5 分	10	
	是否能按操作规程进行电路测试？ 遵守电路通电测试操作规程得 10 分	10	
	是否在任务实施过程中造成仪表、仪器、器件的损坏？ 造成万用表烧表直接扣 10 分；造成器件损坏扣 3 分/个；造成示波器及探针损坏扣 10 分；该项扣完为止	10	
	是否在安装测试工作结束后按 6S 要求清扫整理，物品归位	10	
专业能力	任务完成情况：是否能规范正确完成电路焊装；是否能正确记录电路测试参数数据，根据检测数据判断电路功能是否正常；是否能分辨测试异常现象，检测电路故障并排除。 规范完成电路焊装，检测线路连接正确得 5 分；测试电路性能正常，工作可靠得 10 分；正确记录电路测试参数得 5 分；正确分辨出电路异常状态现象得 5 分；利用有效方法检测电路故障并排除得 5 分	30	
	任务问答： 【测试内容】是否能对多级放大电路正确分析；是否能知晓负反馈常见类型及特点；是否能知晓电路测试方法及故障检测方法。 【评分标准】90% 以上问题回答准确专业，描述清楚有条理得 20 分；80% 以上问题回答准确专业，描述清楚有条理得 16 分；70% 以上问题回答准确专业，描述清楚有条理得 14 分；60% 以上问题回答准确专业，描述清楚有条理得 12 分；不到 50% 问题回答准确的不超过 10 分，酌情打分	20	
总分			

小结反思

1. 绘制本任务学习要点思维导图。

2. 在任务实施中出现了哪些错误？遇到了哪些问题？是否解决？如何解决？记录在表5-17中。

表5-17 错误记录

出现错误	遇到问题记录

拓展项目

传感器信号放大器设计

工业应用上很多设备都会用到传感器，每个传感器有不同的输出信号和范围。输出的信号可以是电压、电流、电阻、电容或频率，但几乎不存在什么标准，只有专用的工业系统在使用它们。大多数传感器都输出一个低电平的电流或电压信号，因此通常传感器信号都需要放大。为保证信号的可靠放大，减少干扰，常采用集成运算放大器来构成信号放大电路。请提出运用集成运算放大器构成的一种温度传感器信号放大电路方案。

巩固练习

一、填空题

1. 三极管用来放大时,应使发射结处于_____偏置,集电结处于_____偏置。

2. 用示波器观察 NPN 管共射单级放大器输出电压得到图 5–43 所示三种削波失真的波形,请分别写出失真的类型,其中图 5–43 (a) 为_____,图 5–43 (b) 为_____,图 5–43 (c) 为_____。

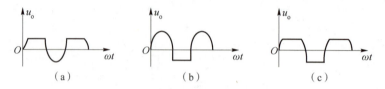

图 5–43　填空题 2 图

3. 当 PNP 型晶体管处于放大状态时,3 个电极中的_____极电位最高,_____极电位最低。

4. 三极管放大电路共有三种组态分别是_____、_____、_____放大电路。

5. 稳压管通常工作在_____状态。

6. 在线测得各个引脚的电压值如图 5–44 所示,则该管子为_____材料管子,为_____型三极管,并找出三个引脚所对应的三个极。

7. 如图 5–45 所示,电路中管子为硅管,则图 5–45 (a) 管工作状态为_____,图 5–45 (b) 管工作状态为_____,图 5–45 (c) 管工作状态为_____。

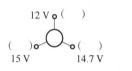

图 5–44　填空题 6 图

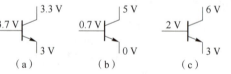

图 5–45　填空题 7 图

二、选择题

1. 在画基本放大电路的交流通路时,电容 C 视作 (　　),直流电源 V_{CC} 视作 (　　)。(　　)

A. 开路、短路　　　B. 短路、开路　　　C. 开路、开路　　　D. 短路、短路

2. 放大电路的通频带是指 (　　)。

A. 上限频率以上的范围　　　　　B. 下限频率以下的范围

C. 上限频率与下限频率之间的范围　　　D. 上限频率以下的范围

3. 当静态工作点设置过低时,放大电路 (　　)。

A. 可以正常工作　　　　　　　　B. 处于饱和失真

C. 处于截止失真　　　　　　　　D. 处于饱和失真和截止失真

4. 关于放大器的输入电阻大,下面判断错误的是 (　　)。

A. 有利于减小前一级的负担　　　B. 降低多级放大电路的放大倍数

C. 可以减轻信号源的负担　　　　　　D. 可以得到较大的输入电压

5. 放大电路外接负载电阻 R_L 后，输出电阻 R_o 将（　　　）。

A. 不变　　　　　B. 增大　　　　　C. 减小　　　　　D. 等于 R_L

6. 放大电路外接负载电阻 R_L 后，电压放大倍数 A_u 将（　　　）。

A. 不变　　　　　B. 增大　　　　　C. 减小　　　　　D. 等于 1

7. 晶体管工作在放大区时，具有以下哪个特点？（　　　）

A. 发射结反向偏置　　　　　　　　B. 集电结反向偏置

C. 晶体管具有开关作用

8. 当三极管的两个 PN 结都反偏时，则三极管处于（　　　），当三极管的两个 PN 结都正偏时，则三极管处于（　　　）。

A. 截止状态　　　　　B. 饱和状态　　　　　C. 放大状态

9. 某 NPN 硅管在放大电路中测得各极对地电压分别为 $U_C = 12$ V，$U_B = 4$ V，$U_E = 0$ V，由此可判别三极管（　　　）。

A. 处于放大状态　　　B. 处于饱和状态　　　C. 处于截止状态　　　D. 已损坏

10. 用数字万用表 $R \times 1$ k 的电阻挡测量一只能正常放大的三极管，用黑表笔接触一只管脚，红表笔分别接触另两只管脚时测得的电阻值都较小，该三极管是（　　　）。

A. PNP 型　　　　　B. NPN 型　　　　　C. 无法确定

11. 电路的静态是指（　　　）。

A. 输入交流信号幅值不变时的电路状态

B. 输入交流信号频率不变时的电路状态

C. 输入交流信号且幅值为 0 时的电路状态

D. 输入端开路时的状态

12. 测得三极管的电流方向、大小如图 5 - 46 所示，则可判断三个电极为（　　　）。

A. ①基极 B，②发射极 E，③集电极 C

B. ①基极 B，②集电极 C，③发射极 E

C. ①集电极 C，②基极 B，③发射极 E

D. ①发射极 E，②基极 B，③集电极 C

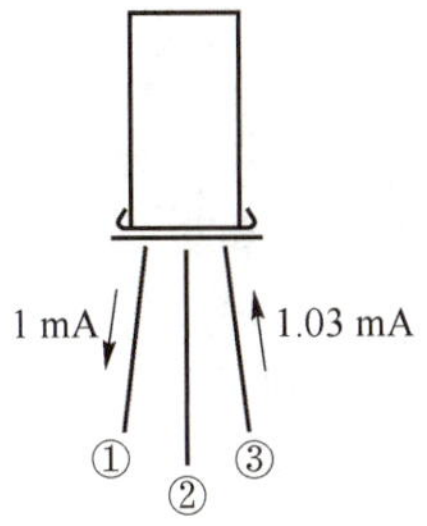

13. 在单级放大电路中，若输入电压为正弦波形，用示波器观察 u_o 和 u_i 的波形，当放大电路为共射电路时，则 u_o 和 u_i 的相位（　　　）。

图 5 - 46　选择题 12 图

A. 同相　　　　　B. 反相　　　　　C. 相差 90°　　　　　D. 不定

三、判断题

1. 在放大电路中，基极偏置电阻 R_B 的作用是三极管基极提供合适的偏置电流。（　　　）

2. 当放大电路没有接入交流信号时，电路处于静态工作状态。（　　　）

3. 阻容耦合放大电路可以放大变化缓慢的信号。（　　　）

4. 基本放大电路的电压放大倍数为负值，表示输出电压与输入电压相位相反。（　　　）

5. 多级放大电路与单级放大电路相比，通频带变宽了。（　　　）

6. 三极管处于放大状态时，集电极电流 I_C 与基极电流 I_B 还能满足 $I_C = \beta I_B$。（　　　）

7. 共射极放大电路真正放大的信号为直流信号。 （　　）

四、分析计算题

1. 在如图 5 – 47 所示的放大电路中，已知该管为硅管，$\beta = 50$。

（1）求静态工作点；

（2）画出微变等效电路；

（3）求电压放大倍数 A_u、输入电阻 R_i 和输出电阻 R_o。

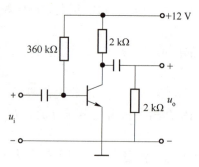

图 5 – 47　计算题 1 图

2. 如图 5 – 48 所示，已知在电路中无交流信号时测得晶体管（均为硅管）各极对地的电位值，试说明各晶体管的工作状态。

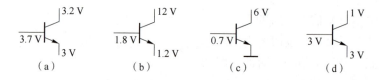

图 5 – 48　计算题 2 图

模块三

数字电子电路模块

项目6 电子表决器的设计与安装

项目描述

"请按表决器"，这是每年在全国人大会议上响起的耳熟能详的一句话，电子表决器表决如今成为了人大议事的重要表决方式，从全国人大到地方各级人大的议事表决中都常见它的身影。20世纪80年代，第六届全国人大常委会会议第一次采用电子表决器；1990年，七届全国人大三次会议第一次用上了电子表决器，赞成对应绿色；反对对应红色；弃权则为黄色。从此以后，人民大会堂大礼堂的每张桌面上，都安装着一个巴掌大小的无记名电子表决器。

本次项目我们就制作一个简单的三人表决器。功能要求如下：有三名委员代表对议案进行不记名表决投票。当同意某个议案时，按动电钮，则对应的绿色信号灯就亮，否则信号灯不亮。只有两个及以上的委员代表同意时，则表示议案通过。要求电路方案合理，考虑环保成本问题，规范安装电路，保证电路能安全正常的实现功能。

项目导航

要完成这项电路制作任务，必须先了解相关元件芯片情况，然后设计出电路图，最后进行安装调试，因此整个项目过程分三步走，具体如图6-1所示：

图6-1 项目流程图

项目 6 专业知识、技能图谱如图 6-2 所示。

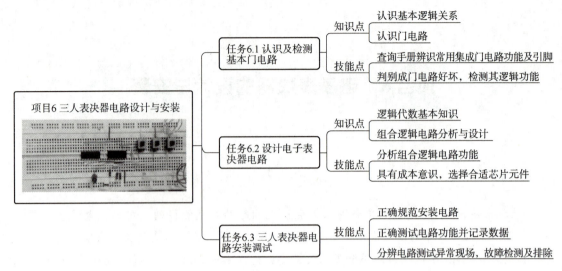

图 6-2 项目 6 专业知识、技能图谱

任务6.1　认识及检测基本门电路

任务描述

要制作三人表决器，可以考虑利用基本门电路来实现。门电路是由分立元件集成得到的，它的信号稳定性更好，成本相较于分立元件来说差不多，因此对于刚接触电子电路设计的新手而言是个不错的选择。

本次任务：在充分了解门电路的特点后，完成常用基本门电路的检测，为后面制作电路做好准备。

任务提交：检测结论、任务问答、学习要点思维导图、任务评价表。

任务目标

本任务参考学时：4（课内）+4（课外）。通过本任务学习，可以获得以下收获：

专业知识：

（1）能知晓数字电路的特点。

（2）会进行十进制、二进制和十六进制间的相互转换，能写出 8421BCD 码。

（3）能分析基本的逻辑关系及复合逻辑关系。

专业技能：

（1）能查询手册，辨识常用的集成门电路的功能及引脚。

（2）能正确规范使用基本集成门电路。

（3）会用正确方法判别集成门电路好坏，检测其逻辑功能。

职业素养：

（1）时刻保持安全清醒的头脑，以认真的态度对待学习和工作。

（2）养成严格按规范要求操作，使用电工仪表和安全工具等安全用电习惯和意识。

（3）能进行学习资料的收集、整理与自学，培养良好的工作习惯。

任务导学

学习链接一　认识基本逻辑关系

1. 认识模拟信号与数字信号

电子电路处理的信号分为模拟信号和数字信号两类。模拟信号是指在时间上和数值上连续变化的信号。数字信号是指在时间上和数值上都离散的信号。数字信号常用抽象出来的二值信息1和0表示，反映在电路上就是高电平和低电平两种状态。图6-3所示为模拟信号和数字信号的波形。

2. 数制与码制

1）数制

数制是用一组统一的符合规则表示数的方法。十进制是人们在日常生活中常用的一种计

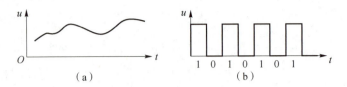

图6-3 模拟信号和数字信号波形

(a) 模拟信号；(b) 数字信号

数体制，而在数字电路中采用二进制、八进制、十六进制。下面介绍常用的十进制、二进制和十六进制。

(1) 十进制。

十进制有0、1、2、3、4、5、6、7、8、9十个数码，基数为10，其进位规则是"逢十进一"，即每位计满10就向高位进1，例如，$9+1=10$。十进制的各个数位的位权是基数10的幂。一个十进制数可以用按权展开法表示，如

$$(3457.3)_{10} = 3 \times 10^3 + 4 \times 10^2 + 5 \times 10^1 + 7 \times 10^0 + 3 \times 10^{-1}$$

对于任意一个十进制数 N，可以用位权展开式表示如下：

$$(N)_{10} = a_{n-1} \times 10^{n-1} + a_{n-2} \times 10^{n-2} + \cdots + a_0 \times 10^0 + a_{-1} \times 10^{-1} + a_{-2} \times 10^{-2} + \cdots + a_{-m} \times 10^{-m}$$

式中，n 为整数部分的位数；m 为小数部分的位数。

(2) 二进制。

二进制是数字电路中应用最广泛的一种数制。在二进制中，只有0和1两个数码，基数为2，每个数位的位权值是2的幂，其进位规则是"逢二进一"，即每位计满2就向高位进1，例如，$1+1=10$。一个二进制数可以用按权展开法表示，并可以通过按权展开法把二进制数转换为十进制数，如：

$$(1101.1)_2 = 1 \times 2^3 + 1 \times 2^2 + 0 \times 2^1 + 1 \times 2^0 + 1 \times 2^{-1} = (13.5)_{10}$$

对于任意一个二进制数 N，可以用位权展开式表示如下：

$$(N)_2 = a_{n-1} \times 2^{n-1} + a_{n-2} \times 2^{n-2} + \cdots + a_0 \times 2^0 + a_{-1} \times 2^{-1} + a_{-2} \times 2^{-2} + \cdots + a_{-m} \times 2^{-m}$$

❖将十进制转换为二进制方法：整数和小数分别转换

整数部分：除2取余法   小数部分：乘2取整法

【例6-1】将十进制数$(26.375)_{10}$转换成二进制数。

解：

```
2 | 26    余数
2 | 13    0  ┐
2 |  6    0  │读
2 |  3    0  │数
2 |  1    1  │顺
  |  0    1  ┘序
```

```
      0.375   整数
    ×    2
      0.750   0  ┐
    ×    2       │读
      1.500   1  │数
    ×    2       │顺
      1.000   1  ┘序
```

一直除到商为0为止 $(26.375)_{10} = (11010.011)_2$

(3) 十六进制。

十六进制有0、1、2、3、4、5、6、7、8、9、A、B、C、D、E、F十六个数码，其中A~F分别代表十进制的10~15。十六进制的基数为16，各个数位的位权是基数16的幂。其进位

规则是"逢十六进一"，即每位计满16就向高位进1，例如，F+1=10。一个十六进制数可以用按权展开法表示，并可以通过按权展开法把十六进制数转换为十进制数，如：

$$(3AD)_{16} = 3 \times 16^2 + 10 \times 16^1 + 13 \times 16^0 = (941)_{10}$$

对于任意一个十六进制数 N，可以用位权展开式表示如下：

$$(N)_{16} = a_{n-1} \times 16^{n-1} + a_{n-2} \times 16^{n-2} + \cdots + a_0 \times 16^0 + a_{-1} \times 16^{-1} + a_{-2} \times 16^{-2} + \cdots + a_{-m} \times 16^{-m}$$

若要将十进制数转换为十六进制数，可先将十进制数转换为二进制数，再由二进制数转换为十六进制数。

❖ 二进制数转换为十六进制数的方法：

从二进制数的小数点开始，分别向右、向左按4位分组，最后不满4位的则需补0，将每组用对应的十六进制数代替，就是等值的十六进制数。

【例6-2】将十进制数19.625转换成十六进制数。

解：　　　　　　　　$(19.625)_{10}$ ＝ $(10011.101)_2$

二进制　　　　　　　0001 0011 . 1010

十六进制　　　　　　 1　　 3　 .　A

因此，$(19.625)_{10}$ ＝ $(13.A)_{16}$

常用数制的表示法及其对照表如表6-1所示。

表6-1　常用数制的表示法及其对照表

二进制	十进制	十六进制	二进制	十进制	十六进制
0000	0	0	1000	8	8
0001	1	1	1001	9	9
0010	2	2	1010	10	A
0011	3	3	1011	11	B
0100	4	4	1100	12	C
0101	5	5	1101	13	D
0110	6	6	1110	14	E
0111	7	7	1111	15	F

2）码制

码制是指编码的规则，即用数字、字母或符号表示对象或信号的规则。常用的码制是BCD码和可靠性编码等。

用4位二进制数表示1位十进制数的编码方法称二-十进制编码，简称BCD码。常用的BCD码有8421码、2421码和5421码等。在这里介绍最常用的8421BCD码，它每一位的权是固定不变的，按高位到低位排序，依次为8（即2^3）、4（即2^2）、2（即2^1）、1（即2^0），故称为8421BCD码。它和十进制数之间的关系，可直接变换。

【例6-3】将$(359)_{10}$变换成8421BCD码。

解：先将359中每位3、5、9分别由1位十进制数变成4位8421BCD码，再由高位到低位的次序由左到右排序，就可以得到相应的8421BCD码，即

$$(359)_{10} = (0011\ 0101\ 1001)_{8421BCD}$$

3. 逻辑代数及其基本运算

逻辑代数也称布尔代数，是分析和设计逻辑电路的一种数学工具。逻辑代数的取值只有

"0"和"1"，它们不具有数量的概念，而是用来表示矛盾的双方、两种对立的状态、事件的真伪。在数字系统中，开关的接通与断开，晶体管的导通与截止，电压的高和低，信号的有和无，都可用0和1这两种不同的逻辑值来表示。

数字系统的逻辑关系都是由"与""或""非"运算组合而成。

1)"与"运算

"与"运算也叫逻辑乘，逻辑表达式为

$$Y = A \cdot B \qquad (6-1)$$

其意义是：决定某一事件发生的多个条件必须同时具备，事件才能发生。该逻辑关系可用表6-2来描述。

由表6-2可得出"与"运算的运算法则为

$$0 \cdot 0 = 0; 0 \cdot 1 = 0; 1 \cdot 0 = 0; 1 \cdot 1 = 1 \qquad (6-2)$$

2)"或"运算

"或"运算也叫逻辑加，逻辑表达式为

$$Y = A + B \qquad (6-3)$$

其意义是：决定某一事件发生的多个条件中，只要有一个或一个以上条件成立，事件便可发生。该逻辑关系可用表6-3来描述。

由表6-3可得出"或"运算的运算法则为

$$0 + 0 = 0; 0 + 1 = 1; 1 + 0 = 1; 1 + 1 = 1 \qquad (6-4)$$

3)"非"运算

"非"运算也叫"反"运算，逻辑表达式为

$$Y = \overline{A} \qquad (6-5)$$

其意义是：某一事件的条件成立时，这个事件不发生；而该条件不成立时，这个事件就发生。该逻辑关系可用表6-4来描述。

由表6-4可得出"非"运算的运算法则为

$$\overline{0} = 1; \quad \overline{1} = 0 \qquad (6-6)$$

表6-2 "与"运算真值表

A	B	Y
0	0	0
0	1	0
1	0	0
1	1	1

表6-3 "或"运算真值表

A	B	Y
0	0	0
0	1	1
1	0	1
1	1	1

表6-4 "非"运算真值表

A	Y
0	1
1	0

学习链接二　认识门电路

1. 认识逻辑门电路

认识逻辑门电路

在数字电路中，所谓"门"就是只能实现基本逻辑关系的电路。最基本的逻辑关系是与、或、非，最基本的逻辑门是与门、或门和非门，其电路符号如图6-4所示。逻辑门可以用电阻、电容、二极管、三极管等分立原件构成，成为分立元件门；也可以将门电路的所有器件及连接导线制作在同一块半导体基片上，构成集成逻辑门电路。

逻辑门是在集成电路上的基本组件。简单的逻辑门可由晶体管组成。这些晶体管的组合

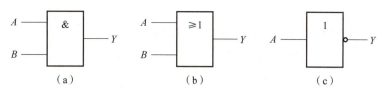

图 6-4 基本门电路符号

（a）与门；（b）或门；（c）非门

可以使代表两种信号的高低电平在通过它们之后产生高电平或者低电平的信号。高、低电平可以分别代表逻辑上的"真"与"假"或二进制当中的 1 和 0，从而实现逻辑运算。

1）与门

在数字电路中，实现与逻辑关系的电路称之为与门电路。与逻辑关系，也称为逻辑乘，或者称为与运算、逻辑乘运算。图 6-4（a）所示为两个输入端的与门电路逻辑符号。与门逻辑关系表达式为

$$Y = A \cdot B = AB \tag{6-7}$$

读成"Y 等于 A 与 B"或者"A 乘 B"。"与"逻辑的输入变量不一定只有两个，可以有多个。与逻辑运算的规则为：有 0 出 0，全 1 为 1。与运算的逻辑关系还可以用真值表来表示。

所谓真值表，就是将逻辑变量各种可能取值的组合及其相应的逻辑函数值列成的表格，如表 6-5 所示。

图 6-5 所示为有两个输入端的二极管与门电路，A、B 为两个输入变量，Y 为输出变量。设 A、B 输入端的高、低电平分别为 3 V、0 V，二极管的正向导通压降 0.7 V。A、B 中只要有一个是低电平 0 V，则必有一个二极管导通，使 Y 为 0.7 V。只有 A、B 中全是高电平 3 V，Y 才为 3.7 V。将输入与输出的逻辑电平关系列表，如表 6-6 所示。如果规定 3 V 以上为高电平，用逻辑 1 表示；0.7 V 以下为低电平，用逻辑 0 表示，则可以将表 6-6 转换为表 6-7。显然，Y 和 A、B 是逻辑与关系：$Y = A \cdot B$。

表 6-5 与逻辑真值表及运算规则

变量		与逻辑	与逻辑运算规则
A	B	AB	
0	0	0	$0 \cdot 0 = 0$
0	1	0	$0 \cdot 1 = 0$
1	0	0	$1 \cdot 0 = 0$
1	1	1	$1 \cdot 1 = 1$

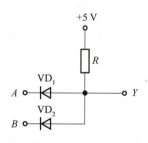

图 6-5 二极管与门电路

表 6-6 二极管与门电路逻辑电平

输入		输出
V_A/V	V_B/V	V_Y/V
0	0	0
0	3	0.7
3	0	0.7
3	3	3.7

表 6-7 二极管与门电路真值表

输入		输出
A	B	Y
0	0	0
0	1	0
1	0	0
1	1	1

2）或门

实现或逻辑关系的电路称之为或门电路。或逻辑关系，也称为逻辑加，或者称为或运算、逻辑加运算。图 6 – 4（b）所示为两个输入端的或门电路逻辑符号。或门逻辑关系的表达式为

$$Y = A + B \qquad\qquad (6-8)$$

读成"Y 等于 A 或 B"或者"Y 等于 A 加 B"。"或"逻辑的输入变量不一定只有两个，可以有多个。或逻辑运算的规则为：有 1 出 1，全 0 为 0。或逻辑真值表如表 6 – 8 所示。

图 6 – 6 所示为有两个输入端的二极管或门电路，A、B 为两个输入变量，Y 为输出变量。设 A、B 输入端的高、低电平分别为 3 V、0 V，二极管的正向导通压降 0.7 V。A、B 中只要有一个是高电平 3 V，则必有一个二极管导通，使 Y 为 2.3 V。只有 A、B 中全是低电平 0 V，Y 才为 0 V。将输入与输出的逻辑电平关系列表，如表 6 – 9 所示。如果规定 2.3 V 以上为高电平，用逻辑 1 表示；0.7 V 以下为低电平，用逻辑 0 表示，则可以将表 6 – 9 转换为表 6 – 10。显然，Y 和 A、B 是逻辑或关系：$Y = A + B$。

表 6 – 8　或逻辑真值表及运算规则

变量		或逻辑	或逻辑运算规则
A	B	$A + B$	
0	0	0	$0 + 0 = 0$
0	1	1	$0 + 1 = 1$
1	0	1	$1 + 0 = 1$
1	1	1	$1 + 1 = 1$

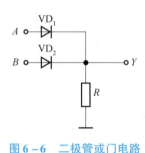

图 6 – 6　二极管或门电路

表 6 – 9　二极管或门电路逻辑电平

输入		输出
V_A/V	V_B/V	V_Y/V
0	0	0
0	3	2.3
3	0	2.3
3	3	2.3

表 6 – 10　二极管或门电路真值表

输入		输出
A	B	Y
0	0	0
0	1	1
1	0	1
1	1	1

3）非门

实现非逻辑关系的电路称之为非门电路。图 6 – 4（c）所示为非门电路逻辑符号。非门逻辑关系的表达式为

$$Y = \overline{A} \qquad\qquad (6-9)$$

读成"Y 等于 A 非"。非逻辑只有一个输入变量。真值表如表 6 – 11 所示。

图 6 – 7 所示为三极管构成的非门电路，当输入端 A 为高电平 1（3 V）时，三极管饱和导通，Y 端输出 0.3 V 的饱和电压，属于低电平；而输入端 A 为低电平 0（0 V）时，三极管截止，Y 端的电压近似等于电源电压，输出高电平。因此，该电路的输入与输出信号状态满足非逻辑关系，则 $Y = \overline{A}$。

表 6 – 11 非逻辑真值表及运算规则

变量	非逻辑	非逻辑运算规则
A	$\overline{A}$	
0	1	$\overline{0} = 1$
1	0	$\overline{1} = 0$

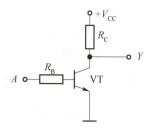

图 6 – 7 三极管非门电路

4）复合逻辑门电路

与门、或门、非门是三种基本逻辑门，二极管与门和或门电路简单，缺点是存在电平偏移、带负载能力差、工作速度低、可靠性差。非门的优点恰好是没有电平偏移、带负载能力强、工作速度高。因此常将二极管与门、或门和三极管非门连接起来，构成二极管、三极管复合逻辑门电路。

（1）与非门。

图 6 – 8 所示为与非门的电路和逻辑符号。电路由两部分组成，虚线左边是二极管与门，右边是三极管非门。因此，输入和输出之间是与非关系，其真值表如表 6 – 12 所示。与非逻辑关系表达式为

$$Y = \overline{AB} \tag{6 – 10}$$

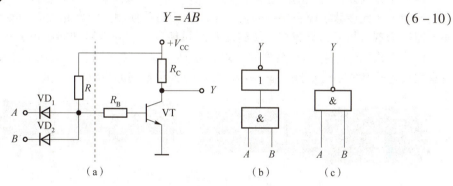

图 6 – 8 与非门电路和逻辑符号

(a) 双输入与非门电路；(b) 等效电路；(c) 逻辑符号

表 6 – 12 双输入与非门的真值表

A	B	Y	A	B	Y
0	0	1	1	0	1
0	1	1	1	1	0

（2）或非门。

图 6 – 9 所示为或非门电路和逻辑符号。电路由两部分组成，虚线左边是二极管或门，右边是三极管非门。因此，输入和输出之间是或非关系，其真值表如表 6 – 13 所示。或非门逻辑关系的表达式为

$$Y = \overline{A + B} \tag{6 – 11}$$

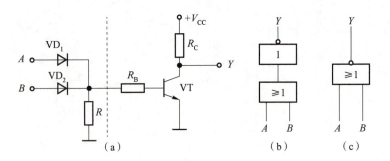

图 6 - 9　或非门电路和逻辑符号

(a) 双输入与非门电路；(b) 等效电路；(c) 逻辑符号

表 6 - 13　双输入或非门的真值表

A	B	Y	A	B	Y
0	0	1	1	0	0
0	1	0	1	1	0

2. 认识集成门电路

　　由于用分立元件组成的门电路，使用元件多、焊接点多、可靠性差、体积大、功耗大、使用不便，因此在数字设备中一般极少采用，而目前使用的门电路大多为集成门电路。以半导体器件为基本单元，集成在一块硅片上，并具有一定的逻辑功能的电路称为集成门电路。最常用的集成门电路是 TTL 系列和 CMOS 系列。这两种不同系列的门电路中，你可以找到具有相同逻辑功能的门电路。图 6 - 10 所示为各种不同的集成门电路。

图 6 - 10　各种不同的集成门电路

1）TTL 集成门电路

　　TTL 电路，即晶体管 - 晶体管逻辑电路，该电路内部各级均由晶体管构成。

　　根据工作温度的不同和电源电压允许工作范围的不同，我国 TTL 数字集成电路分为 CT54 系列和 CT74 系列两大类。它们的工作条件如表 6 - 14 所示。

表 6 - 14　CT54 系列和 CT74 系列的工作条件

参数	CT54 系列			CT74 系列		
	最小	一般	最大	最小	一般	最大
电源电压/V	4.5	5.0	5.5	4.75	5.0	5.25
工作温度/℃	-55	25	125	0	25	70

　　CT54 系列和 CT74 系列具有完全相同的电路结构和电气性能参数。CT54 系列常用于军品；而 CT74 系列 TTL 集成电路则适合在常规条件下工作，常用于民品。

　　CT74 系列集成电路通常为双列直插式塑料封装，图 6 - 11 所示为 74LS00 实物图及外引脚排列图,在一块集成电路芯片上集成了 4 个与非门,各个与非门互相独立,可以单独使用,但它们共用一根电源引线和一根地线。不管使用哪个门,都必须将 V_{cc} 接 +5 V 电源,地线引脚接公共地线。

双列直插集成块的引脚识别方法是:将集成电路水平放置,引脚向下,印有型号的一面向上,并将识别标志对着自己,左下端的第一个引脚为 1 脚,按逆时针方向依次为其他各引脚。若是单列直插式,则将印有型号的一面朝自己,从识别标志开始从左至右依次为各引脚。

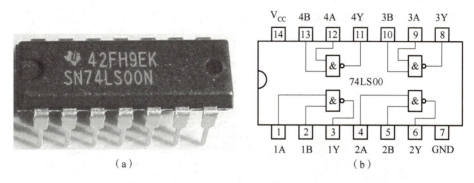

图 6 – 11   74LS00 四 2 输入集成与非门
(a) 实物图;(b) 引脚排列图

2) 常用的 TTL 集成门

74LS00 是 2 输入四与门集成电路芯片,内含 4 个 2 输入与非门,如图 6 – 11 所示,其逻辑表达式为:$Y = \overline{A \cdot B}$。

74LS20 是 4 输入二与非集成电路芯片,内含 2 个 4 输入与非门,如图 6 – 12 所示,其逻辑表达式为:$Y = \overline{A \cdot B \cdot C \cdot D}$。

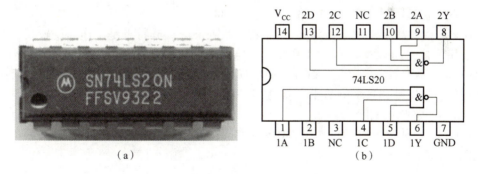

图 6 – 12   74LS20 二 4 输入集成与非门
(a) 实物图;(b) 引脚排列图

74LS04 是带有 6 个非门的芯片,引脚功能如图 6 – 13 所示,其逻辑表达式为:$Y = \overline{A}$。

74LS08 内含 4 个 2 输入与门,引脚功能如图 6 – 14 所示,其逻辑表达式为:$Y = AB$。

3) CMOS 集成门电路

CMOS 集成门电路是一种互补对称场效应管集成门电路,是近年来国内外迅速发展、广泛应用的一种电路。

CMOS 数字电路有 3 个系列产品:

4000B 系列数字集成电路为国际通用标准系列,是 20 世纪 80 年代 CMOS 代表产品之一。其特点是功耗很小,价格低,但工作速度较低。4000 系列数字集成电路品种繁多,功

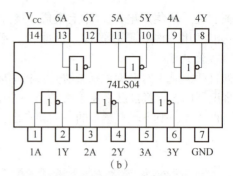

（a）

（b）

图 6-13　74LS04 集成非门

（a）实物图；（b）引脚排列图

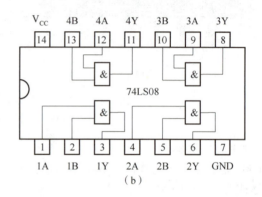

（a）

（b）

图 6-14　74LS08 集成与门

（a）实物图；（b）引脚排列图

能齐全，现在仍被广泛应用，门电路仅是其中一部分。

40H××系列数字集成电路为国标 CC40H 系列××。其特点是工作速度较高，但品种较少，使用不多，其引脚功能与 74 系列 TTL 电路同序号品种相同。

74HC××系列数字电路是 CMOS 产品中应用最广泛的品种之一。其特点是性能比较优越，功耗低，速度高，其引脚功能与 74 系列 TTL 电路同序号品种相同。

4）常用 CMOS 集成门

CD4011 是一种常用的四 2 输入 CMOS 与非门，采用 14 引脚双列直插塑料封装，其引脚排列如图 6-15 所示。

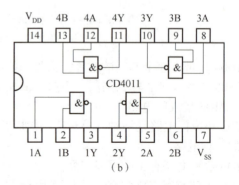

（a）

（b）

图 6-15　CD4011 集成与非门

（a）实物图；（b）引脚排列图

CD40106 是一种常用的六输入 CMOS 反相器，采用 14 引脚双列直插塑料封装，其引脚排列如图 6 – 16 所示。

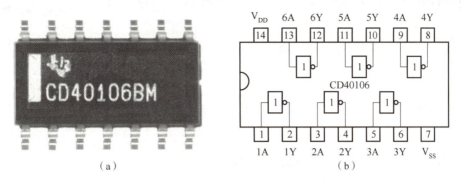

（a）

图 6 – 16　CD40106 集成非门

（a）实物图；（b）引脚排列图

任务实施

（1）设备、仪表准备：5 V 输出直流稳压电源、MF47 指针式万用表 1 块。

（2）元件准备：74LS00、CC4081 芯片各 1 块，14 脚 IC 槽 1 块，发光二极管 1 个，电阻若干，双端开关两个。

（3）将芯片固定 IC 槽内，连接测试电路并通电测试，记录数据。

①74LS00 功能测试。

74LS00 功能测试电路如图 6 – 17 所示；四 2 输入与非门 74LS00 集成电路参数测试记录表如表 6 – 15 所示。

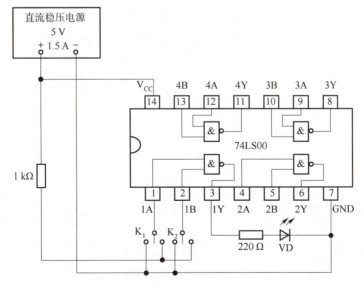

图 6 – 17　74LS00 功能测试电路

表 6 −15　四 2 输入与非门 74LS00 集成电路参数测试记录表

输入端 1A 测量值/V	输入端 1B 测量值/V	输出端 1Y 测量值/V	LED 状态	检测结论（1 组门电路功能是否正常）

说明：输入信号大于 2 V 电压为高电平，小于 0.8 V 电压为低电平；输出信号大于 2.7 V 电压为高电平，小于 0.5 V 电压为低电平

依次测试 2、3、4 组门电路，并记录检测结论。

检测结论：＿＿＿＿＿＿＿＿＿＿＿＿＿＿＿＿＿＿＿＿＿＿＿＿＿＿＿＿＿＿＿＿＿＿＿

②CC4081 功能测试。

CC4081 功能测试电路如图 6 −18 所示，四 2 输入与门 CC4081 集成电路参数测试记录表如表 6 −16 所示。

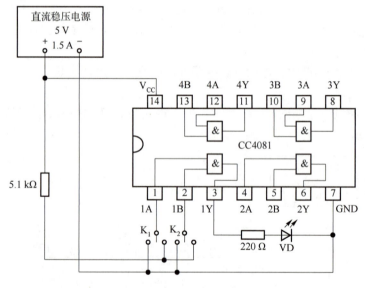

图 6 −18　CC4081 功能测试电路

表 6 −16　四 2 输入与门 CC4081 集成电路参数测试记录表

输入端 1A 测量值/V	输入端 1B 测量值/V	输出端 1Y 测量值/V	VD 状态	检测结论（1 组门电路功能是否正常）

说明：输入信号大于 2 V 电压为高电平，小于 0.8 V 电压为低电平；输出信号大于 2.7 V 电压为高电平，小于 0.5 V 电压为低电平。根据测试情况若输入信号达不到高电平，可更换 5.1 kΩ 电阻

依次测试 2、3、4 组门电路，并记录检测结论。

检测结论：_____

_____

（4）检测完毕后，断电拆线，整理工具，清点元件，清扫现场，仪器归位。

检查评估

1. 任务问答

（1）TTL 门电路的多余输入端应如何处理？

_____

_____

（2）如何识读及判别集成门电路的引脚？

_____

_____

（3）如何判断集成门电路的逻辑功能是否正常？

_____

_____

（4）与非门的一个输入接连续脉冲，其余端是什么状态时允许脉冲通过？什么状态时禁止脉冲通过？

_____

_____

（5）74LS20 和 74LS04 分别是什么功能的门电路？有什么特点？

_____

_____

2. 任务评价

任务评价表如表 6-17 所示。

表 6-17　任务评价表

评价项目	评价内容	配分/分	得分
职业素养	是否遵守纪律及规程，不旷课、不迟到、不早退？ 旷课扣 3 分/次；迟到、早退扣 2 分/次；上课做与任务无关的事情扣 2 分/次；不遵守安全操作规程扣 10 分/次	10	
	是否以严谨认真、精益求精的态度对待学习及工作？ 能认真积极参与任务得 10 分；能主动发现问题并积极解决得 5 分；课后作业完成度高得 5 分	15	

评价项目	评价内容	配分/分	得分
职业素养	是否在任务实施过程中造成仪表、仪器、器件的损坏？是否在检测工作结束后按 6S 要求清扫整理，物品归位？ 造成万用表烧表直接扣 10 分；造成器件损坏扣 3 分/个；造成仪器损坏扣 10 分；未做好归位清扫清理工作扣 10 分；该项扣完为止	10	
	是否能在学习及任务过程中始终保持安全行为，遵守安全操作规程	10	
	是否能进行相关专业资料有效收集和整理	5	
专业能力	任务完成情况：是否能辨识常用的集成门电路的功能及引脚；是否会用正确方法判别集成门电路好坏，检测其逻辑功能；是否能正确处理不同类型 IC 的引脚。 会识别集成门电路型号，根据型号查表辨识功能和引脚 10 分；利用恰当方法规范正确判别集成门电路好坏，测试门电路功能得 10 分；对于不同类型集成门电路引脚合理处理，保证信号稳定干扰小得 10 分	30	
	任务问答： 【测试内容】是否能描述数字电路的特点；是否会十进制、二进制和十六进制间的相互转换，能写出 8421BCD 码；是否能分析基本的逻辑关系及复合逻辑关系。 【评分标准】90% 以上问题回答准确专业，描述清楚有条理得 20 分；80% 以上问题回答准确专业，描述清楚有条理得 16 分；70% 以上问题回答准确专业，描述清楚有条理得 14 分；60% 以上问题回答准确专业，描述清楚有条理得 12 分；不到 50% 问题回答准确的不超过 10 分，酌情打分	20	
总分			

 小结反思

（1）绘制本任务学习要点思维导图。

（2）在任务实施中出现了哪些错误？遇到了哪些问题？是否解决？如何解决？记录在表 6-18 中。

表 6-18　错误记录

出现错误	遇到问题记录

任务 6.2　设计电子表决器电路

设计三人
表决器电路

任务描述

　　三人表决器电路是一种代表投票或举手表决的表决装置。表决时，与会的有关人员只要按动各自表决器上"赞成"或"反对"的按钮，荧光屏上即显示出表决结果。A、B、C 3 人表决，"1"表示"赞成"，"0"表示"反对"，若有 2 人或以上人数赞成，则输出端 Y 为"1"表示"通过"，否则 Y 为"0"表示"不通过"。

　　本次任务：根据电路功能要求设计电路方案，绘制表决器电路图。

　　任务提交：检测结论、任务问答、学习要点思维导图、任务评价表。

任务目标

　　本任务参考学时：4（课内）+2（课外）。通过本任务学习，你可以获得以下收获：

　　专业知识：

　　（1）能正确写出逻辑函数表达式并化简。

　　（2）能知晓组合逻辑电路的特点并会分析电路功能。

　　（3）会用小规模集成器件设计组合逻辑电路。

　　专业技能：

　　（1）能进行简单逻辑电路的读图。

　　（2）能根据逻辑电路图选择合适的芯片、元件。

　　职业素养：

　　（1）能养成安全用电、严格遵守电工安全操作规程的良好职业习惯。

　　（2）能在任务实施过程中形成环保节约的成本意识。

　　（3）能以认真严谨、精益求精的工作态度完成任务。

任务导学

学习链接一　逻辑代数基本知识

1. 逻辑代数的公理和基本定律

　　数学方法描述自然界和社会的各种因果关系（逻辑关系）的方法称为逻辑代数。逻辑代数的特点：①变量取值只有 0 和 1 两个；②只有三种基本运算：逻辑乘（与运算）、逻辑加（或运算）、逻辑否定（非运算或称求反）。

　　数字电路也称逻辑电路或开关电路。

　　逻辑代数的公理和基本定律如表 6-19 所示。

表 6 - 19　逻辑代数的公理和基本定律

序号	定律名称	基本公式	
1	0 - 1 律	$A \cdot 0 = 0$ $A \cdot 1 = A$	$A + 1 = 1$ $A + 0 = A$
2	互补律	$A \cdot \bar{A} = 0$	$A + \bar{A} = 1$
3	重叠律	$A \cdot A = A$	$A + A = A$
4	交换律	$A \cdot B = B \cdot A$	$A + B = B + A$
5	结合律	$A(BC) = (AB)C$	$A + (B + C) = (A + B) + C$
6	分配律	$A(B + C) = AB + AC$	$A + BC = (A + B)(A + C)$
7	反演律 （摩根定律）	$\overline{AB} = \bar{A} + \bar{B}$	$\overline{A + B} = \bar{A} \cdot \bar{B}$
9	吸收律	$A(A + B) = A$ $A(\bar{A} + B) = AB$ $(A + B)(A + \bar{B}) = A$	$A + AB = A$ $A + \bar{A}B = A + B$ $AB + \overline{AB} = A$
9	多余项律	$(A + B)(\bar{A} + C)(B + C) = (A + B)(\bar{A} + C)$	$AB + \bar{A}C + BC = AB + \bar{A}C$

2. 逻辑函数的重要规则

1）代入规则

任何一个含有变量 A 的逻辑等式，如果将所有出现 A 的位置都代之以同一个逻辑函数，则等式仍然成立，这个规则称为代入规则。例如，已知 $\overline{A + B} = \bar{A} \cdot \bar{B}$，这是二变量的摩根定理，若将等式中的 B 用 $Y = B + C$ 代入，就得到：

$$\overline{A + B + C} = \bar{A} \cdot \bar{B} \cdot \bar{C} \tag{6 - 12}$$

这是三变量的摩根定理。

2）反演规则

如果将逻辑函数表达式 Y 中的"·"变成"+"，"+"变成"·"，"0"变成"1"，"1"变成"0"，原变量变成反变量，反变量变成原变量，则所得到的新函数表达式为原函数 Y 的反函数 $\bar{Y}$，这个规则称为反演规则。例如，已知 $Y = AB + \overline{CD}$，根据反演规则可得：$\bar{Y} = (\bar{A} + \bar{B}) \cdot (C + D)$。

3）对偶规则

如果将逻辑函数表达式 Y 中的"·"变成"+"，"+"变成"·"，"0"变成"1"，"1"变成"0"，而逻辑变量保持不变，得到一个新的逻辑表达式 Y'，则称 Y' 为 Y 的对偶式。若两个逻辑函数表达式 Y 和 G 相等，则其对偶式 Y' 和 G' 也相等，这一规则称为对偶规则。例如，已知 $\overline{AB} = \bar{A} + \bar{B}$，则有 $\overline{A + B} = \bar{A} \cdot \bar{B}$。

3. 逻辑函数的表示方法

一个复杂的逻辑问题可用由与、或、非三种基本逻辑运算组合而成的逻辑函数来表达。逻辑函数有 4 种表示方法：

（1）逻辑状态真值表：简称状态表或真值表。将全部自变量的所有取值组合与其相应的输出结果值列成一表，称为逻辑状态真值表。

一个自变量有两种取值（0 和 1）。两个自变量有 4 种取值组合（00，01，10，11），3

个自变最有 8 种取值组合，n 个自变量有 2^n 种取值组合。分析逻辑问题应先列出状态表，它保证了分析问题的全面性，因为逻辑状态表是唯一的。

（2）逻辑代数表达式：通常是将逻辑函数化成最简"与或"表达式，也就是说，表达式中含有与项个数达到最少，且在满足与项个数最少的条件下，各与项所含的变量数达到最少。例如，$F = A + BC$ 就是最简"与或"表达式。代数化简法就是运用逻辑代数的公理、定理和规则对逻辑函数进行化简，这种方法没有固定的步骤可以遵循，主要取决于对逻辑代数的公理、定理和规则的熟练运用程度。

（3）逻辑图：用逻辑符号表示的基本逻辑元件实现逻辑函数功能的称为逻辑图。由于一个逻辑函数的表达式可以写成多种形式，因此同一个逻辑函数可以用不同的逻辑元件来实现，画出多种形式的逻辑电路图。

（4）卡诺图：将状态表中每一个变量取值组合（即每一个最小项）都用一个小方块表示，然后再将所有小方块按一定规则排列起来，就成为卡诺图。

4. 逻辑函数的代数化简法

1）逻辑函数式的常见形式

一个逻辑函数的表达式不是唯一的，可以有多种形式，并且能互相转换。常见的逻辑式主要有 5 种形式，例如：

$$F = AC + \overline{A}B \qquad \text{与 – 或表达式}$$
$$= (A + B)(\overline{A} + C) \qquad \text{或 – 与表达式}$$
$$= \overline{\overline{AC} \cdot \overline{\overline{A}B}} \qquad \text{与非 – 与非表达式}$$
$$= \overline{\overline{A + B} + \overline{\overline{A} + C}} \qquad \text{或非 – 或非表达式}$$
$$= \overline{\overline{A}\ \overline{C} + \overline{A}\overline{B}} \qquad \text{与 – 或非表达式}$$

在上述多种表达式中，与 – 或表达式是逻辑函数的最基本表达形式。因此，在化简逻辑函数时，通常是将逻辑式化简成最简与 – 或表达式，然后再根据需要转换成其他形式。

2）最简与 – 或表达式的标准

（1）与项最少，即表达式中" + "号最少。

（2）每个与项中的变量数最少，即表达式中" · "号最少。

3）用代数法化简逻辑函数

用代数法化简逻辑函数，就是直接利用逻辑代数的基本公式和基本规则，即表 6 – 17 中各种定律进行化简。代数法化简没有固定的步骤，化简逻辑函数时，要仔细观察特点，灵活运用上述方法，才能将逻辑函数化为最简。

下面举一个逻辑函数化简的实例。

【例 6 – 4】 化简 $F = \overline{A}C + ABC + \overline{A}CD + CD$

解：$F = \overline{A}C + ABC + \overline{A}CD + CD = A(\overline{C} + BC) + C(\overline{A}D + D)$

$= A[(\overline{C} + B)(\overline{C} + C)] + C[(A + D)(\overline{D} + D)] = \overline{A}C + AB + AC + CD$

$= A(C + \overline{C}) + AB + CD = A(1 + B) + CD = A + CD$

学习链接二　组合逻辑电路分析与设计

1. 认识组合逻辑电路图

数字电路根据逻辑功能的不同特点，可以分成两大类，一类叫组合逻辑电路（简称组

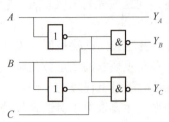

图 6 – 19　组合逻辑电路

合电路），另一类叫作时序逻辑电路（简称时序电路）。任意时刻的输出仅仅取决于该时刻的输入，与电路原来的状态无关的逻辑电路称为组合逻辑电路。任意时刻的输出不仅取决于当时的输入信号，而且还取决于电路原来的状态的逻辑电路称为时序逻辑电路，或者说，还与以前的输入有关。图 6 – 19 所示为组合逻辑电路。

2. 组合逻辑电路的分析与设计

1）组合逻辑电路的分析

组合逻辑电路的分析主要是根据给定的组合逻辑电路图，找出输出信号与输入信号间的关系，从而确定它的逻辑功能。

组合逻辑电路的分析步骤如下：

（1）根据给定的逻辑电路写出输出逻辑函数式。一般从输入端向输出端逐级写出各个门输出对其输入的逻辑表达式，从而写出整个逻辑电路的输出对输入变量的逻辑函数式。

（2）化简逻辑函数式。

（3）列出逻辑函数的真值表。将输入变量的状态以二进制数顺序的各种取值组合代入输出逻辑函数式，求出相应的输出状态，并填入表中，即得真值表。

（4）分析逻辑功能。通常通过分析真值表的特点来说明电路的逻辑功能。

【例 6 – 5】 分析图 6 – 20 所示电路中的逻辑功能。

解：（1）列出表达式。

表达式为 $Y = \overline{\overline{AB} \cdot \overline{A} \cdot \overline{B}}$

化简后可得：$Y = AB + \overline{A} \cdot \overline{B}$

（2）列真值表，如表 6 – 20 所示。

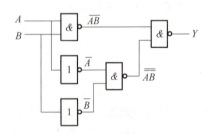

图 6 – 20　例 6 – 5 电路图

表 6 – 20　真值表

A	B	Y
0	0	1
0	1	0
1	0	0
1	1	1

（3）从真值表中分析逻辑功能。

逻辑功能为：当 A、B 取值相同时，输出为 1，否则为 0。

2）组合逻辑电路的设计

组合逻辑电路的设计，是根据给出的要求设计出能实现这一逻辑要求的最简逻辑电路。

组合逻辑电路的设计步骤如下：

（1）分析设计要求，列真值表。根据题意确定输入变量和输出函数及它们相互间的关系，然后将输入变量以二进制顺序的各种取值组合排列，列出真值表。

（2）根据真值表写出输出逻辑函数表达式，将真值表中输出为 1 所对应的各个最小项进行逻辑加后，便得到输出逻辑函数表达式。

（3）对输出逻辑函数进行化简。

（4）根据最简输出逻辑函数式画逻辑图。可根据最简与或输出逻辑函数表达式画逻辑图，也可根据要求将输出逻辑函数变换为与非表达式、或非表达式、与或非表达式或其他表达式来画逻辑电路图。

【例6-6】某车间有3台电动机 A、B、C，要维持正常生产必须至少两台电动机工作。试用与非门设计一个能满足此要求的逻辑电路。

解：设电动机 A、B、C 工作时其值为1，不工作时其值为0。并设正常生产信号用 Y 表示，能正常生产时其值为1，不能正常生产时其值为0。根据逻辑要求，该逻辑电路的真值表如表6-21所示。

由表6-21写出函数 Y 的与或表达式，化简后转换为与非表达式，即

$$Y = \overline{A}BC + A\overline{B}C + AB\overline{C} + ABC = AB + BC + AC = \overline{\overline{AB} \cdot \overline{BC} \cdot \overline{AC}}$$

根据上式画出逻辑电路图，如图6-21所示。

表6-21 真值表

A	B	C	F
0	0	0	0
0	0	1	0
0	1	0	0
0	1	1	1
1	0	0	0
1	0	1	1
1	1	0	1
1	1	1	1

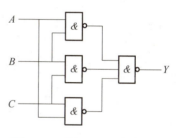

图6-21 例6-6逻辑电路图

 任务实施

（1）分析电路功能要求，设定输入、输出。

设三人分别为 A、B、C，并且 A 具有否决权，多数人同意通过时表示裁定通过，若其中 A 不同意则一票否决。结果用 Y 表示，$Y = 1$ 时表示通过，$Y = 0$ 时表示不通过。

（2）根据输入输出关系列出真值表，如表6-22所示。

表6-22 三人表决器的真值表

输入			输出	输入			输出
A	B	C	Y	A	B	C	Y
0	0	0		1	0	0	
0	0	1		1	0	1	
0	1	0		1	1	0	
0	1	1		1	1	1	

（3）根据真值表写出组合逻辑电路的逻辑函数表达式，并进行化简。

根据表 6 - 22 得到表达式

化简后表达式：

（4）根据化简后的逻辑表达式画出逻辑电路图。

（5）根据电路图中所用到的元件价格进行查询，并列出成本预算表，如表 6 - 23 所示。

表 6 - 23　成本预算

序号	代号	名称	型号规格	数量	价格
1					
2					
3					
4					
5					
6					
7					
8					

检查评估

1. 任务问答

（1）简述组合逻辑电路的特点。

_____

_____

（2）在选择集成芯片的时候需要考虑哪些参数？

_____

_____

（3）若此项目中的有一人具有一票否决权，那么这个电路和原来还是一样的吗？请画出这个电路图。

（4）由与非门构成的某表决电路如图 6 - 22 所示。其中 A、B、C、D 表示 4 个人，L = 1 时表示决议通过。试分析电路，说明决议通过的情况有几种？A、B、C、D 四个人中，谁的权利最大？

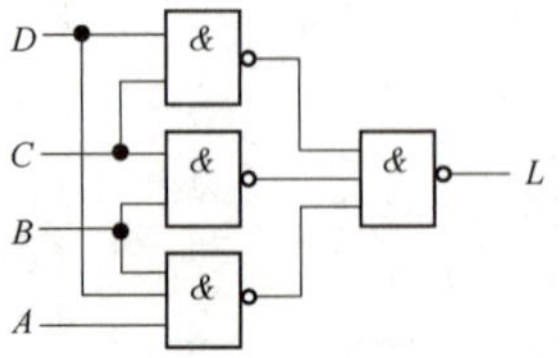

图 6 - 22　与非门构成的表决器电路

（5）有一个车间，有红、黄两个故障指示灯，用来表示三台设备的工作情况。当有一台设备出现故障时，黄灯亮；若有两台设备出现故障时，红灯亮；若三台设备都出现故障时，红灯、黄灯都亮。试用最少的与非门设计实现此功能的电路。

（6）已知输入 A、B、C 和输出 Y 的波形如图 6-23 所示，试用最少的与非门设计实现此功能的电路。

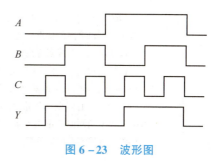

图 6-23　波形图

2. 任务评价

任务评价表如表 6-24 所示。

表 6-24　任务评价表

评价项目	评价内容	配分	得分
职业素养	是否遵守纪律及规程，不旷课、不迟到、不早退？ 旷课扣 3 分/次；迟到、早退扣 2 分/次；上课做与任务无关的事情扣 2 分/次；不遵守安全操作规程扣 10 分/次	10	
	是否以严谨认真、精益求精的态度对待学习及工作？ 能认真积极参与任务得 10 分；能主动发现问题并积极解决得 5 分；课后作业完成度高得 5 分	15	
	是否在任务实施过程中造成仪表、仪器、器件的损坏？是否在检测工作结束后按 6S 要求清扫整理，物品归位？ 造成万用表烧表直接扣 10 分；造成器件损坏扣 3 分/个；造成仪器损坏扣 10 分；未做好归位清扫清理工作扣 10 分；该项扣完为止	10	
	是否能在学习及任务过程中始终保持安全行为，遵守安全操作规程	10	
	是否能进行相关专业资料有效收集和整理	5	

评价项目	评价内容	配分	得分
专业能力	任务完成情况：是否能分析功能要求设计出电路图；是否能根据电路图选择合适的芯片。 　　能根据功能要求分析出逻辑关系，写出最简逻辑表达式得10分；能规范正确绘制满足功能要求的逻辑电路图得10分；具有成本意识，合理选择适当的元器件得10分	30	
	任务问答： 　　【测试内容】是否能根据逻辑关系写出最简表达式；是否知晓组合逻辑电路的特点；是否能根据电路图分析电路功能；是否能用小规模集成器件设计简单功能组合逻辑电路。 　　【评分标准】90%以上问题回答准确专业，描述清楚有条理得20分；80%以上问题回答准确专业，描述清楚有条理得16分；70%以上问题回答准确专业，描述清楚有条理得14分；60%以上问题回答准确专业，描述清楚有条理得12分；不到50%问题回答准确的不超过10分，酌情打分	20	
总分			

小结反思

（1）绘制本任务学习要点思维导图。

（2）在任务实施中出现了哪些错误？遇到了哪些问题？是否解决？如何解决？记录在表 6 – 25 中。

表 6 – 25　错误记录

出现错误	遇到问题记录

任务描述

本次任务：按任务 6.2 设计的电路图完成三人表决器电路的制作，要求电路能稳定、安全的正常工作。

任务提交：检测结论、任务问答、学习要点、思维导图、任务评价表。

任务目标

本任务参考学时：4（课内）+2（课外）。通过本任务学习，你可以获得以下收获：

专业知识：

（1）能理解组合逻辑电路中各种逻辑关系。

（2）能熟悉逻辑门电路的应用和使用注意事项。

专业技能：

（1）能按规范布线完成表决器电路的安装。

（2）能正确调试电路功能。

（3）能对电路出现的问题进行判别和排除。

职业素养：

（1）能养成安全用电、严格遵守电工安全操作规程的良好职业习惯。

（2）能在任务实施过程中形成环保节约的成本意识。

（3）能以认真严谨、精益求精的工作态度高效高质完成任务。

任务实施

（1）工具、设备仪表准备：5 V 输出直流稳压电源、MF47 指针式万用表 1 块。

（2）对准备好的芯片元件进行检测。

（3）将元件合理布局固定在面包板上，画出电路接线图，并完成安装。

（4）对照电路图，仔细检查电路是否安装正确以及导线是否符合要求。特别注意检查发光二极管的极性是否正确，电源的正负极是否接反，IC 底座是否按缺口标记方向固定。

（5）通电测试电路功能，规范操作，并在表 6 – 26 中记录测试数据。

表 6 – 26　测试结果记录

A	B	C	V_A	V_B	V_C	V_Y	发光二极管的状态
0	0	0					
0	0	1					
0	1	0					
0	1	1					
1	0	0					
1	0	1					
1	1	0					
1	1	1					

（6）检测完毕后，断电拆线，整理工具，清点元件，清扫现场，仪器归位。

检查评估

1. 任务问答

（1）要使集成门电路正常工作应加什么？要怎么加？

_____

_____

（2）输入变量高低电平的转换可用什么器件来控制？怎么控制？

_____

_____

（3）输出变量的高或低可通过接什么器件来表示？怎么接？

_____

_____

（4）集成门电路的多余端应怎么处理？

_____

_____

（5）若同时有两人按下同意按键，但是绿灯不亮，问题可能出在哪里？要如何排查？

_____

_____

（6）设计一交通灯监测电路。红、绿、黄三只灯正常工作时只能一只灯亮，否则，将会发出检修信号，用两输入与非门设计逻辑电路，并给出所用 74 系列的型号。

2. 任务评价

任务评价表如表 6-27 所示。

表 6-27　任务评价表

评价项目	评价内容	配分	得分
职业素养	是否遵守纪律及规程，不旷课、不迟到、不早退？ 旷课扣 3 分/次；迟到、早退扣 2 分/次；上课做与任务无关的事情扣 2 分/次；不遵守安全操作规程扣 10 分/次	10	
	是否以严谨认真、精益求精的态度对待学习及工作？ 能认真积极参与任务得 10 分；能主动发现问题并积极解决得 5 分；课后作业完成度高得 5 分	15	
	是否在任务实施过程中造成仪表、仪器、器件的损坏？是否在检测工作结束后按 6S 要求清扫整理，物品归位？ 造成万用表烧表直接扣 10 分；造成器件损坏扣 3 分/个；造成仪器损坏扣 10 分；未做好归位扫清理工作扣 10 分；该项扣完为止	10	
	是否能在学习及任务过程中始终保持安全行为，遵守安全操作规程？是否注意节约成本	10	
	是否能进行相关专业资料有效收集和整理	5	
专业能力	任务完成情况：是否能规范布线完成表决器电路的安装；是否能正确调试电路功能；是否能根据测试结果分析电路问题原因，并进行排除。 根据电路图完成电路安装 10 分；使用适当方法测试电路功能符合要求，正确记录测试数据得 15 分；对电路出现的问题会用正确方法检测并排除得 5 分	30	
	任务问答： 【测试内容】是否知晓逻辑门电路的应用和使用注意事项；能根据逻辑关系写出最简表达式；是否知晓组合逻辑电路的特点；是否能根据电路图分析电路功能；是否能用小规模集成器件设计简单功能组合逻辑电路。 【评分标准】90% 以上问题回答准确专业，描述清楚有条理得 20 分；80% 以上问题回答准确专业，描述清楚有条理得 16 分；70% 以上问题回答准确专业，描述清楚有条理得 14 分；60% 以上问题回答准确专业，描述清楚有条理得 12 分；不到 50% 问题回答准确的不超过 10 分，酌情打分	20	
总分			

【小结反思】

（1）绘制本任务学习要点思维导图。

（2）在任务实施中出现了哪些错误？遇到了哪些问题？是否解决？如何解决？记录在表 6 – 28 中。

表 6 – 28　错误记录

出现错误	遇到问题记录

拓展项目

智能车门报警电路设计

汽车给人们的出行带来方便、舒适，但其安全性也很重要。为检测车门是否关好，一般会在汽车电路板上设置车门检测报警电路部分，请利用小规模集成器件设计车门报警电路，要求通过仪表盘上车门指示灯报警就可以判断门是否都关好了。

 巩固练习

一、填空题

1. 电子电路处理的信号分为_____和_____两类。

2. 最常用的集成门电路是_____系列和_____系列。

3. 数字电路根据逻辑功能的不同特点，可以分成两大类，一类叫作_____，另一类叫作_____。

4. 按照编码方式的不同，编码器可分_____编码器和_____编码器。

5. 要把 Y0 ~ Y11 12 个信号编成二进制代码，至少需要_____位二进制数码。

二、选择题

1. 三位二进制编码器的输入信号为（　　）个，输出信号为（　　）个。

A. 8　　　　　　B. 4　　　　　　C. 3　　　　　　D. 10

2. LED 数码显示器有（　　）个字段。

A. 6　　　　　　B. 9　　　　　　C. 10　　　　　　D. 7

3. 8421BCD 编码器输入信号为 I8 时，输出 $Y_3Y_2Y_1Y_0 = $（　　）。

A. 1111　　　　B. 1001　　　　C. 0111　　　　D. 1000

4. 将十进制数的 10 个数字 0 ~ 9 编成二进制代码的电路称为（　　）。

A. 8421BCD 编码器　　　　　　B. 优先编码器

C. 二进制编码器　　　　　　　D. 二 – 十进制编码器

5. 下列所给选项中不属于组合逻辑电路的是（　　）。

A. 加法器　　　B. 半加器　　　C. 译码器　　　D. 触发器

三、综合题

1. 将下列二进制数转为十进制数和十六进制数。

11011010，11001，10.101，101.01

2. 将下列十进制数转为二进制数和十六进制数。

67，76，19，49

3. 将十进制数 182 转换成 8421BCD 码。

4. 将 8421BCD 码 1101 0101 1001 转换成十进制数。

5. 某导弹发射场有正、副指挥员各一名、操作员两名。当正、副指挥员同时发出命令时，只要两名操作员中有一人按下发射控制电钮，即可产生一个点火信号将导弹发射出去。试用“与非”门设计一个组合电路完成点火信号的控制。

6. 保密电锁上有三个键钮 A、B、C。要求当三个键钮同时按下时，或 A、B 两个同时按下时，或按下 A、B 中的任一键钮时，锁就能被打开；而当不符合上列组合状态时，将使电铃发出报警声，试设计此保密锁逻辑电路。

项目 7　生产线产品自动计数显示电路设计与安装

项目描述

　　电子计数器在科学计数领域、工农业生产以及日常生活中发挥着越来越重要的作用。电子计数器计数的发展与电子技术的高速发展密不可分，从而为现代科学计数突飞猛进提供坚强的侯勋。本项目是为某小型企业生产线设计一款简易低成本两位数显计数器，如图 7 - 1 所示，要求可实现对经过流水线的产品自动计数显示功能。

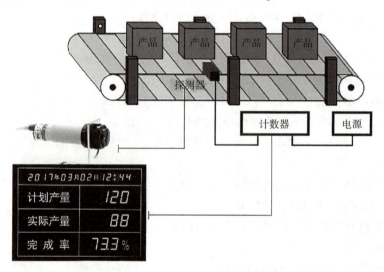

图 7 - 1　生产线产品自动计数显示器示意图

项目导航

　　图 7 - 2 所示为计数显示器的组成框图，它由计数脉冲、计数器、译码器和 LED 显示器组成。将红外发射式光电传感器检测到的信号转换为计数脉冲，通过计数器计数，再经过译码器译码，驱动七段 LED 数码显示器，即可用于输入脉冲的计数显示。计数器还应有手动清零端。

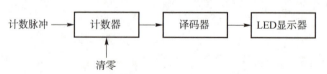

图 7 - 2　车间流水线产品计数显示电流构成示意图

在设计较复杂功能电子电路时，通常采用先器件后绘图，先模块后总体的设计思路，即先了解主要器件芯片功能特性，然后分模块设计电路图并测试功能，最后将各模块电路集成联调，从而实现完整的电路功能。项目流程图如图 7-3 所示。

图 7-3 项目流程图

项目 7 专业知识、技能图谱如图 7-4 所示。

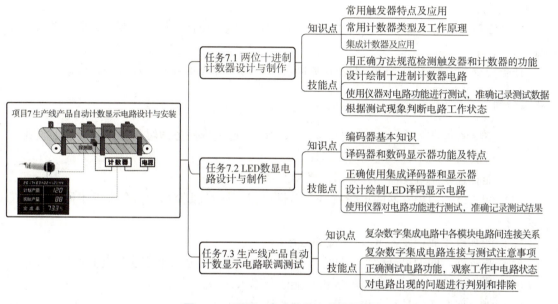

图 7-4 项目 7 专业知识、技能图谱

任务 7.1　两位十进制计数器设计与制作

任务描述

计数器在数字系统中主要是对脉冲的个数进行计数，以实现测量、计数和控制的功能，同时兼有分频功能。计数器是由基本的计数单元和一些控制门所组成的，计数单元则由一系列具有存储信息功能的各类触发器构成，这些触发器有 RS 触发器、T 触发器、D 触发器及 JK 触发器等。

本次任务：了解触发器和计数器的类型及逻辑功能，设计制作十进制计数器，并进行功能测试。

任务提交：电路图、测试波形、任务问答、学习要点思维导图、任务评价表。

任务目标

本任务参考学习学时：8（课内）＋4（课外）。通过本任务学习，可以获得以下收获：

专业知识：

（1）能描述常用触发器和计算器的类型及特点。

（2）能知晓不同触发器的逻辑符号，看懂触发器的逻辑状态表，会进行不同触发器的功能转换。

（3）能知晓集成触发器 IC 功能检测方法。

（4）能查阅不同型号计数器的产品手册，会根据计数器逻辑状态表知晓其逻辑功能。

（5）能根据触发器或计数器的逻辑功能绘制输入输出波形图。

（6）能使用合适的计数器构成不同进制的计数器。

专业技能：

（1）能用正确方法规范检测触发器和计数器的功能。

（2）能根据功能要求设计十进制计数器电路，并根据电路进行备件安装。

（3）能使用仪器对电路功能进行测试，准确记录测试数据及波形。

（4）能根据测试现象判断电路工作状态，对存在问题进行正确处理。

职业素养：

（1）时刻保持安全清醒的头脑，以认真的态度对待学习和工作。

（2）养成严格按规范要求操作，使用电工仪表和安全工具等安全用电习惯和意识。

（3）能进行学习资料的收集、整理与自学，培养良好的工作习惯。

任务导学

学习链接一　常用触发器特点及应用

触发器实物如图 7-5 所示。

触发器是时序逻辑电路的基本单元，是各种计数器、寄存器的主要功能部件，它具有两种稳定的输出状态，用来表示逻辑状态的"1"和"0"，在输入信号作用下，触发器的两个稳定状态可相互转换，输入信号消失后，已转换的稳定状态可长期保存下来，这就使得触发器能够记忆二进制信息。

触发器按逻辑功能可分为 RS 触发器、JK 触发器、D 触发器、T 触发器等，触发器按触发方式可分为电平触发器、脉冲触发器和边沿角发器等。

1. RS 触发器

1）与非门组成的基本 RS 触发器

由与非门输入、输出交叉连接而成的基本 RS 触发器的逻辑图和逻辑符号如图 7–6 所示。

RS 触发器的特点

输入端 $\bar{R}$ 为复位端、$\bar{S}$ 为置位端，Q 和 $\bar{Q}$ 是输出端。当 $Q=1$，$\bar{Q}=0$ 时，称触发器为 1 状态；当 $Q=0$，$\bar{Q}=1$ 时，称触发器为 0 状态。图 7–6 中输入端 $\bar{R}$、$\bar{S}$ 在字母上加"－"表示低电平有效。

当 $\bar{R}=0$，$\bar{S}=1$ 时，不管触发器原来的状态是 1 还是 0，因 $\bar{R}=0$，G_1 输出 $\bar{Q}=1$，这时 G_2 的输入都是高电平，输出 $Q=0$，触发器被置 0。

当 $\bar{R}=1$，$\bar{S}=0$ 时，不管触发器原有的状态是 1 还是 0，因 $\bar{S}=0$，G_2 输出 $Q=1$，这时 G_1 的输入都是高电平，输出 $\bar{Q}=0$，触发器被置 1。

图 7–5 触发器实物

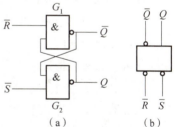

图 7–6 与非门组成的基本 RS 的触发器逻辑图和逻辑符号

（a）逻辑图；（b）逻辑符号

当 $\bar{R}=\bar{S}=1$ 时，若触发器原有的状态是 $Q=1$，$\bar{Q}=0$，这时 G_1 门的两个输入信号都是高电平，则输出 $\bar{Q}=0$；$\bar{Q}=0$ 反馈至 G_2 的输入端，使 G_2 的输出 $Q=1$，触发器维持 1 状态。同样分析，若触发器原有的状态是 $Q=0$，$\bar{Q}=1$，这时 G_1 门的输入信号有 0，则输出 $\bar{Q}=1$；G_2 的输入端都是高电平，使 G_2 的输出维持 $Q=0$，触发器保持原状态。所以，当 $\bar{R}=\bar{S}=1$ 时，触发器"保持"逻辑功能。

当 $\bar{R}=\bar{S}=0$ 时，G_1、G_2 的输出都为 1，既不是 1 状态，也不是 0 状态，破坏了 Q 和 $\bar{Q}$ 的互补关系，当 $\bar{R}$、$\bar{S}$ 同时由 0 变为 1 时，触发器的输出状态无法预知，可能是 0，也可能是 1。所以，当 $\bar{R}=\bar{S}=0$ 时，触发器状态不定，实际上，这种情况是不允许的。

❖ 综上所述，当与非门 RS 触发器的 $\bar{R}$ 和 $\bar{S}$ 状态改变时，输出端 Q 和 $\bar{Q}$ 的状态也随之改变。

表 7-1 所示为与非门组成的 RS 触发器逻辑状态表。

2）或非门组成的基本 RS 触发器

由或非门输入、输出交叉连接而成的基本 RS 触发器的逻辑图和逻辑符号如图 7-7 所示。输入端 R 为复位端、S 为置位端，Q 和 $\overline{Q}$ 是输出端。

表 7-1 与非门组成的 RS 触发器逻辑状态表

$\overline{R}$	$\overline{S}$	Q	逻辑功能
0	0	不定	应禁止
0	1	0	置0
1	0	1	置1
1	1	原状态	保持

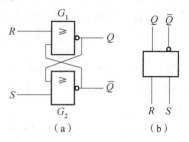

图 7-7 或非门组成的基本 RS 的触发器逻辑图和逻辑符号
（a）逻辑图；（b）逻辑符号

当 $R=0$，$S=1$ 时，不管触发器原来的状态是 1 还是 0，因 $S=1$，G_2 输出 $\overline{Q}=0$，这时 G_1 的输入都是低电平，输出 $Q=1$，触发器被置1。

当 $R=1$，$S=0$ 时，不管触发器原有的状态是 1 还是 0，因 $R=1$，G_1 输出 $Q=0$，这时 G_2 的输入都是低电平，输出 $\overline{Q}=1$，触发器被置0。

当 $R=S=0$ 时，若触发器原有的状态是 $Q=1$，$\overline{Q}=0$，这时 G_1 门的两个输入信号都是低电平，则输出 $Q=1$；$Q=1$ 反馈到 G_2 的输入端，则使 G_2 的输出 $\overline{Q}=0$，触发器维持 1 状态。同样分析，若触发器原有的状态是 $Q=0$，$\overline{Q}=1$，这时 G_1 门的输入信号有 1，则输出 $Q=0$，G_2 的输入端都是低电平，使 G_2 的输出维持 $\overline{Q}=1$，触发器保持原状态。所以，当 $R=S=0$ 时，触发器"保持"逻辑功能。

当 $R=S=1$ 时，G_1、G_2 的输出都为 0，既不是 1 状态，也不是 0 状态，破坏了 Q 和 $\overline{Q}$ 的互补关系，当 R、S 同时由 1 变为 0 时，触发器的输出状态无法预知，可能是 0，也可能是 1。所以，当 $R=S=1$ 时，触发器状态不定，实际上，这种情况是不允许的。

❖ 综上所述，当或非门 RS 触发器的 R 和 S 状态改变时，输出端 Q 和 $\overline{Q}$ 的状态也随之改变。

表 7-2 所示为或非门组成的 RS 触发器逻辑状态表。

表 7-2 或非门组成的 RS 触发器逻辑状态表

R	S	Q	逻辑功能
0	0	原状态	保持
0	1	1	置1
1	0	0	置0
1	1	不定	应禁止

3) 同步 RS 触发器

基本 RS 触发器无时钟脉冲输入端，在基本 RS 触发器的基础上增加了两个由时钟脉冲 CP 控制的传输门，当 $CP=0$ 时，传输门"封锁"输入信号，不论 R、S 的信号如何变化，触发器的状态保持不变。当 $CP=1$ 时，解除封锁，同步 RS 触发器的工作状态如基本 RS 触发器一样。同步 RS 触发器的逻辑图和逻辑符号如图 7-8 所示。同步 RS 触发器逻辑状态表如表 7-3 所示，表中 × 表示"0"或者"1"。

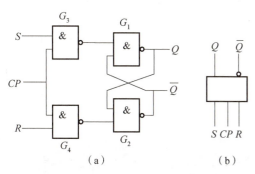

图 7-8　同步 RS 触发器的逻辑图和逻辑符号

(a) 逻辑图；(b) 逻辑符号

表 7-3　同步 RS 触发器逻辑状态表

CP	R	S	Q	逻辑功能
0	×	×	原状态	保持
1	0	0	原状态	保持
1	0	1	1	置1
1	1	0	0	置0
1	1	1	不定	应禁止

2. JK 触发器

主从 JK 触发器的主要组成部分是 RS 触发器，具有 J 和 K 两个输入端、时钟输入端 (CP) 和输出端 (Q 和 $\overline{Q}$)。它的工作状态除了允许 $J=K=1$ 外，其余都与 RS 触发器相同，当 $J=K=1$ 时，触发器在时钟脉冲的作用下，输出状态发生改变。图 7-9 所示为主从 JK 触发器逻辑图，下面分析主从 JK 触发器的逻辑功能。

(1) 当 $J=1$，$K=1$ 时，触发器具有翻转功能。

设触发器的初态为 0 态，即 $Q=0$，这时主触发器的 $S=\overline{Q}=1$，$R=Q=0$，当 $CP=1$ 时，根据同步 RS 触发器的逻辑功能，主触发器为 1 态，即 $G_5=1$，$G_6=0$；当 CP 由 1 变为 0 时，由于这时从触发器的 $S=G_5=1$，$R=G_6=0$，触发器翻转为 1 态。反之设触发器的初态为 1 态，即 $Q=1$；当 $CP=1$ 时，主触发器为 0 态；当 CP 由 1 变为 0 时触发器翻转为 0 态。

(2) 当 $J=0$，$K=0$ 时，触发器保持原状态不变。

设触发器初态为 0 态，根据同步 RS 触发器真值表，主触发器初态也为 0 态，当 $CP=1$ 时，根据同步 RS 触发器的逻辑功能，主触发器保持原状态不变，即保持 $G_5=0$，$G_6=1$ 不变；当 CP 变为 0 时，由于这时从触发器的 $S=G_5=0$，$R=G_6=1$，从触发器置 0，也就是说触发器保持原来的 0 态不变。如果初态为 1 态，也保持原状态不变。

(3) 当 $J=1$，$K=0$ 时，触发器具有置 1 功能。

设触发器初态为 0 态，这时主触发器的 $S=\overline{Q}=1$，$R=Q=0$，当 $CP=1$ 时，主触发器置 1，即 $G_5=1$，$G_6=0$；当 CP 由 1 变为 0 时，由于这时从触发器的 $S=G_5=1$，$R=G_6=0$，触发器翻转为 1 态。如果初态为 1 态，这时主触发器的 $S=\overline{Q}=0$，$R=K=0$，当 $CP=1$ 时，主触发器保持原来的 1 态不变，即 $G_5=1$，$G_6=0$；当 CP 由 1 变为 0 时，由于这时从触发器的 $S=G_5=1$，$R=G_6=0$，触发器也保持原来的 1 态不变。

(4) 当 $J=0$，$K=1$ 时，触发器具有置 0 功能。

无论触发器原来处于什么状态，下一个状态一定是 0 态。由读者自行分析。

由上面分析可得 JK 触发器的逻辑状态表，如表 7-4 所示。

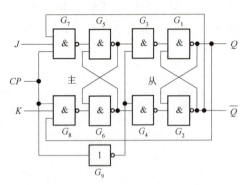

图 7-9　主从 JK 触发器逻辑图

表 7-4　JK 触发器的逻辑状态表

J	K	Q_{n+1}	逻辑功能
0	0	Q_n	保持
0	1	0	置 0
1	0	1	置 1
1	1	$\overline{Q_n}$	翻转

❖ JK 触发器的逻辑功能：$J=1$，$K=1$ 时，触发器翻转；$J=0$，$K=0$ 时，触发器保持。$J=1$，$K=0$ 时，触发器置 1；$J=0$，$K=1$ 时，触发器置 0。

由于主从 JK 触发器的主触发器在某些条件下不能完全随输入信号的变化而发生相应的变化，导致存在从触发器状态与输入信号的不对应的问题，因此为了获得更稳定的输出信号，通常采用边沿 JK 触发器。

边沿 JK 触发器有上升沿触发的，也有下降沿触发的，其逻辑符号如图 7-10 所示，其中图 7-10（a）为上升沿触发，即触发器输出状态的改变发生在时钟脉冲上升沿到来的时刻；图 7-10（b）为下降沿触发，即触发器输出状态的改变发生在时钟脉冲下降沿到来的时刻；但不管是上升沿还是下降沿触发，它们的真值表是一样的。图 7-10 中 R 为直接置 0 端（也称复位端），S 为直接置 1 端。

当 $J=0$，$K=0$ 时，时钟脉冲触发后，触发器的状态保持原来的状态不变，具有保持功能；

当 $J=0$，$K=1$ 时，不管触发器原来是何种状态，时钟脉冲触发后，输出为 0 状态，即置 0 功能；

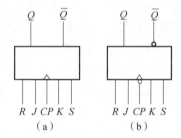

图 7-10　JK 触发器逻辑符号

（a）上升沿触发；（b）下降沿触发

当 $J=1$，$K=0$ 时，不管触发器原来是何种状态，时钟脉冲触发后，输出为 1 状态，即置 1 功能；

当 $J=1$，$K=1$ 时，时钟脉冲触发后，触发器的新状态总是与原状态相反，即 $Q_{n+1}=\overline{Q_n}$，触发器翻转，这时，触发器具有计数功能。

3. D 触发器

D 触发器输出状态的改变依赖于时钟脉冲的触发作用，即在时钟脉冲触发时，输入数据由数据端（D 端）传送到输出端（Q 端）。图 7-11 所示为维持阻塞 D 触发器，G_1、G_2 组成基本 RS 触发器，$G_3 \sim G_6$ 组成控制门，①线是置 1 维持线，②线是置 0 阻塞线，③线是置 0 维持线，④线是置 1 阻塞线，D 为输入信号，$\overline{R}_D$、$\overline{S}_D$ 分别是直接置 0 端和直接置 1 端。在逻辑符号中，CP 端带有小三角符号，表示时钟为上升沿时有效触发。下面分析维持阻塞 D 触发器的逻辑功能。

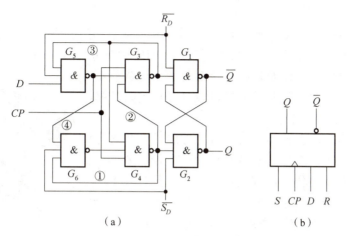

图 7 - 11 维持阻塞 D 触发器

（a）逻辑图；（b）逻辑符号

（1） $D=0$ 时，触发器置 0。

$CP=0$ 时， G_3、 G_4 被封锁，使触发器保持原来状态不变。这时， $G_5 = \bar{D}$， $G_6 = D$。当 CP 上升沿到来时， G_3、 G_4 开放，使 $G_4 = \bar{D} = 1$， $G_3 = D = 0$。触发器置 0，同时 $G_3 = 0$ 经过③线封锁 G_5，可以克服空翻。在 $CP = 1$ 期间， $G_5 = 1$ 经过④线送给 G_6，使 $G_6 = 0$，从而可靠地保证 $G_4 = 1$，阻止触发器状态可能向 1 翻转。

（2） $D = 1$ 时，触发器置 1。

同理，在 $CP = 0$ 期间，触发器保持原态， $G_5 = \bar{D}$， $G_6 = D$。当 CP 上升沿到来时， $D = 1$ 送入基本触发器，输出 1 状态。通过①线来维持输出 1 状态；通过②线保证 $CP = 1$ 期间触发器不会翻转为 0 态。

由上面分析可得 D 触发器的功能表，如表 7 - 5 所示。

表 7 - 5 D 触发器的逻辑状态表

D	Q_n	Q_{n+1}	逻辑功能
0	×	0	输出状态与 D 状态相同
1	×	1	

❖ D 触发器的逻辑功能： $D = 0$ 时，触发器置 0； $D = 1$，触发器置 1。

4. T 触发器

T 触发器是一种只具有保持和翻转逻辑功能的触发器，逻辑符号如图 7 - 12 所示，逻辑状态表如表 7 - 6 所示。

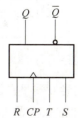

图 7 - 12 T 触发器逻辑符号

表 7 - 6 T 触发器的逻辑状态表

T	Q_n	Q_{n+1}	逻辑功能
0	×	Q_n	保持
1	×	$\bar{Q}_n$	翻转

学习链接二　常用计数器类型及工作原理

计数器是一种具有计数功能的电路，它主要由触发器和门电路组成，是数字电路系统中使用最多的时序逻辑电路之一。计数器不仅用于对时钟脉冲计数，还可以用于分频、定时、产生节拍脉冲和脉冲序列以及进行数字运算等，计数器不但可用来对脉冲的个数进行计数，还可以分频、定时控制等。计数器实物如图 7 – 13 所示。

计数器分类的方法也较多。按计数脉冲触发方式可分为同步和异步两大类；按计数制分类分为二进制、非二进制（包括十进制及其他任意进制）两类；按计数过程中的数值的增减分类可分为加法、减法、可逆计数器。这些分类又交叉重叠，因而计数器的种类名称较多。

图 7 – 13　计数器芯片实物图

异步计数器是指各级计数单元的时钟是不同步的，计数脉冲只加到部分触发器的时钟脉冲输入端上，而其他触发器的触发信号则由电路内部提供，各触发器的状态翻转有先后的计数器。

同步计数器是指计数单元的时钟是同步的，计数脉冲同时加到所有触发器的时钟信号输入端，使各个触发器同时翻转的计数器。

**异步二进制
加法计数器**

1. 二进制计数器

二进制加法的运算法则是：$0 + 1 = 1$，$1 + 1 = 0$ 并向高位进 1。

常用触发器的 0 态表示 0，触发器的 1 态表示 1，由于一位二进制数只有 1 和 0 两个数码，因此可用一个触发器来表示一位二进制数，用 n 个触发器就可以表示一个 n 位的二进制数。

图 7 – 14 所示为用 JK 触发器组成的二进制加法计数器，图中 CP 加给最低位触发器，高位触发器的 CP 端与相邻低位触发器的 Q 端相连，因为 CP 信号是逐级传递的，所以称为异步计数器。$\overline{CR}$ 端是清零端，计数前，使 $\overline{CR} = 0$，触发器 $F_0 \sim F_1$ 直接置 0，使计数器清零，计数时，为了使计数器正常工作，应使 $\overline{CR} = 1$。

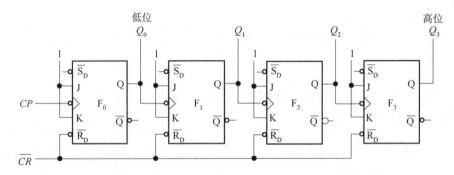

图 7 – 14　4 位异步 二进制加法计数器逻辑电路

每来一个计数脉冲，最低位触发器就翻转一次，而高一位的触发器是在低一位触发器的 Q 端由 1 变为 0 时翻转即以低一位的输出作为高一位的计数脉冲输入。表 7 – 7 所示为 4 位二进制加法计数器状态表，图 7 – 15 所示为它的工作波形图。

2. 十进制计数器

二进制计数器结构简单，但人们不习惯二进制数，因此在一些场合，特别是在数字装置的终端，广泛利用十进制计数器计数并将结果加以显示，以便于使用。

每一位十进制数都可能有 0~9 十个不同的数码。若由三个触发器构成计数器，只能产生 8 种状态，缺少两种状态。若用四个触发器构成计数器，可产生 16 种状态，多了 6 种状态。所以，用一个 4 位的二进制计数器来表示十进制数中的一位，但是，必须剔除其中多余的 6 种状态。

从 16 种状态中挑选出 10 个状态的方法有很多种，下面仅以常用的 8421 码十进制计数器为例进行分析。8421 码是选择 0000~1001 与十进制数 0~9 一一对应，它所剔除的是 1010~1111 六种状态。

表 7-7　4 位二进制加法计数器状态表

计数脉冲数	二　进　制　数				计数脉冲数	二　进　制　数			
	Q_3	Q_2	Q_1	Q_0		Q_3	Q_2	Q_1	Q_0
0	0	0	0	0	8	1	0	0	0
1	0	0	0	1	9	1	0	0	1
2	0	0	1	0	10	1	0	1	0
3	0	0	1	1	11	1	0	1	1
4	0	1	0	0	12	1	1	0	0
5	0	1	0	1	13	1	1	0	1
6	0	1	1	0	14	1	1	1	0
7	0	1	1	1	15	1	1	1	1

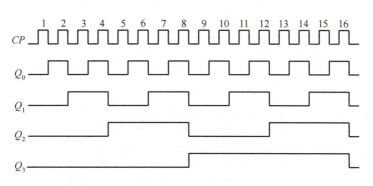

图 7-15　二进制加法计数器的工作波形图

图 7-16 所示为异步十进制加法计数器的逻辑电路，其基本结构与二进制计数器相似，只是引入了与非门进行反馈。在输入 1~9 个 CP 脉冲时，计数器的状态从 0000 按顺序变至 1001，Q_3 和 Q_1 没有同时为 1，$\overline{CR} = \overline{Q_3 \cdot Q_1} = 1$，不可能进行清零。当第 10 个 CP 脉冲输入后，出现 1010 这个暂态，Q_3 和 Q_1 同时为 0，$\overline{CR} = \overline{Q_3 \cdot Q_1} = 0$，迅速将各触发器置 0，反馈与非门有 0 出 1，因此在 $\overline{CR}$ 端产生了持续时间很短的负脉冲，使计数器清零，这里 1010 是持续时间很短的非稳定状态，一出现马上就消失，仅有 0000~1001 十个稳定状态，其工作

情况用表 7 – 8 所示的状态表和图 7 – 17 所示的时序图表示。

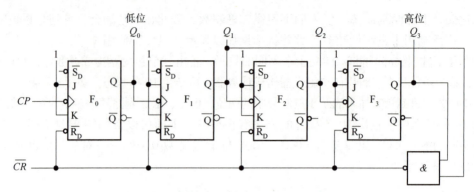

图 7 – 16 异步十进制加法计数器的逻辑电路

表 7 – 8 十进制计数器状态表

计数脉冲数	8421BCD 编码				十进制数码
	Q_3	Q_2	Q_1	Q_0	
0	0	0	0	0	0
1	0	0	0	1	1
2	0	0	1	0	2
3	0	0	1	1	3
4	0	1	0	0	4
5	0	1	0	1	5
6	0	1	1	0	6
7	0	1	1	1	7
8	1	0	0	0	8
9	1	0	0	1	9
10	0	0	0	0	0

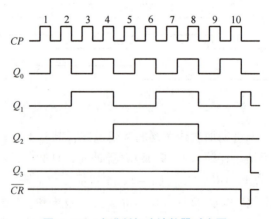

图 7 – 17 十进制加法计数器时序图

学习链接三 集成计数器及应用

集成计数器具有功能完善、通用性强、功耗低、工作速度快、功能可扩展等许多优点，应用非常广泛。目前用得最多、性能较好的是高速 CMOS 集成计数器，其次是 TTL 计数器。由于定型产品的种类毕竟有限，就计数进制而言，在集成计数器中，只有二进制和十进制计数两大系列。因此，学习集成计数器，必须掌握用已有的计数器芯片构成其他任意进制计数器的连接方法。

1. 集成二进制计数器

常用多级异步二进制计数器有 CD4020、CD4024、CD4040 及 CD4060。其中 CD4024 是 7 级串行二进制计数器，CD4040 是 12 级计数器，CD4020 及 CD4060 是 14 级串行二进制计数器。它们的共同特点是仅有两个输入端，一个是时钟输入端"CP"，另一个是清零端"R"。在清零端 R 上加高电平"1"时，计数器输出全部被清零，当 R 端为低电平"0"，在时钟脉冲"CP"的作用下完成计数，且在 CP 脉冲的下跳沿计数器翻转。当多级计数器连接构成计数规模更大的计数器时，方法相当简单，只需将上一级最高位的输出连到下一级计数器的"CP"即可。下面以 4 位二进制同步加法计数器 74161 为例进行了解，如表 7 - 9 所示。

表 7 - 9 74161 的功能表

清零	预置	使能		时钟	预置数据输入				输出				工作模式
R_D	L_D	EP	ET	CP	D_3	D_2	D_1	D_0	Q_3	Q_2	Q_1	Q_0	
0	×	×	×	×	×	×	×	×	0	0	0	0	异步清零
1	0	×	×	↑	d_3	d_2	d_1	d_0	d_3	d_2	d_1	d_0	同步置数
1	1	0	×	×	×	×	×	×	保		持		数据保持
1	1	×	0	×	×	×	×	×	保		持		数据保持
1	1	1	1	↑	×	×	×	×	计		数		加法计数

由表 7 - 9 可知，74161 具有以下功能：

（1）异步清零。当 $R_D = 0$ 时，不管其他输入端的状态如何，不论有无时钟脉冲 CP，计数器输出将被直接置零（$Q_3Q_2Q_1Q_0 = 0000$），称为异步清零。

（2）同步并行预置数。当 $R_D = 1$、$L_D = 0$ 时，在输入时钟脉冲 CP 上升沿的作用下，并行输入端的数据 $d_3d_2d_1d_0$ 被置入计数器的输出端，即 $Q_3Q_2Q_1Q_0 = d_3d_2d_1d_0$。由于这个操作要与 CP 上升沿同步，所以称为同步预置数。

（3）计数。当 $R_D = L_D = EP = ET = 1$ 时，在 CP 端输入计数脉冲，计数器进行二进制加法计数。

（4）保持。当 $R_D = L_D = 1$，且 $EP \cdot ET = 0$，即两个使能端中有 0 时，则计数器保持原来的状态不变。这时，如 $EP = 0$、$ET = 1$，则进位输出信号 RCO 保持不变；如 $ET = 0$ 则不管 EP 状态如何，进位输出信号 RCO 为低电平 0。

74161 的时序图如图 7 - 18 所示。

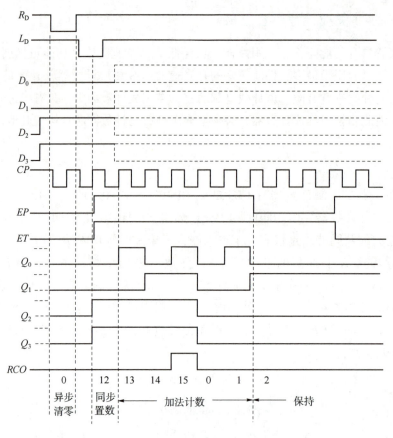

图 7-18 74161 的时序图

2. 集成十进制计数器

十进制计数器的编码一般都是 BCD 码，常见的十进制加法计数器有 74LS160、CD4518 及 CC4017 等。

1）十进制同步加法计数器 CT74LS160

74160 是 8421BCD 码同步加法计数器，其逻辑符号及引脚图如图 7-19 所示，其功能表如表 7-10 所示。各功能实现的具体情况参见 74161 的逻辑图。其中进位输出端 RCO 的逻辑表达式为

$$RCO = ET \cdot Q_3 \cdot Q_0$$

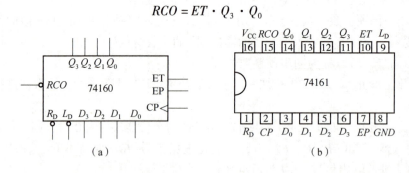

图 7-19 74160 的逻辑功能示意图和引脚图

（a）逻辑符号；（b）引脚图

表 7 – 10　74160 的功能表

清零	预置	使能		时钟	预置数据输入				输出				工作模式
R_D	L_D	EP	ET	CP	D_3	D_2	D_1	D_0	Q_3	Q_2	Q_1	Q_0	
0	×	×	×	×	×	×	×	×	0	0	0	0	异步清零
1	0	×	×	↑	d_3	d_2	d_1	d_0	d_3	d_2	d_1	d_0	同步置数
1	1	0	×	×	×	×	×	×	保　持				数据保持
1	1	×	0	×	×	×	×	×	保　持				数据保持
1	1	1	1	↑	×	×	×	×	十进制计数				加法计数

2）二 – 十进制计数器 CC4518

CC4518 是二 – 十进制（8421 编码）同步计数器，内含两个加计数器，其引脚排列如图 7 – 20 所示，逻辑功能如表 7 – 11 所示。CC4518 采用 8421BCD 码，有两个时钟输入端 CP 和 EN，可用上升沿作时钟触发，也可用下降沿作时钟触发。当用上升沿作时钟触发时，使时钟信号从 CP 端输入，并使 EN 端为 "1"；当用下降沿作时钟触发时，使时钟信号从 EN 端输入，并使 CP 端为 "0"。$1Q_0 \sim 1Q_3$，$2Q_0 \sim 2Q_3$ 为两个计数器输出端。有一个清零端 Cr，当 Cr 为 "1" 时，计数器各输出端为 "0" 电平。

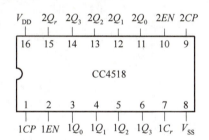

图 7 – 20　CC4518 计数器引脚图

表 7 – 11　CC4518 计数器功能表

输入			输出功能
CP	Cr	EN	
上升沿↑	0	1	加计数
0	0	下降沿↓	加计数
下降沿↓	0	×	保　持
×	0	上升沿↑	
上升沿↑	0	0	
1	0	下降沿↓	
×	1	×	全部置1

3）二 – 十进制计数器 CC40110

CC40110 是计数/锁存/7 段译码/驱动器，它集计数器、锁存器、译码器和笔段显示驱动器为一体，其内部计数器按"二-十"进制加/减方式工作，译码器输出驱动 7 段显示器。它的引脚端如图 7-21 所示。

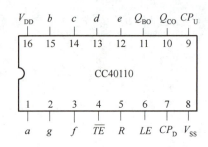

图 7-21　CC40110 计数器引脚图

其中，R 为清零端，R = "1" 时，计数器复位清零；CP_U 为加法计数时钟，CP_D 为减法计数时钟；Q_{CO} 为输出进位脉冲，Q_{BO} 为输出借位脉冲；$\overline{TE}$ 为触发器使能端，$\overline{TE}$ = "0" 时，计数器工作，$\overline{TE}$ = "1" 时，计数器处于禁止状态，即不许计数；LE 为锁存控制端，LE = "0" 时，实现数据传输，显示内容随计数器变化，LE = "1" 时，锁存器输出不变，即保持计数器前一状态。CC40110 功能表如表 7-12 所示。

表 7-12　CC40110 的真值表

R	$\overline{TE}$	CP_U	CP_D	LE	计数器	显示
1	×	×	×	×	清零	0
0	0	上升沿	0 或 1	0	加 1	随计数器
				1	加 1	保持固定
		0 或 1	上升沿	0	减 1	随计数器
				1	减 1	保持固定
		下降沿	下降沿	×	不变	不变
	1	×	×	×	禁止计数	保持固定

3. 集成计数器的应用

1）计数器的级联

两个模 N 计数器级联，可实现 $N \times N$ 的计数器。

（1）同步级联。

图 7-22 所示为用两片 4 位二进制加法计数器 74161 采用同步级联方式构成的 8 位二进制同步加法计数器，模为 $16 \times 16 = 256$。

（2）异步级联。

在异步级联时，注意观察集成计数器有没有进位/借位输出端，若有，则通常用上一级计数器的进位/借位输出端接在下一级计算器的脉冲触发脉冲端，图 7-23 所示为两片 74191 采用异步级联方式构成的 8 位二进制异步可逆计数器；若没有则可根据具体情况，用计数器的输出信号 Q_3、Q_2、Q_1、Q_0 产生一个进位/借位接到下一级的触发脉冲端，图 7-24

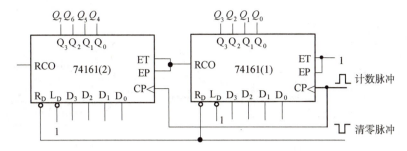

图 7 - 22　74161 同步级联组成 8 位二进制加法计数器

所示为两片二－五－十进制异步加法计数器 74290 采用异步级联方式组成的二位 8421BCD 码十进制加法计数器。

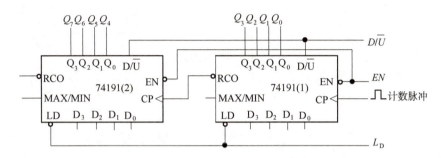

图 7 - 23　74161 同步级联组成 8 位二进制加法计数器

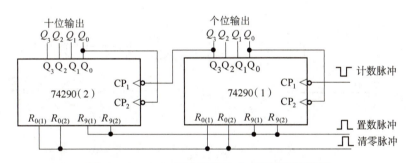

图 7 - 24　74290 异步级联组成一百进制计数器

2）构成任意进制计数器

市场上能买到的集成计数器一般为二进制和 8421BCD 码十进制计数器，如果需要其他进制的计数器，可用现有的二进制或十进制计数器，利用其清零端或预置数端，外加适当的门电路连接而成。

（1）异步清零法。适用于具有异步清零端的集成计数器。图 7 - 25 所示是用集成计数器 74161 和与非门组成的六进制计数器。

（2）同步清零法。适用于具有同步清零端的集成计数器。图 7 - 26 所示为用集成计数器 74163 和与非门组成的六进制计数器。

（3）异步预置数法。适用于具有异步预置端的集成计数器。图 7 - 27 所示为用集成计数器 74191 和与非门组成的十进制计数器。该电路的有效状态是 0011 ~ 1100，共 10 个状态，可作为余 3 码计数器。

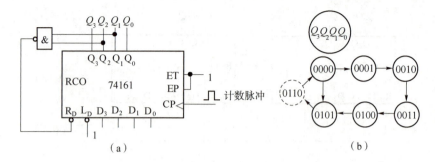

图 7 – 25 异步清零法组成六进制计数器

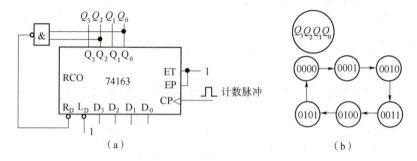

图 7 – 26 同步清零法组成六进制计数器

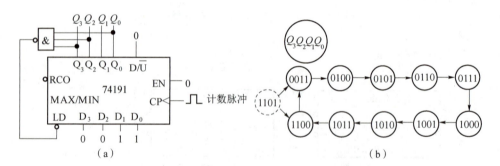

图 7 – 27 异步置数法组成余 3 码十进制计数器

（4）同步预置数法。适用于具有同步预置端的集成计数器。图 7 – 28 所示为用集成计数器 74160 和与非门组成的七进制计数器。

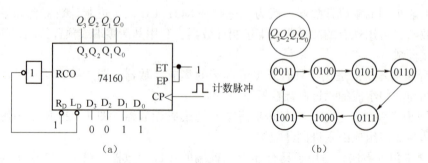

图 7 – 28 同步预置数法组成七进制计数器

综上所述，改变集成计数器的模可用清零法，也可用预置数法。清零法比较简单，预置数法比较灵活。但不管用哪种方法，都应首先搞清所用集成组件的清零端或预置端是异步还是同步工作方式，根据不同的工作方式选择合适的清零信号或预置信号。

【例 7 – 1】 用 74160 组成 48 进制计数器。

解：因为 $N=48$，而 74160 是 10 计数器，所以要用两片 74160 构成此计数器。

先将两芯片采用同步级联方式连接成一百进制计数器，然后再借助 74160 异步清零功能，在输入第 48 个计数脉冲后，计数器输出状态为 0100 1000 时，高位片（2）的 Q_2 和低位片（1）的 Q_3 同时为 1，使与非门输出 0，加到两芯片异步清零端上，使计数器立即返回 0000 0000 状态，状态 0100 1000 仅在极短的瞬间出现，为过渡状态，这样，就组成了四十八进制计数器，其逻辑电路如图 7 – 29 所示。

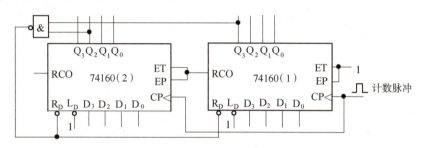

图 7 – 29　四十八进制计数器逻辑电路图

集成触发器 IC 逻辑功能测试

JK 触发器和 D 触发器是两种最基本、最常用的触发器，是构成时序逻辑电路的基本元件。这两种触发器可以进行功能的转换；可以组成计数器、移位寄存器等常用的时序逻辑部件。

触发器测试应注意以下几个方面：其一首先要根据型号查询其技术手册，了解引脚排列、触发方式、逻辑功能等；其二为触发器都有异步置位端 SD 和复位端 RD，要注意看其是低电平有效还是高电平有效；其三为触发器的触发输入分为上升沿或下降沿触发，测试时通常用逻辑开关手动发出，按下开关（开关由断开状态 0 转变为接通状态 1），这时发出的触发信号为上升沿脉冲，松开开关（开关由接通状态 1 转变为断开状态 0），这时发出的触发信号为下降沿脉冲，这一点应特别引起注意，以免引起逻辑混乱。

1. 集成 JK 触发器 CC4027 逻辑功能测试

集成 JK 触发器的产品较多，下面以 CMOS 边沿 JK 触发器 CC4027 为例进行介绍。

CC4027 为 16 引脚芯片边沿 JK 触发器，每片含有两片触发器，含有异步置位端 SD 和复位端 RD，触发方式为上降沿触发。CC4027 的引出排列图及逻辑符号如图 7 – 30 所示，其真值表如表 7 – 13 所示。

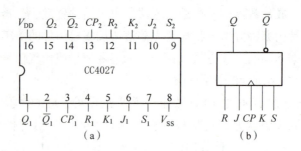

图 7 - 30 CC4027 集成 JK 触发器

(a) 引脚图；(b) 逻辑符号

表 7 - 13 CC4027 的真值表

输入					输出	
CP（时钟）	J	K	S（置位）	R（清零）	Q	$\bar{Q}$
上升沿	1	0	0	0	1	0
上升沿	1	1	0	0	翻　转	
上升沿	0	1	0	0	0	1
上升沿	0	0	0	0	保　持	
下降沿	×	×	0	0	保　持	
×	×	×	1	0	1	0
×	×	×	0	1	0	1
×	×	×	1	1	1	0

1）复位和置位端的测试

选取芯片中的一个 JK 触发器，将 R 和 S 分别接逻辑控制开关，CP 端、J 端、K 端均为任意状态，测试触发器的输出状态，验证 R 为直接置 0 端（也称复位端），S 为直接置 1 端，且与输入端 J、K 的值及 CP 端无关。

2）测试 JK 触发器的逻辑功能

选取芯片中的一个 JK 触发器，将 R 和 S 分别接低电平，CP 端接手动单次脉冲，J 端、K 端接逻辑控制开关，输出端 Q 接发光二极管，测试触发器 Q^{n+1} 的逻辑电平。注意观察触发器 Q^{n+1} 的状态是否与其真值表一致。

2. 集成 D 触发器 CC4013 逻辑功能测试

CMOSD 型触发器由时钟脉冲上升沿触发，它的置位端（R 端）和复位端（S 端）高电平有效。CC4013 组件中包含有两个独立的 D 型触发器，其引脚功能图如图 7 - 31 所示，其真值表如表 7 - 14 所示。表中×表示"0"或者"1"。

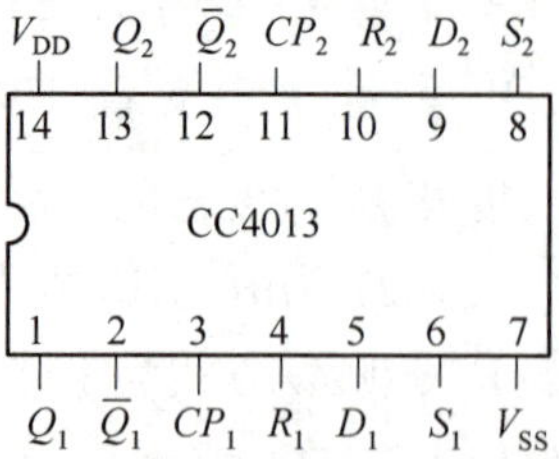

图 7 - 31 CC4013 集成 D 触发器引脚图

表 7 – 14　CC4013 的真值表

输入				输出	
CP（时钟）	D（数据）	R（清零）	S（置位）	Q	$\overline{Q}$
上升沿	0	0	0	0	1
上升沿	1	0	0	1	0
下降沿	×	0	0	原状态	原状态
×	×	1	0	0	1
×	×	0	1	1	0
×	×	1	1	1	1

1）复位和置位端的测试

选取芯片中的一个 D 触发器，将 R 和 S 分别接逻辑控制开关，CP 端、D 端均为任意状态，测试触发器的输出状态，验证 R 为直接置 0 端（也称复位端），S 为直接置 1 端，且与输入端 D 的值及 CP 端无关。

2）测试 D 触发器的逻辑功能

选取芯片中的一个 D 触发器，将 R 和 S 分别接低电平，CP 端接手动单次脉冲、D 端接逻辑控制开关，输出端 Q 接发光二极管，测试触发器 Q^{n+1} 的逻辑电平。注意观察触发器 Q^{n+1} 的状态是否与其真值表一致。

集成计数器逻辑功能检测可参照触发器方法进行。

任务实施

（1）仪表工具准备：MF47 指针式万用表或数字万用表 1 个，5 V 直流电源 1 个，低频信号发生器 1 个，数字双踪示波器 1 台。

（2）根据功能要求设计绘制两位十进制计数器电路图。

（3）根据设计电路图准备相应元器件，并列出元器件清单，如表 7 – 15 所示。

表 7 – 15　元器件清单

序号	代号	名称	型号规格	数量	价格

（4）测试所用元器件的好坏。

（5）根据电路图规范将芯片及元器件安装在面包板上。

（6）检查电路连接情况，在电路连接无误情况下，接上电源，利用低频信号发生器输出时钟脉冲信号送给电路输入端，用示波器观察计数器输出波形，将输出波形画在下图中。

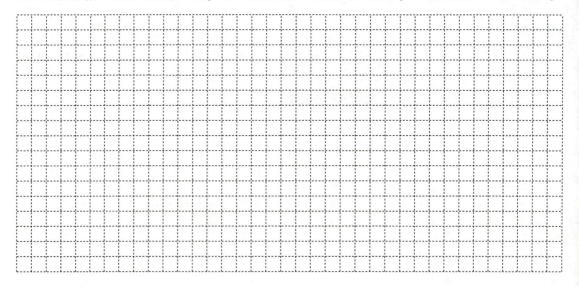

测试结果：

_____

_____

（7）检测完毕后，将仪表和设备归位，保留好电路板，按 6S 要求整理现场。

1. 任务问答

（1）触发器分为哪些种类？什么是电平触发？什么是边沿触发？

_____

_____

（2）RS 触发器、JK 触发器、D 触发器各有什么特点？

_____

_____

（3）欲使 CC4027 JK 触发器按 $Q^{n+1} = Q^n$ 工作，可使 JK 触发器的输入端怎么接？试画出其电路连接图。

（4）给 CC4013 其中一个 D 触发器输入信号波形如图 7 – 32 所示，画出其输出 Q 端信号波形。

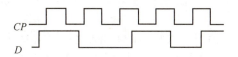

图 7 – 32　D 触发器输入信号波形

（5）每位十进制数都可能有多少个不同的数码？需要由多少个触发器构成十进制计数器？

_____

_____

（6）查询手册，CC4017 是几进制计数器？画出其引脚排列图和真值表。并说明其清零端是几号脚？清零时接"0"还是接"1"？

（7）查询手册，74LS190 是几进制计数器？画出其引脚排列图和真值表。清零端是几号脚？清零时接"0"还是接"1"？

（8）利用已有的集成计数器构成任意进制计数器的方法有哪些？试举例说明。

（9）试分析图 7 – 33 中电路构成的几进制计数器。

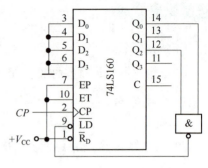

图 7 – 33　计数器电路图

（10）试用两片集成十进制计数器组成一个 24 进制计数器。

2. 任务评价

任务评价表如表 7 – 16 所示。

表 7 – 16　任务评价表

评价项目	评价内容	配分	得分
职业素养	是否遵守纪律及规程，不旷课、不迟到、不早退？　旷课扣 3 分/次；迟到、早退扣 2 分/次；上课做与任务无关的事情扣 2 分/次；不遵守安全操作规程扣 10 分/次	10	
	是否以严谨认真、精益求精的态度对待学习及工作？　能认真积极参与任务得 10 分；能主动发现问题并积极解决得 5 分；课后作业完成度高得 5 分	15	
	是否在任务实施过程中造成仪表、仪器、器件的损坏？是否在检测工作结束后按 6S 要求清扫整理，物品归位？　造成万用表烧表直接扣 10 分；造成器件损坏扣 3 分/个；造成仪器损坏扣 10 分；未做好归位清扫清理工作扣 10 分；该项扣完为止	10	
	是否能在学习及任务过程中始终保持安全行为，遵守安全操作规程	10	
	是否能进行相关专业资料有效收集和整理	5	

评价项目	评价内容	配分	得分
专业能力	任务完成情况：是否能利用正确方法规范检测触发器和计数器的功能； 是否能根据功能要求设计十进制计数器电路，并根据电路进行备件安装；是否能使用仪器对电路功能进行测试，准确记录测试数据及波形；是否能根据测试现象判断电路工作状态，对存在问题进行正确处理。 能规范使用仪器检测触发器和计数器的逻辑功能，并根据检测结果做出正确判断得 5 分；能正确设计出符合设计要求的计数器电路，并按电路备件得 10 分；能使用仪器对电路功能进行测试，准确记录测试数据及波形得 10 分；能根据测试现象判断电路工作状态，对存在问题进行正确处理得 5 分	30	
	任务问答： 【测试内容】是否能描述常用触发器和计算器的类型及特点；是否能知晓不同触发器的逻辑符号，看懂触发器的逻辑状态表，会进行不同触发器的功能转换；是否能查阅不同型号计数器的产品手册，会根据计数器逻辑状态表知晓其逻辑功能；是否能根据触发器或计数器的逻辑功能绘制输入输出波形图；是否能使用合适的计数器构成不同进制的计数器。 【评分标准】90% 以上问题回答准确专业，描述清楚有条理得 20 分；80% 以上问题回答准确专业，描述清楚有条理得 16 分；70% 以上问题回答准确专业，描述清楚有条理得 14 分；60% 以上问题回答准确专业，描述清楚有条理得 12 分；不到 50% 问题回答准确的不超过 10 分，酌情打分	20	
总分			

 小结反思

1. 绘制本任务学习要点思维导图。

2. 在任务实施中出现了哪些错误？遇到了哪些问题？是否解决？如何解决？记录在表 7 – 17 中。

表 7 – 17　错误记录

出现错误	遇到问题记录

任务描述

本次任务：了解编码器、译码器及 LED 类型特点，设计 LED 数显电路，并进行功能测试。

任务提交：电路图、测试波形、任务问答、学习要点思维导图、任务评价表。

任务目标

本任务参考学习学时：4（课内）+4（课外）。通过本任务学习，可以获得以下收获：

专业知识：

(1) 能描述优先编码器的编码特点，理解编码器的工作原理。

(2) 能描述 BCD 译码器和七段数码显示器的功能特点。

(3) 能看懂集成编码器、译码器的真值表，理解芯片逻辑功能。

专业技能：

(1) 能正确使用集成译码器和显示器；

(2) 能根据功能要求设计 LED 译码显示电路，并根据电路进行备件组装。

(3) 能使用仪器对电路功能进行测试，准确记录测试结果。

(4) 能根据测试现象判断电路工作状态，对存在问题进行正确处理。

职业素养：

(1) 时刻保持安全清醒的头脑，以认真的态度对待学习和工作。

(2) 养成严格按规范要求操作，使用电工仪表和安全工具等安全用电习惯和意识。

(3) 能进行学习资料的收集、整理与自学，培养良好的工作习惯。

任务导学

学习链接一　编码器的认识与测试

将特定含义的输入信号（文字、数字、符号等）转换成二进制代码的过程称为编码。实现编码功能的数字电路称为编码器。按照编码方式的不同，编码器可分普通编码器和优先编码器。下面一起来学习几种常用类型的编码器。

1. 二进制编码器

❖ 用二进制代码表示有关对象或某种信号的过程叫作二进制编码。

n 位二进制代码则有 2^n 种状态，可以表示 2^n 个信号。用 n 位二进制代码对 $N=2^n$ 个信号进行编码的电路叫作二进制编码器。下面以 8 线 – 3 线编码器为例说明二进制编码器的原理，如图 7 – 34（a）所示。

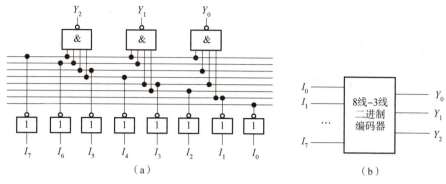

图 7 - 34 二进制编码器

(a) 三位二进制编码器；(b) 编码器示意图

8 线 - 3 线是指有 8 条输入信号线 I_0、I_1、$\cdots$、I_7，有 3 条输出线 Y_2、Y_1、Y_0。由于某一时刻编码器只能对一个输入信号进行编码，在输入端不允许出现两个或两个以上信号同时为 1 的情况，所以 I_0、I_1、$\cdots$、I_7 是相互排斥的，其真值表如表 7 - 18 所示。

表 7 - 18 3 位二进制编码器真值表

输　入								输　出			输　入								输　出		
I_0	I_1	I_2	I_3	I_4	I_5	I_6	I_7	Y_2	Y_1	Y_0	I_0	I_1	I_2	I_3	I_4	I_5	I_6	I_7	Y_2	Y_1	Y_0
1	0	0	0	0	0	0	0	0	0	0	0	0	0	0	1	0	0	0	1	0	0
0	1	0	0	0	0	0	0	0	0	1	0	0	0	0	0	1	0	0	1	0	1
0	0	1	0	0	0	0	0	0	1	0	0	0	0	0	0	0	1	0	1	1	0
0	0	0	1	0	0	0	0	0	1	1	0	0	0	0	0	0	0	1	1	1	1

根据 $I_0 \sim I_7$ 是相互排斥的这一特殊的约束条件，只要将输出函数值为 1 的变量直接加起来，即可得到相应的最简 "与或" 表达式，然后再把 "与或" 表达式转换为 "与非 - 与非" 表达式。

$$Y_2 = I_4 + I_5 + I_6 + I_7 = \overline{\overline{I_4} \cdot \overline{I_5} \cdot \overline{I_6} \cdot \overline{I_7}}$$

$$Y_1 = I_2 + I_3 + I_6 + I_7 = \overline{\overline{I_2} \cdot \overline{I_3} \cdot \overline{I_6} \cdot \overline{I_7}}$$

$$Y_0 = I_1 + I_3 + I_5 + I_7 = \overline{\overline{I_1} \cdot \overline{I_3} \cdot \overline{I_5} \cdot \overline{I_7}}$$

根据逻辑表达式可画出用 "与非" 门组成的 3 位二进制编码器，如图 7 - 34（b）所示。需要指出的是，I_0 的编码可以隐含起来，当 $I_1 \sim I_7$ 均为 0 时，电路的输出就是 I_0 的编码。

2. 二 - 十进制编码器

❖ 将十进制数 0 ~ 9 的 10 个数字编成 10 个 BCD 代码的电路，称为二 - 十进制编码器。

图 7 - 35 所示为二 - 十进制 8421BCD 编码器的逻辑图和示意图。

由于某一时刻编码器只能对一个输入信号进行编码，在输入端不允许出现两个或两个以上信号同时为 1 的情况，所以 I_0、I_1、$\cdots$、I_9 是相互排斥的，其真值表如表 7 - 19 所示。

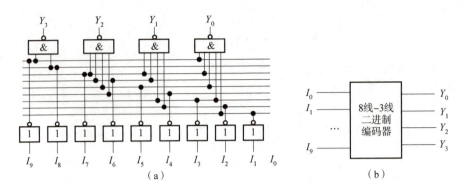

图 7 – 35　二 – 十进制 8421BCD 编码器
(a) 逻辑图；(b) 示意图

表 7 – 19　8421BCD 编码器真值表

输　入　变　量										8421BCD 编码输出			
I_0	I_1	I_2	I_3	I_4	I_5	I_6	I_7	I_8	I_9	Y_3	Y_2	Y_1	Y_0
1	0	0	0	0	0	0	0	0	0	0	0	0	0
0	1	0	0	0	0	0	0	0	0	0	0	0	1
0	0	1	0	0	0	0	0	0	0	0	0	1	0
0	0	0	1	0	0	0	0	0	0	0	0	1	1
0	0	0	0	1	0	0	0	0	0	0	1	0	0
0	0	0	0	0	1	0	0	0	0	0	1	0	1
0	0	0	0	0	0	1	0	0	0	0	1	1	0
0	0	0	0	0	0	0	1	0	0	0	1	1	1
0	0	0	0	0	0	0	0	1	0	1	0	0	0
0	0	0	0	0	0	0	0	0	1	1	0	0	1

由真值表可得

$$Y_3 = I_8 + I_9 = \overline{\overline{I_8} \cdot \overline{I_9}}$$
$$Y_2 = I_4 + I_5 + I_6 + I_7 = \overline{\overline{I_4} \cdot \overline{I_5} \cdot \overline{I_6} \cdot \overline{I_7}}$$
$$Y_1 = I_2 + I_3 + I_6 + I_7 = \overline{\overline{I_2} \cdot \overline{I_3} \cdot \overline{I_6} \cdot \overline{I_7}}$$
$$Y_0 = I_1 + I_3 + I_5 + I_7 = \overline{\overline{I_1} \cdot \overline{I_3} \cdot \overline{I_5} \cdot \overline{I_7} \cdot \overline{I_9}}$$

根据逻辑表达式可画出 8421BCD 编码器逻辑电路图，如图 7 – 35 (b) 所示。注意，I_0 的编码是隐含的，当 $I_1 \sim I_9$ 均为 0 时，电路的输出就是 I_0 的编码。

3. 优先编码器

前面介绍的编码器并不实用，其原因是两个或两个以上的输入信号同时有效时，编码器将产生错误的输出。所谓优先编码器，是指同时存在两个或两个以上输入有效信号时，电路只对优先级高的输入信号进行编码，而优先级低的信号不起作用，从而避免编码错误。

74LS147 是一个优先编码的 8421BCD 编码器，为 10 线 – 4 线优先编码器，图 7 – 36 所示为 74LS147 优先编器的实物图和引脚排列图。图 7 – 37 所示为 74LS147 优先编器的逻辑电路图和逻辑符号。

图 7 – 36　74LS147 优先编码器

（a）实物图；（b）引脚排列图

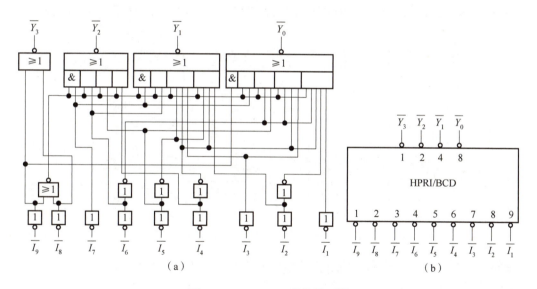

图 7 – 37　74LS147 优先编码器

（a）逻辑电路图；（b）逻辑符号

74LS147 有 9 条输入信号线，输入低电平有效，即取值为 0 时表示有信号，为 1 时表示无信号；有 4 条输出线 $\overline{Y}_3$、$\overline{Y}_2$、$\overline{Y}_1$、$\overline{Y}_0$，输出是 8421BCD 码的反码。

表 7 – 20 所示为 74LS147 优先编码器的真值表，$\overline{I}_9$ 的优先权最高，$\overline{I}_1$ 为最低。当输入端同时出现多个为 0 的信号时，编码器只对优先级别最高位出现 0 的输入端进行编码，其他级别低的输入端可以是任意值（0 或 1），用 "×" 表示。例如，当 $\overline{I}_9 = 0$ 时，不管其他输入端是 0 还是 1，输出的是与 $\overline{I}_9$ 相对应的 8421BCD 码的反码，即 $\overline{Y}_3\,\overline{Y}_2\,\overline{Y}_1\,\overline{Y}_0 = 0110$。如果 $\overline{I}_1 \sim \overline{I}_9$ 均为 1 时，输出的是 8421BCD 码 "0000" 的反码，隐含着对 $\overline{I}_0$ 的编码。

表 7 – 20　74LS147 码优先编码器真值表

输　入									输　出			
$\overline{I_1}$	$\overline{I_2}$	$\overline{I_3}$	$\overline{I_4}$	$\overline{I_5}$	$\overline{I_6}$	$\overline{I_7}$	$\overline{I_8}$	$\overline{I_9}$	$\overline{Y_3}$	$\overline{Y_2}$	$\overline{Y_1}$	$\overline{Y_0}$
1	1	1	1	1	1	1	1	1	1	1	1	1
0	1	1	1	1	1	1	1	1	1	1	1	0
×	0	1	1	1	1	1	1	1	1	1	0	1
×	×	0	1	1	1	1	1	1	1	1	0	0
×	×	×	0	1	1	1	1	1	1	0	1	1
×	×	×	×	0	1	1	1	1	1	0	1	0
×	×	×	×	×	0	1	1	1	1	0	0	1
×	×	×	×	×	×	0	1	1	1	0	0	0
×	×	×	×	×	×	×	0	1	0	1	1	1
×	×	×	×	×	×	×	×	0	0	1	1	0

4. 74LS147 的功能测试

通过对 74LS147 进行简单的测试来了解其逻辑功能。其测试线路如图 7 – 38 所示。

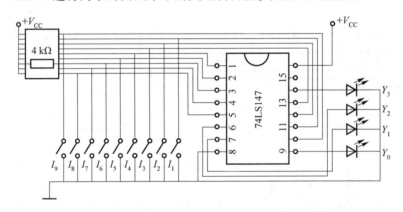

图 7 – 38　8421 优先编码器 74LS147 功能测试图

测试过程中，把低电平用 0 表示，高电平用 1 表示，灯亮用 1 表示，灯灭用 0 表示，则测试结果可用表 7 – 21 表示。

表 7 – 21　74LS147 功能测试表

输入（低电平）	输　出			
	Y_3	Y_2	Y_1	Y_0
I_9	0	1	1	0
I_8	0	1	1	1
I_7	1	0	0	0
I_6	1	0	0	1
I_5	1	0	1	0

输入（低电平）	输出			
	Y_3	Y_2	Y_1	Y_0
I_4	1	0	1	1
I_3	1	1	0	0
I_2	1	1	0	1
I_1	1	1	1	0
I_0	1	1	1	1
逻辑功能：				

根据测试结果可得出 74LS147 优先编码器具有如下特点：

（1）输入为低电平有效，"0"表示有编码信号，"1"表示无编码信号。

（2）无 I_0 输入，它是隐含的，当无编码信号即 $I_9 \sim I_1$ 输入全为高电平时，输出为 1111，此时相当于对 I_0 进行了编码。

（3）输出信号为将相应输入信号的 8421 码分别取反后输出。例如 I_7 有效时相应的 8421 码为 0111，对其取反后输出为 1000。

（4）输入信号的优先级别为 I_9 最高、I_1 最低。如当 I_7 有效，而 I_8 和 I_9 无效时，不管 $I_1 \sim I_6$ 是否有效，编码器只对 I_7 进行编码。

学习链接二　译码器和数码显示器的功能及特点

将输入的每组二进制代码所表示的特定含义"翻译"出来的过程称为译码。显然，译码是编码的逆过程。能实现译码功能的组合电路称为译码器。

由图 7-39 可知，74LS148 译码器为二进制译码器，74LS42 译码器为二-十进制译码器。

（a）　　　　　　　　　　　（b）

图 7-39　译码器实物图

（a）74LS148；（b）74LS42

二进制译码器

1. 二进制译码器

❖ 将二进制代码按其原意翻译成相应的输出信号的电路，称为二进制译码器。

下面以三位二进制译码器逻辑电路（3 线-8 线译码器）为例说明二进制译码器的工作

特点。三位二进制译码器有 3 个输入变量 A、B、C，有 8 个输出变量 $\overline{Y_0} \sim \overline{Y_7}$，输出信号都是低电平有效。其真值表如表 7-22 所示。

表 7-22 3 位二进制译码器真值表

输　入			输　出							
A_2	A_1	A_0	$\overline{Y_0}$	$\overline{Y_2}$	$\overline{Y_2}$	$\overline{Y_3}$	$\overline{Y_4}$	$\overline{Y_5}$	$\overline{Y_6}$	$\overline{Y_7}$
0	0	0	0	1	1	1	1	1	1	1
0	0	1	1	0	1	1	1	1	1	1
0	1	0	1	1	0	1	1	1	1	1
0	1	1	1	1	1	0	1	1	1	1
1	0	0	1	1	1	1	0	1	1	1
1	0	1	1	1	1	1	1	0	1	1
1	1	0	1	1	1	1	1	1	0	1
1	1	1	1	1	1	1	1	1	1	0

由真值表可以得到下列逻辑表达式：

$\overline{Y_0} = \overline{\overline{A}\,\overline{B}\,\overline{C}}$;　$\overline{Y_1} = \overline{\overline{A}\,\overline{B}\,C}$;　$\overline{Y_2} = \overline{\overline{A}\,B\,\overline{C}}$;　$\overline{Y_3} = \overline{\overline{A}\,B\,C}$;

$\overline{Y_4} = \overline{A\,\overline{B}\,\overline{C}}$;　$\overline{Y_5} = \overline{A\,\overline{B}\,C}$;　$\overline{Y_6} = \overline{A\,B\,\overline{C}}$;　$\overline{Y_7} = \overline{ABC}$

由逻辑表达式可以得到逻辑电路图，如图 7-40 所示。

图 7-41 所示为 74LS138 集成译码器的管脚排列图和逻辑符号，图中 $A_0 \sim A_2$ 为三个输入端，$Y_0 \sim Y_7$ 为八个输出端，因此又叫 3 线-8 线译码器。ST_A、$\overline{ST_B}$ 和 $\overline{ST_C}$ 为三个使能端。

三个使能端的作用为：ST_A 为高电平且 $\overline{ST_B}$ 和 $\overline{ST_C}$ 为低电平有效，即当 ST_A 为 1 且 $\overline{ST_B}$ 和 $\overline{ST_C}$ 均为 0 时，译码器处于工作状态，否则译码器不工作。其输入输出逻辑关系如表 7-27 所示。

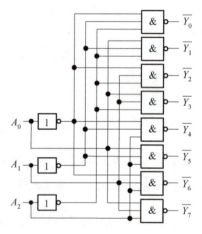

图 7-40 三位二进制译码器逻辑电路

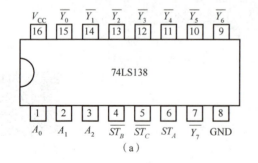

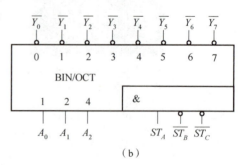

图 7-41 74LS138 集成译码器
(a) 引脚图；(b) 逻辑符号

表 7-23 中表示输出为低电平有效。例如，当 $A_2A_1A_0 = 010$ 时 $Y_2 = 0$，其他输出均为 1。

表 7 – 23   74LS138 输入输出逻辑关系表

输 入						输 出							
ST_A	$\overline{ST_B}$	$\overline{ST_C}$	A_2	A_1	A_0	$\overline{Y_7}$	$\overline{Y_6}$	$\overline{Y_5}$	$\overline{Y_4}$	$\overline{Y_3}$	$\overline{Y_2}$	$\overline{Y_1}$	$\overline{Y_0}$
1	0	0	0	0	0	1	1	1	1	1	1	1	0
1	0	0	0	0	1	1	1	1	1	1	1	0	1
1	0	0	0	1	0	1	1	1	1	1	0	1	1
1	0	0	0	1	1	1	1	1	1	0	1	1	1
1	0	0	1	0	0	1	1	1	0	1	1	1	1
1	0	0	1	0	1	1	1	0	1	1	1	1	1
1	0	0	1	1	0	1	0	1	1	1	1	1	1
1	0	0	1	1	1	0	1	1	1	1	1	1	1

2. 二 – 十进制显示译码器

在数字系统中，经常需要将二进制代码用十进制数显示出来。这就需要用二 – 十进制显示译码器，把 8421BCD 码译成特定的代码，再用数码显示器把十进制数显示出来。

1）数码显示器

常用的数码显示器有半导体数码管、荧光数码管、辉光数码管、液晶数码管等。

> ❖ 半导体数码管是用 LED 组成的字形显示器件。将 7 个 LED 组成 7 个字段，通过控制 LED 发光的数目，来显示 0 ~ 9 的十进制数。

图 7 – 42（a）、（b）所示为共阴极管和共阳极管的电路，图 7 – 42（c）、（d）所示为两种不同出线形式的引出脚功能图。

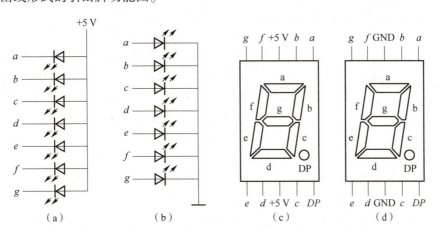

图 7 – 42   LED 数码管

（a）共阳极（0 电平驱动）；（b）共阴极（1 电平驱动）；（c）共阳极引脚图；（d）共阴极引脚图

小型数码管（0.5 in[①] 和 0.36 in）每段发光二极管的正向压降，随显示光（通常为红、绿、黄、橙色）的颜色不同略有差别，通常为 2 ~ 2.5 V，每个发光二极管的点亮电流在 5 ~ 10 mA。

---

① 英寸，1 in = 2.54 cm。

图 7-43 所示为 WD404A 外形引脚图和等效电路。DP 是一个增设的小数点发光二极管。WD404A 数码管采用共阳极接法，当某个阴极接低电平时，该字段就发光。选择不同的字段发光，可显示出不同的数码。

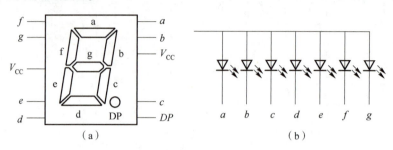

(a)　　　　　　　　　　　　　(b)

图 7-43　WD404A 半导体数码管

(a) 外形引脚图；(b) 等效电路（共阳极接法）

LED 数码管要显示 BCD 码所表示的十进制数字就需要有一个专门的译码器，该译码器不但要完成译码功能，还要有相当的驱动能力。此类译码器型号有 74LS47（共阳极）、74LS48（共阴极）、CC4511（共阴极）等。

2）74LS47 显示译码器

❖ 74LS47 显示译码器的主要功能是把 8421BCD 码译成对应于数码管 7 个字段的信号，用于驱动数码管显示十进制数码。

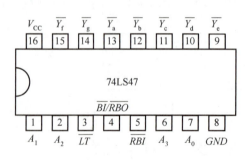

图 7-44　74LS47 集成译码器引脚图

74LS47 集成译码器引脚图如图 7-44 所示。

在图 7-35 中 A_3、A_2、A_1、A_0 是 4 位二进制数输入信号，$\overline{Y_a} \sim \overline{Y_g}$ 是 7 段译码器输出信号，$\overline{LT}$、$\overline{RBI}$、$\overline{BI}/\overline{RBO}$ 是使能端，起到辅助控制作用。74LS47 显示译码器的真值表如表 7-24 所示。

74LS47 除了正常译码显示功能之外，还具有以下几个辅助功能：

（1）灯测试（$\overline{LT}$）功能。

当 $\overline{LT} = 0$ 时，$a \sim g$ 均为 0，数码管各段显示 8 字形可用来测试数码管的好坏。当 $\overline{LT} = 1$ 时，译码器按输入 BCD 码正常显示。

（2）灭灯（$\overline{BI}$）功能。

当 $\overline{BI} = 0$ 时，$a \sim g$ 均为 1 数码管七段字形全部熄灭，在不需要的时候可以降低功耗。当 $\overline{BI} = 1$ 时，正常译码显示。

（3）灭零（$\overline{RBI}$）功能。

当 $\overline{RBI} = 0$ 时，若输入端 $A_3 A_2 A_1 A_0 = 0000$，$a \sim g$ 均为 1 实现灭零。若输入端为其他 BCD 码，则照常显示，可以用来输出译码器中多余的零。

（4）灭零（$\overline{RBO}$）功能。

$\overline{RBO}$ 通常与 $\overline{BI}$ 并在一起，其输出表达式为 $\overline{RBO} = \overline{LT} \, \overline{A} \, \overline{B} \, \overline{C} \, \overline{D} \, \overline{RBI}$。由此可知，当 $\overline{RBI} = 1$，$\overline{LT} = 1$，$ABCD = 0000$ 时，$\overline{RBO} = 0$，该信号既可以使本位灭灯，又同时输出低电平信号，为

相邻位提供灭零条件。

表 7 – 24　74LS47 显示译码器的真值表

十进制数	输入 BCD 码				输　　　出							显示字形
	A_3	A_2	A_1	A_0	$\overline{Y_a}$	$\overline{Y_b}$	$\overline{Y_c}$	$\overline{Y_d}$	$\overline{Y_e}$	$\overline{Y_f}$	$\overline{Y_g}$	
0	0	0	0	0	0	0	0	0	0	0	1	0
1	0	0	0	1	1	0	0	1	1	1	1	1
2	0	0	1	0	0	0	1	0	0	1	0	2
3	0	0	1	1	0	0	0	0	1	1	0	3
4	0	1	0	0	1	0	0	1	1	0	0	4
5	0	1	0	1	0	1	0	0	1	0	0	5
6	0	1	1	0	1	1	0	0	0	0	0	6
7	0	1	1	1	0	0	0	1	1	1	1	7
8	1	0	0	0	0	0	0	0	0	0	0	8
9	1	0	0	1	0	0	0	1	1	0	0	9

3）CC4511 显示译码器

❖ CC4511 是锁存/七段译码/驱动器，可驱动共阴极 LED 数码管。

图 7 – 45 所示为 CC4511 引脚排列图。

其中，A_3、A_2、A_1、A_0 是 BCD 码输入端，a、b、c、d、e、f、g 是译码输出端，输出 "1" 有效，用来驱动共阴极 LED 数码管。

$\overline{LT}$：测试输入端，$\overline{LT}$ = "0" 时，译码输出全为 "1"。

$\overline{BI}$：消隐输入端，$\overline{BI}$ = "0" 时，译码输出全为 "0"。

LE：锁定端，LE = "1" 时，译码器处于锁定（保持）状态，译码输出保持在 =0 时的数值，=0 为正常译码。

表 7 – 25 所示为 CC4511 功能表。内接有上拉电阻，故只需在输出端与数码管笔段串入限流电阻即可工作。译码器还有拒伪码功能，当输入码超过 1001 时，输出全为 "0"，数码管熄灭。

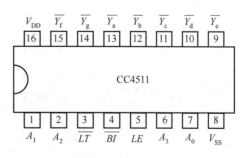

图 7 – 45　CC4511 引脚排列图

表 7-25　CC4511 功能表

输　入							输　出							
LE	$\overline{BI}$	$\overline{LT}$	A_3	A_2	A_1	A_0	a	b	c	d	e	f	g	显示字型
*	*	0	*	*	*	*	1	1	1	1	1	1	1	8
0	0	1	*	*	*	*	0	0	0	0	0	0	0	消隐
0	1	1	0	0	0	0	1	1	1	1	1	1	0	0
0	1	1	0	0	0	1	0	1	1	0	0	0	0	1
0	1	1	0	0	1	0	1	1	0	1	1	0	1	2
0	1	1	0	0	1	1	1	1	1	1	0	0	1	3
0	1	1	0	1	0	0	0	1	1	0	0	1	1	4
0	1	1	0	1	0	1	1	0	1	1	0	1	1	5
0	1	1	0	1	1	0	0	0	1	1	1	1	1	6
0	1	1	0	1	1	1	1	1	1	0	0	0	0	7
0	1	1	1	0	0	0	0	1	1	1	1	1	1	8
0	1	1	1	0	0	1	1	1	1	0	0	1	1	9
0	1	1	1	0	1	0	0	0	0	0	0	0	0	消隐
0	1	1	1	0	1	1	1	0	0	0	0	0	0	消隐
0	1	1	1	1	0	0	0	0	0	0	0	0	0	消隐
0	1	1	1	1	0	1	1	0	0	0	0	0	0	消隐
0	1	1	1	1	1	0	0	0	0	0	0	0	0	消隐
0	1	1	1	1	1	1	0	0	0	0	0	0	0	消隐
1	1	1	*	*	*	*	锁　存							锁存

CC4511 与 LED 数码管的连接如图 7-46 所示。

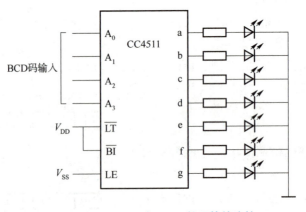

图 7-46　CC4511 与 LED 数码管的连接

将实验电路的四个拨码开关的输入 A_3、A_2、A_1、A_0 分别接至显示译码/驱动器 CC4511

的对应输入口，LE、$\overline{BI}$、$\overline{LT}$接至三个逻辑开关的输出插口，接上 +5 V 显示器的电源，然后按功能表 7－29 输入的要求掀动四个拨码开关（接通为"1"，断开为"0"）和操作与 LE、$\overline{BI}$、$\overline{LT}$对应的三个逻辑开关，观测四个拨码开关状态与 LED 数码管显示的对应数字是否一致，及译码显示是否正常。

任务实施

（1）仪表工具准备：MF47 指针式万用表或数字万用表 1 个，可调直流电源 1 个，数字双踪示波器 1 台。

（2）根据功能要求设计绘制 8 输入两位 LED 数显电路。

（3）根据设计电路图准备相应元器件，并列出元器件清单，如表 7－26 所示。

表 7－26　元器件清单

序号	代号	名称	型号规格	数量	价格

（4）测试所用元器件的好坏。

（5）根据电路图规范将芯片及元器件安装在面包板上。

（6）检查电路连接情况，在电路连接无误情况下，接上电源，利用开关通断作为电路输入信号，观察对应 LED 数码显示器数字是否与设定值一致。

测试结果：

_____

_____

_____

_____

（7）检测完毕后，将仪表和设备归位，保留好电路板，按 6S 要求整理现场。

检查评估

1. 任务问答

（1）BS201 数码管是共阴还是共阳极管？其公共端接"高"还是接"低"电位？

_____

_____

（2）CC4511 显示译码器可驱动共阴还是共阳极数码管？其输出是高电位有效还是低电位有效？

_____

_____

（3）CC4511 显示译码器的测试输入对应的引脚号是哪个？这个端子有什么用？在计数过程中怎样连接？

_____

_____

（4）CC4511 显示译码器的消隐输入端对应的引脚号是哪个？这个端子有什么用？

_____

_____

（5）CC4511 显示译码器的锁定端对应的引脚号是哪个？这个端子有什么用？在计数过程中怎样连接？

_____

_____

2. 任务评价

任务评价表如表 7-27 所示。

评价项目	评价内容	配分	得分
职业素养	是否遵守纪律及规程，不旷课、不迟到、不早退？ 旷课扣 3 分/次；迟到、早退扣 2 分/次；上课做与任务无关的事情扣 2 分/次；不遵守安全操作规程扣 10 分/次	10	
	是否以严谨认真、精益求精的态度对待学习及工作？ 能认真积极参与任务得 10 分；能主动发现问题并积极解决得 5 分；课后作业完成度高得 5 分	15	
	是否在任务实施过程中造成仪表、仪器、器件的损坏？是否在检测工作结束后按 6S 要求清扫整理，物品归位？ 造成万用表烧表直接扣 10 分；造成器件损坏扣 3 分/个；造成仪器损坏扣 10 分；未做好归位清扫清理工作扣 10 分；该项扣完为止	10	
	是否能在学习及任务过程中始终保持安全行为，遵守安全操作规程	10	
	是否能进行相关专业资料有效收集和整理	5	
专业能力	任务完成情况：是否能正确使用集成译码器和显示器；是否能根据功能要求设计 LED 译码显示电路，并根据电路进行备件组装；是否能使用仪器对电路功能进行测试，准确记录测试结果；是否能根据测试现象判断电路工作状态，对存在问题进行正确处理。 正确设计出符合设计要求的 LED 译码显示电路得 10 分；按电路备件，并正确组装电路得 5 分；能使用仪器对测试电路功能正常，准确记录测试数据及波形得 10 分；能根据测试现象判断电路工作状态，对存在问题进行正确处理得 5 分	30	
专业能力	任务问答： 【测试内容】是否能描述优先编码器的编码特点，理解编码器的工作原理；是否能描述 BCD 译码器和七段数码显示器的功能特点；是否能看懂集成编码器、译码器的真值表，理解芯片逻辑功能。 【评分标准】90% 以上问题回答准确专业，描述清楚有条理得 20 分；80% 以上问题回答准确专业，描述清楚有条理得 16 分；70% 以上问题回答准确专业，描述清楚有条理得 14 分；60% 以上问题回答准确专业，描述清楚有条理得 12 分；不到 50% 问题回答准确的不超过 10 分，酌情打分	20	
总分			

1. 绘制本任务学习要点思维导图。

2. 在任务实施中出现了哪些错误? 遇到了哪些问题? 是否解决? 如何解决? 记录在表 7 – 28 中。

表 7 – 28 错误记录

出现错误	遇到问题记录

任务 7.3　生产线产品自动计数显示电路联调测试

任务描述

本次任务：将两位十进制计数器和 LED 数显电路进行集成安装，测试整体电路功能，要求电路能稳定、安全的正常工作。

任务提交：检测结论、任务问答、学习要点思维导图、任务评价表。

任务目标

本任务参考学时：4（课内）+2（课外）。通过本任务学习，可以获得以下收获：

专业知识：

（1）能理解复杂数字集成电路中各模块电路间连接关系。

（2）能知晓复杂数字集成电路连接与测试注意事项。

专业技能：

（1）能正确完成两个模块电路的连接组装。

（2）能正确测试电路功能，观察工作中电路状态。

（3）能对电路出现的问题进行判别和排除。

职业素养：

（1）能养成安全用电、严格遵守电工安全操作规程的良好职业习惯。

（2）能在任务实施过程中形成环保节约的成本意识。

（3）能以认真严谨、精益求精的工作态度高效高质完成任务。

任务实施

（1）工具、设备仪表准备：5 V 输出直流稳压电源、MF47 指针式万用表 1 块、可调直流电源 1 台、低频信号发生器 1 台，数字示波器 1 台。

（2）将之前调试好的两个部分电路进行级联，将整体电路图绘制在下图中。

（3）对照电路图，仔细检查电路是否安装正确以及导线是否符合要求。特别注意检查共阴数码显示器的极性是否连接正确，电源的正负极是否接反，IC 底座是否按缺口标记方向固定。

（4）通电测试电路功能，规范操作，使用低频信号发生器发出脉冲信号送给电路输入，观察电路是否能自动计数，并准确显示数量在 LED 显示器上。

测试结果：

_____

_____

（5）检测完毕后，断电拆线，整理工具，清点元件，清扫现场，仪器归位。

检查评估

1. 任务问答

（1）将两个模块级联时应注意哪些问题？

_____

_____

（2）怎样实现 CC4518 在计数过程中的手动清零功能？

_____

_____

（3）若电路联调通入电源后电路没有任何反应，应如何处理？

_____

_____

（4）若电路数显有缺笔画，如何处理？

_____

_____

（5）小结电路联调遇到问题时的故障排查顺序和方法。

_____

_____

2. 任务评价

任务评价如表 7－29 所示。

表 6－29　任务评价表

评价项目	评价内容	配分	得分
职业素养	是否遵守纪律及规程，不旷课、不迟到、不早退？ 旷课扣 3 分/次；迟到、早退扣 2 分/次；上课做与任务无关的事情扣 2 分/次；不遵守安全操作规程扣 10 分/次	10	

评价项目	评价内容	配分	得分
职业素养	是否以严谨认真，精益求精的态度对待学习及工作？ 　能认真积极参与任务得 10 分；能主动发现问题并积极解决得 5 分；课后作业完成度高得 5 分	15	
	是否在任务实施过程中造成仪表、仪器、器件的损坏？是否在检测工作结束后按 6S 要求清扫整理，物品归位？ 　造成万用表烧表直接扣 10 分；造成器件损坏扣 3 分/个；造成仪器损坏扣 10 分；未做好归位清扫清理工作扣 10 分；该项扣完为止	10	
	是否能在学习及任务过程中始终保持安全行为，遵守安全操作规程？是否注意节约成本	10	
	是否能进行相关专业资料有效收集和整理	5	
专业能力	任务完成情况：是否能正确完成两个模块电路的连接组装；是否能正确测试电路功能，观察工作中电路状态；是否能对电路出现的问题进行判别和排除。 　正确绘制整体电路图，并连接组装两个模块电路得 10 分；使用正确方法测试电路功能，观察工作中电路状态，准备记录测试结果得 10 分；对电路出现的问题会用正确方法检测并排除得 10 分	30	
	任务问答： 【测试内容】是否能理解复杂数字集成电路中各模块电路间连接关系；是否能知晓复杂数字集成电路连接与测试注意事项。 【评分标准】90% 以上问题回答准确专业，描述清楚有条理得 20 分；80% 以上问题回答准确专业，描述清楚有条理得 16 分；70% 以上问题回答准确专业，描述清楚有条理得 14 分；60% 以上问题回答准确专业，描述清楚有条理得 12 分；不到 50% 问题回答准确的不超过 10 分，酌情打分	20	
总分			

小结反思

1. 绘制本任务学习要点思维导图。

2. 在任务实施中出现了哪些错误？遇到了哪些问题？是否解决？如何解决？记录在表 7 – 30 中。

表 7 – 30　错误记录

出现错误	遇到问题记录

拓展项目

数字转速测量显示电路设计

在许多场合需要测量旋转部件的转速，如电机转速、机动车车速等，转速多以十进制数字显示，图 7 – 47 所示测量电动机转速的数字转速测量系统示意图。

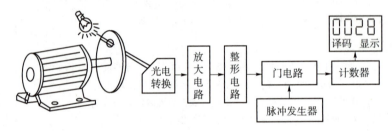

图 7 – 47　数字转速测量系统示意图

电动机每转一周，光线透过圆盘上的小孔照射光电元件一次，光电元件生产一个电脉冲。光电元件每秒发出的脉冲个数就是电动机的转速。根据转速范围，采用 4 位十进制计数器，计数器以 8421 码输出，经过译码器后，再接数字显示器，显示电机转速。试给出满足功能要求的电路方案。

巩固练习

一、选择题

1. 一个触发器可记录一位二进制代码，它有（　　）个稳态。
A. 0　　　　　　　　B. 1　　　　　　　　C. 2　　　　　　　　D. 3　　　　　　E. 4

2. 对于 D 触发器，欲使 $Q^{n+1} = Q^n$，应使输入 $D = $（　　）。
A. 0　　　　　　　　B. 1　　　　　　　　C. Q　　　　　　　　D. $\overline{Q}$

3. 对于 JK 触发器，若 $J = K$，则可完成（　　）触发器的逻辑功能。
A. RS　　　　　　B. D　　　　　　　C. T　　　　　　　D. T'

4. 欲使 JK 触发器按 $Q^{n+1} = Q^n$ 工作，可使 JK 触发器的输入端（　　）。
A. $J = K = 0$　　B. $J = Q$，$K = \overline{Q}$　　C. $J = \overline{Q}$，$K = Q$　　D. $J = Q$，$K = 0$
E. $J = 0$，$K = \overline{Q}$

5. 欲使 JK 触发器按 $Q^{n+1} = \overline{Q}^n$ 工作，可使 JK 触发器的输入端（　　）。
A. $J = K = 1$　　B. $J = Q$，$K = \overline{Q}$　　C. $J = \overline{Q}$，$K = Q$　　D. $J = Q$，$K = 1$
E. $J = 1$，$K = Q$

6. 同步计数器和异步计数器比较，同步计数器的显著优点是（　　）。
A. 工作速度高　　　B. 触发器利用率高　　C. 电路简单　　　　D. 不受时钟 CP 控制

7. 同步时序电路和异步时序电路比较，其差异在于后者（　　）。
A. 没有触发器　　　　　　　　　　　B. 没有统一的时钟脉冲控制
C. 没有稳定状态　　　　　　　　　　D. 输出只与内部状态有关

8. N 个触发器可以构成最大计数长度（十进制数）为（　　）的计数器。
A. N　　　　　　　B. $2N$　　　　　　　C. n^2　　　　　　　D. 2^n

9. 一位 8421BCD 码计数器至少需要（　　）个触发器。
A. 3　　　　　　　　B. 4　　　　　　　　C. 5　　　　　　　　D. 10

10. 三位二进制编码器的输入信号为（　　）个，输出信号为（　　）个。
A. 8　　　　　　　　B. 4　　　　　　　　C. 3　　　　　　　　D. 10

11. 8421BCD 编码器输入信号为 I8 时，输出 $Y_3 Y_2 Y_1 Y_0 = $（　　）。
A. 1111　　　　　　B. 1001　　　　　　C. 0111　　　　　　D. 1000

12. LED 数码显示器有（　　）个字段。
A. 6　　　　　　　　B. 9　　　　　　　　C. 10　　　　　　　　D. 7

13. 将十进制数的 10 个数字 0～9 编成二进制代码的电路称为（　　）。
A. 8421BCD 编码器　B. 优先编码器　　　C. 二进制编码器　　D. 二－十进制编码器

二、判断题

1. D 触发器的特性方程为 $Q^{n+1} = D$，与 Q^n 无关，所以它没有记忆功能。（　　）

2. RS 触发器的约束条件 $RS = 0$ 表示不允许出现 $R = S = 1$ 的输入。（　　）

3. 由两个 TTL 或非门构成的基本 RS 触发器，当 $R = S = 0$ 时，触发器的状态为不定。
（　　）

4. 对边沿 JK 触发器，在 CP 为高电平期间，当 $J = K = 1$ 时，状态会翻转一次。（　　）

5. 同步时序电路由组合电路和存储器两部分组成。（　　）

6. 时序电路是不含有记忆功能的器件。（　　）

7. 同步时序电路具有统一的时钟 CP 控制。 （　　）

三、填空题

1. 一个基本 RS 触发器在正常工作时，它的约束条件是 $\overline{R} + \overline{S} = 1$，则它不允许输入 $\overline{S} =$ ＿＿＿＿＿且 $\overline{R} =$ ＿＿＿＿＿的信号。

2. 触发器有两个互补的输出端 Q、$\overline{Q}$，定义触发器的 1 状态为＿＿＿＿＿，0 状态为＿＿＿＿＿，可见触发器的状态指的是＿＿＿＿＿端的状态。

3. 若一个基本 RS 触发器在正常工作时，不允许输入 $R = S = 1$ 的信号，因此它的约束条件是＿＿＿＿＿。

4. 数字电路按照是否有记忆功能通常可分为两类：＿＿＿＿＿、＿＿＿＿＿。

5. 时序逻辑电路按照其触发器是否有统一的时钟控制分为＿＿＿＿＿时序电路和＿＿＿＿＿时序电路。

6. 计数器按计数增减趋势分，有＿＿＿＿＿计数器、＿＿＿＿＿计数器和＿＿＿＿＿计数器。

7. 计数器按触发器的翻转顺序分，有＿＿＿＿＿和＿＿＿＿＿计数器。

8. 按照编码方式的不同，编码器可分＿＿＿＿＿编码器和＿＿＿＿＿编码器。

9. 要把 Y0～Y11 共 12 个信号编成二进制代码，至少需要＿＿＿＿＿位二进制数码。

四、综合题

1. 基本 RS 触发器有哪几种常见的电路结构形式？列出它们的特性表，并说出有何逻辑功能？

2. 如何将 D 触发器转换成 T 触发器？

3. 把 CC4013 中的一个 D 触发器的 $\overline{Q}$ 端与 D 端连接在一起，测其逻辑功能。

4. 设计制作一个十二进制计数显示器。

5. 图 7-48 所示为由 CC40110 级联组成 100 进制计数器的原理图，分析其工作原理，并制作调试。

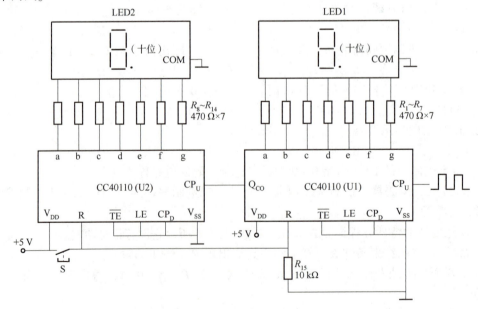

图 7-48　100 进制计数器原理图

参考文献

[1] 梁洪洁，李栋. 电子技术基础项目教程 [M]. 北京：机械工业出版社，2014.

[2] 张明金，于静. 电工与电子技术 [M]. 北京：北京师范大学出版社，2013.

[3] 陈粟宋. 电工与电子技术基础 [M]. 北京：化工出版社出版，2012.

[4] 潘海燕. 电子技术项目实训（第4版）[M]. 北京：电子工业出版社出版，2015.

[5] 张惠敏. 电工电子技术 [M]. 北京：人民邮电出版社出版，2009.

[6] 付植桐. 电子技术（第5版）[M]. 北京：高等教育出版社出版，2016.

[7] 王屹，赵应艳. 电工电子技术项目化教程 [M]. 北京：机械工业出版社，2019.

[8] 吴雪琴. 电工技术（第4版）[M]. 北京：北京理工大学出版社，2019.

[9] 林平勇. 电工电子技术（少学时）（第5版）[M]. 北京：高等教育出版社，2021.

[10] 姚俊，吴三元. 电工技能与实训 [M]. 北京：北京邮电大学出版社，2013.

[11] 徐淑华. 电工电子技术 [M]. 北京：电子工业出版社，2017.

[12] 杨利军，段树华. 电工基础 [M]. 北京：高等教育出版社，2019.